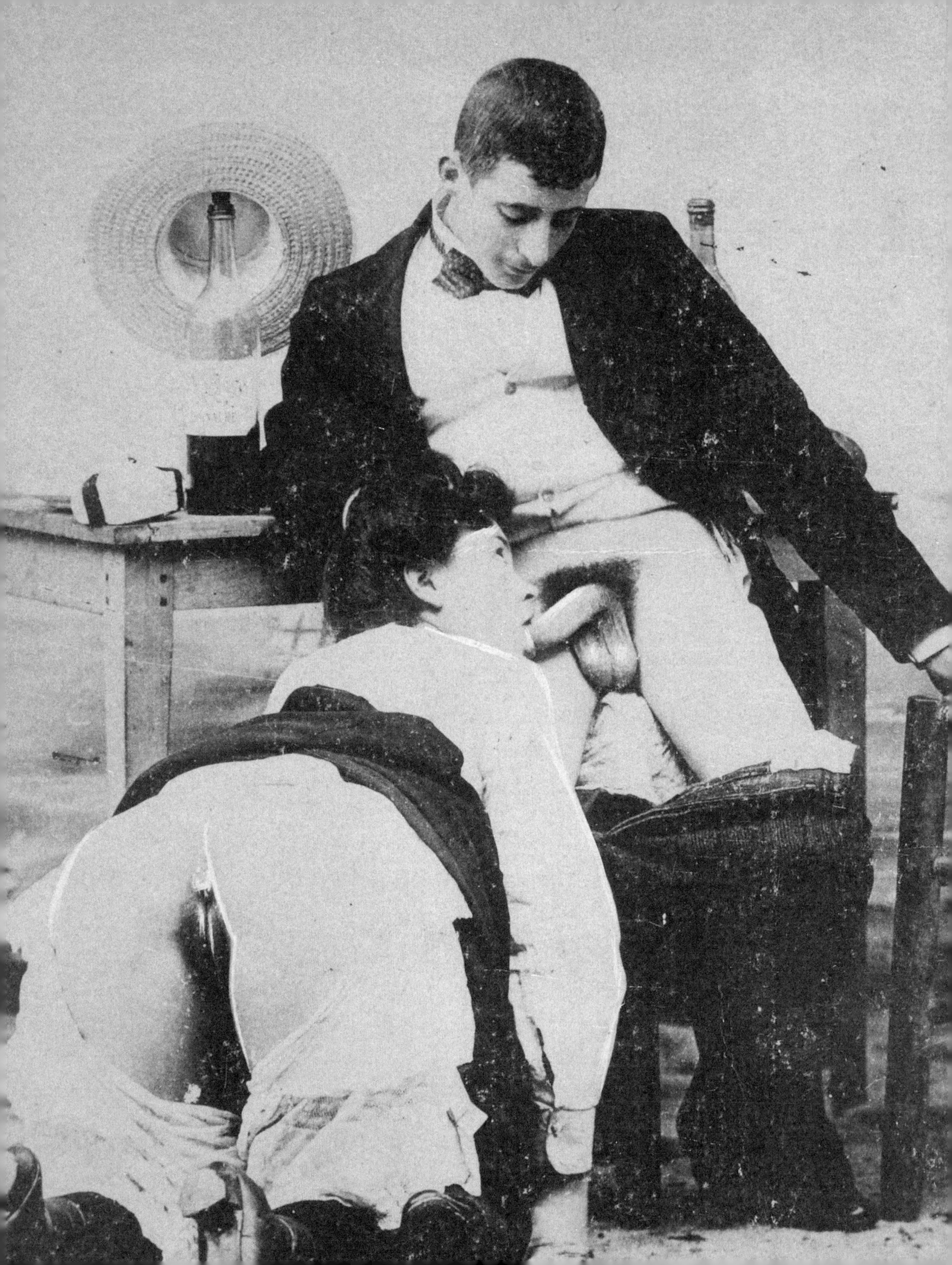

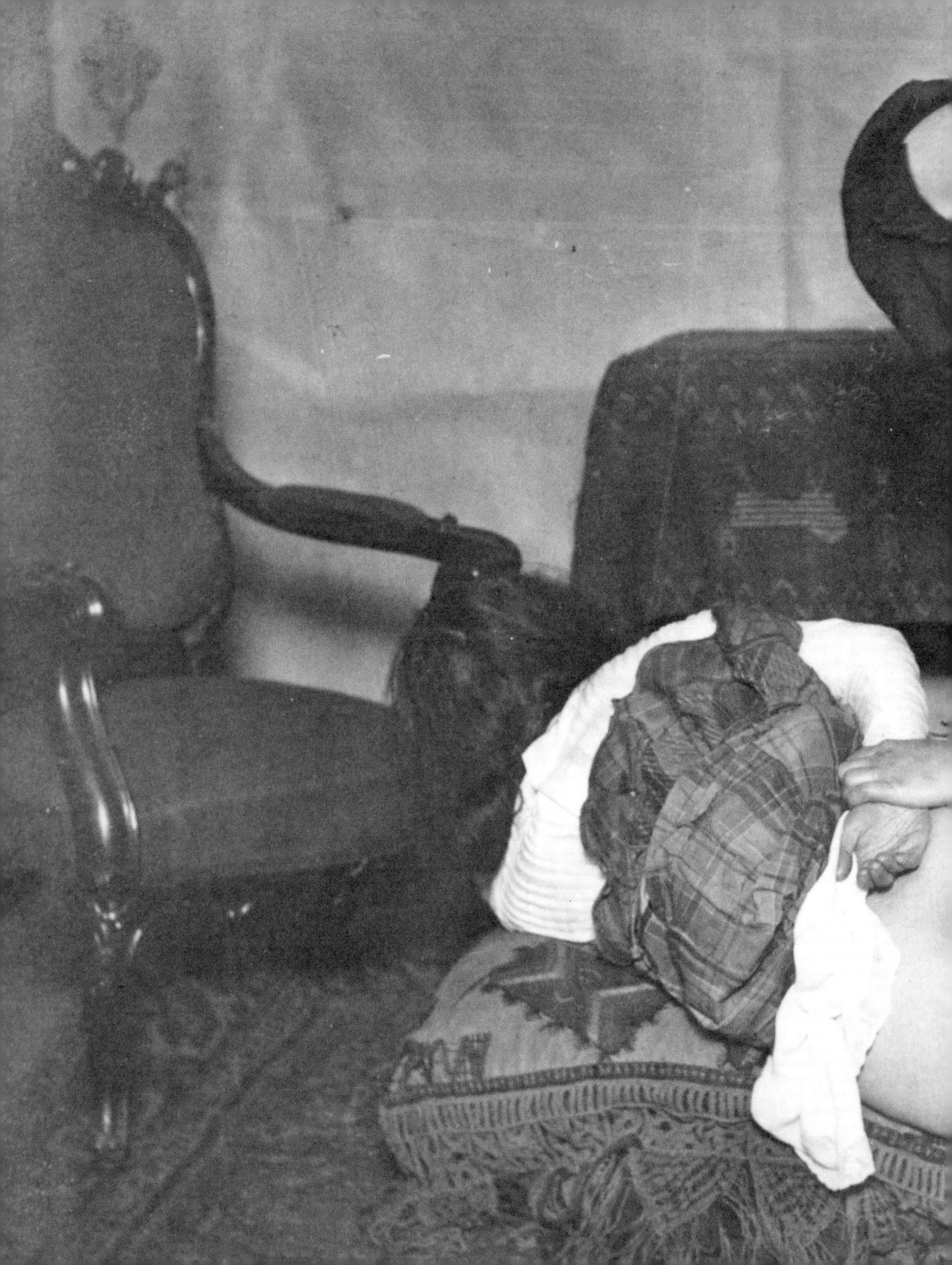

DANSK PORNO

DANISH PORN

NORDSTROMS

Dansk Porno; 100 års historie om "synd", 13 udvalgte historier, 336 sider. En compilation-bog, der, hvis det var en LP-plade, ville indeholde både rock, jazz og klassisk musik, afspillet på det bedste papir, med skriv af de sødeste mennesker og udført med den smukkeste grafik. Et udsnit af pornoens historie i Danmark, som jeg har lyst til, at I skal se den.

Jon Nordstrøm
København, april 2012

Danish Porn, 100 years of "sin", 13 handpicked stories, 336 pages. A compilation that – were it a record – would contain both rock, jazz and classical music, played out on the best paper, written by the nicest people and wrapped in the most beautiful graphics. A look into the history of porn in Denmark, the way I want you to see it.

Jon Nordstrøm
Copenhagen, April 2012

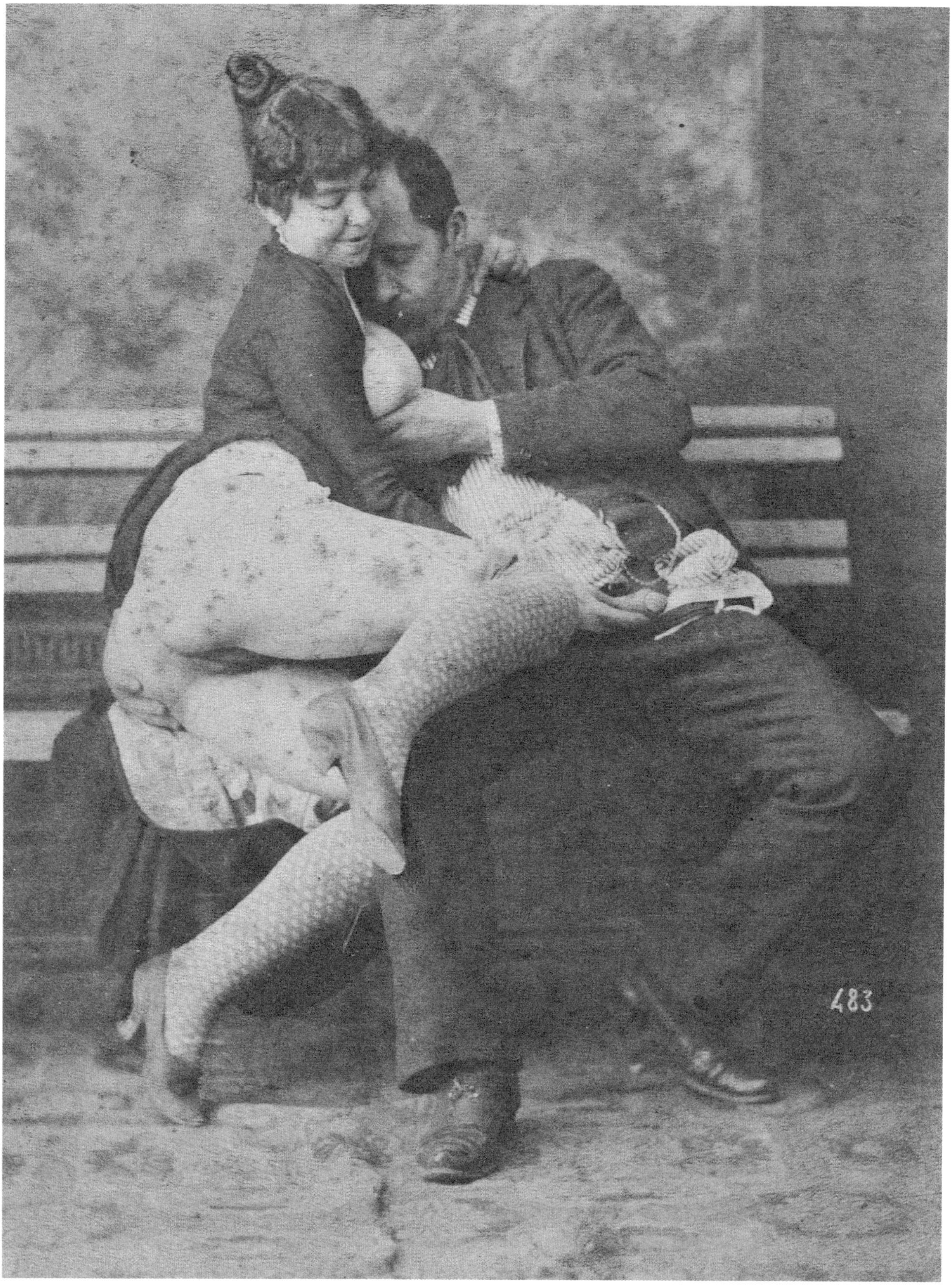
483

Indholds-fortegnelse / *Contents*

Forspil

af Morten Thing

Erotiske skildringer i tekst eller billeder kender man fra de fleste samfund. Men pornografi opstår først i samfund med kommunikationsmidler som bogtryk, film, radio eller internet. Den opstår som et ønske hos staten om at begrænse den offentlige adgang til bestemte anstødelige, utugtige eller obskøne tekster, billeder, film osv. Pornografi bliver til, fordi der er en politisk magt, som ønsker at begrænse udbredelsen af bestemte typer kommunikation. Mange vil i dag bruge ordet "pornografi" om bestemte typer tekst, billeder og film, uanset om de er forbudte eller ej. Men da ordet pornografi opstod i begyndelsen af 1800-tallet betød det "noget utugtigt, som er forbudt".

Der kan være mange grunde til en sådan begrænsning. Det kan skyldes en religiøs holdning, som ønskes gennemført i samfundet, som forbyder erotiske skildringer, som religionen finder anstødelig, utugtig eller obskøn. Det kan også skyldes, at den politiske magt mener, at et samfund uden tugt på det seksuelle område, vil falde fra hinanden i lutter utugt. En almindelig grund har det været, at det seksuelle område skal begrænses til ægteskabet og til den private sfære, ofte suppleret med en mere eller mindre reguleret prostitution. Begrænsningen af erotiske skildringer sker ved lovindgreb, ved forbud mod fremstilling og salg af utugtige situationer. Men det har aldrig været særlig let for domstolene at definere utugt. Faktisk ændres opfattelsen af, hvad der er utugtigt gennem tiden.

Det får en stor betydning for pornografien. De trykkere og forlæggere, som ønsker at producere og sælge erotiske skildringer som en vare, skal vide, hvor grænsen går for det tilladelige. Derved udvikles forskellige former for pornovarer. Der er blade, som vælger at holde sig på den lovlige side, og som derfor kan distribueres åbent. Men der opstår som regel også et illegalt marked for tekster og billeder, som overskrider grænsen. Denne type pornovarer skal altså sælges i hemmelighed og uden for politiets kontrol. Porno bliver derfor en slags kampzone, hvor producenter slås med politi og domstole om, hvad der må sælges offentligt.

I samme periode, hvor pornografien bliver til – i Europa i 16-1700-tallet – bliver også de offentlige biblioteker til. Mange af de store biblioteker havde bøger og blade, som efter domspraksis var utugtige. Man indrettede derfor særlige lukkede hylder eller afdelinger, hvor man opbevarede de forbudte bøger. De bøger og blade, som tidligere havde været tilgængelige for en lille elite, blev nu gemt af vejen for de brede massers blikke, ikke mindst de kvindelige blikke, som man anså for mere skrøbelige end de mandlige. Selv på museer, som fx museet over fund fra Pompei, sorterede man fortidens billeder og skulpturer og lavede hemmelige museer af erotiske billeder og skulpturer, som kun forskere havde adgang til. Man kunne altså definere porno som en vare med erotisk indhold, som staten ønsker at begrænse gennem forbud.

Porno i Danmark

I Danmark har der været formaliseret censur siden 1537. Dvs. at trykte tekster skulle forhåndscensureres, inden de kunne trykkes. I 1770 afskaffede Struensee censuren. Med hans fald i 1773 dukkede for første gang forbud mod sædelighedskrænkende ytringer op i lovgivningen. Bestemmelserne fortsatte over i presseloven af 1851 og kom med i straffeloven af 1866, hvor §184 lyder:

> "Den, som offentliggør et utugtigt Skrift, straffes med Fængsel eller Bøder. Den samme Straf er anvendelig paa den, som sælger, uddeler eller paa anden Maade udbreder, eller som offentlig udstiller utugtige Afbildninger."

I den reviderede straffelov fra 1930 fik §234 følgende formulering:

> "Med Bøde, Hæfte eller under skærpende Omstændigheder med Fængsel indtil 6 Maaneder straffes de, som 1) tilbyder eller overlader en Person under 18 Aar utugtige Skrifter, Billeder eller Genstande, 2) offentliggør eller udbreder eller i saadan Hensigt forfærdiger eller indfører utugtige Skrifter, Billeder eller Genstande, 3) foranstalter offentligt Foredrag, Forestilling eller Udstilling af utugtigt Indhold."

Hermed var bestemmelsen både strammet og udfoldet i forhold til bestemmelsen fra 1866. I 1939 fik den imidlertid tilføjet et stykke 2 og 3:

> "Stk. 2. Begaas de ovenfor nævnte Handlinger i erhvervsmæssigt Øjemed, kan kun under særlig formildende Omstændigheder straf af Bøde anvendes. Stk. 3. Den, der for Vindings Skyld offentliggør eller udbreder eller i saadan Hensigt forfærdiger eller indfører Skrifter eller Billeder, der, uden at de kan anses for egentlig utugtige, udelukkende maa antages at have forretningsmæssig Spekulation i Sanselighed til Formaal, straffes med Bøde eller Hæfte."

Hermed når bestemmelsen den fulde udfoldelse og største strenghed. Fra at ville ramme "utugt" var man nu nået til "spekulation i sanselighed" selvom en sådan indebar, at der ikke forelå "egentlig utugtighed".

Den første bog, som blev beslaglagt herhjemme som utugtig, var Thomas Christopher Bruuns Mine Frie-Timer eller Fortællinger efter Boccaccio og Fontaine. Denne versificering af bl.a. Decameron udkom i København i 1783, men blev beslaglagt og konfiskeret og forfatteren blev dømt til endnu en gang at blive konfirmeret, da man mente, at han ikke havde forstået det kristelige budskab. Der blev ikke herhjemme produceret litterær pornografi i nogen væsentlig udstrækning før 1930'erne. Men stikprøver peger på, at aristokratiet i Danmark har holdt sig forsynet med selvstændig import fra hovedproducenterne Frankrig og England. I løbet af 1800-tallet sker der forskellige indgreb mod litteratur, som blev anset for utugtig. Men ellers er retssagen mod Herman Bangs roman Haabløse Slægter begyndelsen til den moderne tids forbudstænkning.

Fra 1880-1920

Fotografiet er en udvidelse af pornoens varesortiment. Tidligere var tekst og tegninger eller litografier de former, pornoen blev solgt i. Fotografiet har den klare fordel, at det forestiller noget virkeligt. Der var imidlertid også en juridisk forskel mellem en tegning og et foto, nemlig den at tegningen kunne være kunst. Det var der flere, der benyttede sig af. De lavede postkort med udsnit af kendte maleres nøgenbilleder og solgte dem som porno uden at politiet kunne gribe ind. For nøgenhed i kunsten havde været tilladeligt siden renæssancen.

Fotos blev det nye pornomedium og politiet udarbejdede hurtigt retningslinjer for, hvornår de var utugtige. Det var de, når de viste kønsorganer eller kønshår eller når modellerne indtog samlejelignende positioner. Man kunne altså godt sælge fotos af nøgne mennesker, man skulle bare tage billedet fra en særlig vinkel.

Et særligt problem udgjorde den etnografiske porno, dvs. billeder af nøgne mennesker (især kvinder) fra Afrika eller Asien, som blev fremstillet som natur. Hvis nøgenheden var en slags "natur", var politiet mere tilbøjelige til at acceptere det. Det samme gjaldt senere naturistfotos, også kaldet nudisme. Naturistbevægelsen, som afholdt sommerferietræf, hvor alle gik uden tøj, udgav blade med nøgenbilleder. Fordi der var tale om en ideologisk betinget nøgenhed var politiet ofte tilbøjelige til at acceptere den.

Hvad angår tekster, var politiet mere på glatis med klare retningslinjer. Den unge Gustav Wied kunne den 27. december 1891 offentliggøre historien De unge og de gamle. Akvareller fra Land og By 11. Den 16. januar 1892 bestemte justitsminister Nellemann, at der skulle rejses tiltale efter §184. I april 1892 kom sagen for retten. Anklageren citerede et stykke fra historien, som handler om nogle drenge og piger, der leger skjul i en lade. Drengene klæder sig helt nøgne, og da tjenstepigen kommer for at kalde dem ind til et måltid, kommanderer hun dem i tøjet, og her citerede anklageren:

> "Hun løftede ham op til sig, og han slog Benene om hendes Liv og trykkede sig kælent ind mod hendes Bryst. Hun kyssede ham forslugent paa Munden og Halsen og under Armene og lod sin ene Haand glide langsomt op og ned ad hans Ryg. Lille Mandfolk! sagde hun og knugede ham tæt ind til sig. Drengen stak sin ene Haand ned paa hendes Hals. Ska' jeg kilde Dig li'som om Aftenen naar vi er kommet i Seng? lo han. Lille Mandfolk! gentog hun, og hendes smaa Øjne blev fugtige – søde Ven! sagde hun, og kyssede ham oppe under hans ene Arm. – Kom saa i Klæ'erne! sagde hun og skød ham fra sig. Drengen lod sig glide ned paa Gulvet. Men hun greb fat i ham igen og lagde ham tværs over sine Arme og borede sit Ansigt ned i hans Ben tæt oppe ved Lysken. – Av, av! Du bider mig jo! skreg han og sprællede for at komme fri. Saa satte hun ham fra sig."

Wied mente ikke at dette kunne opfattes som utugtigt, tværtimod havde hans hensigt været,

> "at henlede Forældrenes Opmærksomhed paa, hvor forsigtig man skal være ved Valget af sine Barnepiger, da disse hyppigt vække Børnenes Sandser ved at behandle dem paa uterlig Maade. Det har derimod ikke været hans Hensigt at vække Læsernes Sandselighed ved Skildringen."

Men anklageren kunne ikke give Wied ret: "Herom behøves næppe yderligere Discussion. Den høje Ret vil vist ikke have Vanskelighed ved at besvare Spørgsmaalet", om billedet var skikket til at henlede forældrenes opmærksomhed eller til at vække sanselighed. Den 26. april faldt dommen, som lød på 100 kr. i bøde eller simpelt fængsel i 14 dage. Dommen blev appelleret til Højesteret. Her blev det diskuteret om man virkelig kunne bruge §184. En af dommerne argumenterede således:

> "Art.[iklen] er i den Grad svinsk og uskjøn, at det falder mig vanskeligt at tro, at nogens Sandselighed kan vækkes ved et saadant Produkt, men dette er jo heller ei nødv.[endigt] for at anse det for et utugtigt Skrift. Da jeg dog antager, at Tilt.[alte] ikke særlig har havt til Hensigt at pirre Sandseligheden vil jeg blive ved den und.[erretlige] Doms Straf."

Mens en anden argumenterede:

> "Vilde man holde sig strengt til Ordet 'utugtigt' i par.[agraf] 184, tror jeg ikke, at Artiklen kunde komme ind under par.[agraffen], thi den hidser ikke eg[en]l.[ig] Sandseligheden, men jeg er enig i, at den er cynisk, uhøvisk og usmagelig i alle Henseender, og tror ogsaa at man kan tage Ordet utugtigt i saa omfatt.[ende] Betydning, at Art.[iklen] maa kunne rammes af par.[agraf] 184. Straffen vil jeg da

> bestemme til simp.[elt] Fængs.[el] i
> 14 Dage."

Dommen blev da til 14 dages simpelt fængsel, altså en skærpelse.

Senere ville man gerne have Gustav Wieds Fædre æde Druer forbudt, da den "var fuld af Raaheder og Slibrigheder", men Justitsministeriet mente ikke den kunne forbydes. Derimod blev bogen Barbarkvinder. Et fransk Øjenvidnes Afsløringer af haarrejsende tyske Tilstande fra 1917 forbudt, efter den var kommet i seks oplag. Den var slet ikke fransk, men skrevet af en dansker og var seksuel antitysk propaganda med en stor læsekreds.

Også præventionsreklamer gik det ud over. Der fandtes faktisk før 1906 præservativautomater i København. Det blev imidlertid ændret i forbindelse med den mere restriktive holdning til prostitution, som forbød bordeller fra 1901 og prostitution i det hele taget som lovligt erhverv fra 1906. Hermed kom også præventionen i søgelyset, og det blev forbudt "ved Bekendtgørelse, Skiltning, Udsendelse af Beskrivelse m.m. at henvende sig til Almenheden eller til ukendte eller ubestemte Personer med Tilbud om Salg af Genstande tjenlige til at forebygge Følger af Samleje". Herfra gik bestemmelsen næsten uændret over i den nye pornografiparagraf i straffeloven af 1930. Det fik betydning for annoncering og vinduesudstillinger. Kort før lovens ikrafttræden kunne Depot Paris i Kattesundet indrykke en annonce i Politiken, hvor man kunne læse: "Prostitutionsloven. Paa Grund af en ny Lovs Ikrafttræden bliver Reklamering med Gummivarer forbudt, og bedes derfor Publikum stadig have i Erindring de over hele Verden anerkendte, prima Varer." Efter den 1. oktober måtte prævention gemme sig bag pseudonymet "Hygiejniske Artikler". Det hed de lige til 1967.

Porno i mellemkrigstiden

Mellemkrigstiden er helt oplagt storhedstiden for tilhængerne af tugt og for bekæmperne af utugt. Ser vi alene på de domfældelser, der sker efter §184 og dens efterfølger §234, er det sådan, at i 20'erne sker der 50 domfældelser, i 30'erne 90 domfældelser og i 40'erne 61. Det er altså især 30'erne, der er pornoens årti, når det drejer sig om domfældelser. Det gælder også politiindsatsen. Politiet var meget aktivt og opbyggede et meget omtalt arkiv med beslaglagt eller indkøbt porno.

Der var en indremissionsk forening, som hed Vigilia, som så det som sin opgave at holde øje med kioskerne i København og indberette til pornopolitiet, hvis de fandt noget anstødeligt. Vigilia var aktive fra århundredskiftet til en gang i 30'erne.

Andre typer af pornografi dukkede op her i tyverne. I 1922 opsøgte en politibetjent en butik i Skt. Pederstræde efter, at det "var kommet til nærværende Afdelings Kundskab", at vedkommende "forhandler utugtige Skrifter". Der blev foretaget ransagning efter at ejeren havde givet tilladelse. "Der fandtes dels staaende paa en Reol og dels i hans Skrivebordsskuffer en Del tyske og franske Skrifter". Ved gennemgang af forretningskorrespondancen kunne man se, at han havde forhandlet "franske Photos". I inderlommen på hans frakke fandt man en del "utugtige Billeder". Det tilføjes at anledningen er to med to dages mellemrum ankomne sendinger bøger fra Paris. Postvæsnet havde underettet pornoafdelingen hos Københavns Politi.

Ejeren blev afhørt og forklarede, at han havde haft en butik i Fiolstræde og havde haft en udlånskreds, som bl.a. lånte skrifter "vedr. Sadisme". Han havde fortsat udlånskredsen fra sin nye butik, den havde ca. 20 medlemmer. Disse har bedt ham skaffe

> "Billeder vedr. Sadisme og erotiske Scener mellem Mand og Kvinde, og han har derfor indforskrevet en Del af den Art dels til Udlaan og dels til Salg til sine Kunder. Han hævder, at han ikke har solgt noget af tvivlsom Art til tilfældige Kunder."

Han havde kun leveret til en absolut privat kreds, og ønskede ikke at fortsætte. Derfor bortfaldt sagen, dog konfiskerede politiet 12 bøger, bl.a. en håndskreven tekst til en fotografisk afstraffelseshistorie. Det er den tidligste sag, hvor politiet omtaler sadisme som tema i pornografien. Og det er det tidligste eksempel på en pornografisk udlånskreds. Endelig er det første gang vi støder på hånd- eller maskinskrevne bøger. Det var manuskripter eller gennemslag af manuskripter, som blev produceret direkte til dette udlånsmarked. De dukker op senere som manuskriptbøger samlet som en bog og hvor der på de blanke sider var indklæbet tilfælde pornografiske billeder.

I 1923 tiltrådte Danmark en konvention udarbejdet af Folkeforbundet om bekæmpelse af pornografi. Folkeforbundsrådet anmodede i 1924 medlemslandene om at udarbejde en rapport om de første to år. Udenrigsministeriet bad politiet gennemgå sagerne, og politiet må se i øjnene, at det var lidt småt med porno i Danmark. Som det hed i rapporten:

> "Handel med utugtige Bøger og Billeder er ikke omfattende her i Staden. Det drejer sig derhos sjældent om virkelig utugtige Offentliggørelser, men normalt om Tekst og Billeder paa Grænsen af det tilladelige ('slibrige') eller- for de udenlandske Værkers Vedkommende, som sælges her – om Lecture af pervers Art (specielt den saakaldte flagellantiske Lecture)."

Politiet var sig bevidst, at Danmark i pornografisk henseende var et u-land. Og de ønskede at det skulle forblive sådan. Den første registrerede visning af en pornografisk film fandt sted i 1916. Sagen røg i papirmøllen da Landsarkivet tyndede ud i Politiets arkiv, og journalen oplyser kun, at det drejede sig om forevisning af en usædelig film forskellige steder i smug, og at sagen var anmeldt af Vigilia. Næste sag er fra 1927. En anonym "Chauffeur Hustru" anmeldte

> "to unge Labanter, som før har været Lillebils Vognmænd, men nu købt Nr. ved Taxa K 1307 boende Øster Farimagsgade 24 eller 26 [...], holder Forestilling med levende Billeder for Chauffører og Vognmænd, de tager 2 Kr. i Entre pro persona og sælger Bajer til 35 Øre pr Stk, og disse Billeder ere af en særlig ondartet Beskaffenhed, de er i den grad usædelige og ulovlige, saa ikke alene de skal drive Biograf men ogsaa holde Værtshushold i deres gamle Moders Lejlighed der kommer ogsaa grimme Pigebørn tilstede for at gøre Forretning med vore Mænd naar de sanselig ophidset har overværet den smudsige Forestilling."

Politiet afhørte hovedmanden, som forklarede, at han to gange havde forevist en utugtig film på sin bopæl. Filmen havde en længde af ca. 100 m. "Komparenten er klar over, at Filmen er af utugtigt Indhold." Han havde købt den en måned tidligere for 30 kr. af en grosserer. Den var slidt, derfor var den så billig. Der havde været 15 tilskuere hver gang, og han havde taget 2 kr. i entré og solgt pilsnere til 35 øre. Forestillingen varede ½ time. Men der var ingen damer tilstede. "Han foreviste ved samme Lejlighed en Chaplinfilm, men denne var ikke utugtig." Dommen førte til, at filmen blev beslaglagt, og chaufføren fik en bøde på 200 kr.

Selvom hverken de overlevende sager eller journaler melder om mange sager om pornofilm, kom det i 1938 til et initiativ på området. Importen af film blev diskuteret med baggrund i en konkret sag. Det viste sig, at Toldposten nogen gange udleverede film uden at åbne dem. Hvis de havde dansk tekst, skulle de via Valutacentralen, og modtageren skulle underskrive en erklæring om at henvende sig i Filmcensuren. Film uden dansk tekst var derimod på "friliste". Politiet ønskede, for at kontrollere importen af utugtige film, at Toldposten gennemså alle film, men det hverken kunne eller havde man hjemmel til. Der blev derfor lavet en ordning, som politiet fandt acceptabel, nemlig at alle importører af film hver gang underskrev en erklæring om at indfinde sig i Filmcensuren til kontrol. Filmcensuren lovede i 1939 politiet at være behjælpelig med henvendelser om "Iagttagelser af ankommende Forsendelser af den omhandlede, muligt pornografiske, Art." Mange ville naturligvis ikke henvende sig, men så havde man deres erklæring at gå efter, når man skulle efterforske sagen.

I mellemkrigstiden greb man flere gange ind over for kunst. Første gang var i 1922 da man fik forbudt R. Broby Johansens digtsamling Blod, bl.a. fordi et digt beskriver en provokeret abort med en strikkepind. Maleren Vilhelm Freddie fik i 1937 beslaglagt nogle malerier og en skulptur som utugtige. Og tegneren Ernst Hansen var i pornopolitiets søgelys, men her satte Justitsministeriet hælene i, og han slap for tiltale.

I flere sager nævnes også pornografiske genstande helt i overensstemmelse med lovens bogstav. Det var nu sjældent, at der blev skredet ind over for utugtige genstande. Et enkelt tilfælde bør imidlertid nævnes af morskab. I 1937 indberettes det, at en mand har solgt kondomer med portræt af Stauning på spidsen. Da han blev kontaktet af politiet og foreholdt det ulovlige, indvilgede han i at ophøre hermed.

Efterkrigstiden markeres ikke af de store sager. Politiets journal melder om en enkelt sag om en pornografisk film fra 1946. Fra samme år meldes om overvejelser vedrørende bladet Modelstudier (udkom fra 1945–1961). Det var et nyt fænomen. Et fotografisk blad, som fingerede at være udgivet af hensyn til kunstneres muligheder for croquis-tegning. Fotografierne overskred imidlertid næppe grænserne, og bladet blev henlagt i den kæmpe samling af pornografi, som Københavns Politis 4. afdeling opbyggede i 30'erne. Og Modelstudier blev på den måde en accepteret måde at lave porno på.

I 1954 begyndte Henry Millers bøger at komme i danske oversættelser uden at domstolene greb ind. Selvom der var mange, som mente, at han burde være forbudt, havde folks syn på tekstporno ændret sig så meget, så det aktualiserede en ændring af lovgivningen. I 1964 udsendte Thanning & Appels forlag en uforkortet udgave af John Clelands Fanny Hill fra 1748 på dansk. Den blev frifundet ved Byretten den 13. april 1964. I Landsretten stemte 3 dommere for og 3 imod frifindelse den 3. november, men ved Højesteret den 12. april 1965 stemte 4 dommere ud af 7 for frifindelse. De lagde

> "afgørende vægt på den frihed, der i nutiden råder med hensyn til skildring af seksuelle foreteelser, og på, at der i overensstemmelse hermed i de senere år, uden at det har givet anledning til påtale, er fremkommet adskillige bøger, der i nævnte henseende er præget af den mest vidtgående realisme."

Afslutningen på tugten

Kort efter højesteretsdommen i Fanny Hill-sagen rejste den radikale politiker Else-Merete Ross det spørgsmål i Folketinget, om ikke justitsministeren burde overveje at afskaffe §234. Hun fremhævede, at der aldrig var ført bevis for det skadelige i fri adgang til seksuelle skildringer, at staten ikke burde håndhæve visse befolkningsgruppers moral ved tvang, og at voksne burde kunne interessere sig for, hvad de lystede, blot de ikke skadede andre.

Da Else-Merete Ross stillede spørgsmålet til den socialdemokratiske justitsminister K. Axel Nielsen svarede han, at han havde bedt Straffelovrådet om at tage stilling til en ændring af §234. Straffelovrådet var blevet nedsat i 1960; i 1964 blev rådet anmodet om at tage §234 op til overvejelse. Rådet indhentede en række ekspertudtalelser af medicinsk, psykologisk, sociologisk, kriminologisk og pædagogisk art. Betænkningen Om straf for pornografi kom i 1966. Den foreslog ophævelse af bestemmelserne om tekstlig pornografi og gjorde det med en argumentation, som tog udgangspunkt i, at man ikke kunne bevise, at pornografi var skadelig for samfundet, enkeltgrupper eller enkeltpersoner.

Den 2. juni 1967 blev kriminaliseringen af pornografiske tekster ophævet af Folketinget med 159 mod 13 stemmer. Alle partier gik ind for frigivelsen, og nej-stemmerne kom fra Venstres og de Konservatives grupper, som var blevet frit stillet.

Billedpornoen var imidlertid undtaget. Og faktisk var den netop i disse år på en hæsblæsende optur på pornomarkedet. Ole Ege, Leo Madsen, brødrene Theander og mange flere indså, at liberaliseringen også betød, at mange flere ville købe billedporno i hæfte- eller filmformat. Der var guld i det marked.

Den 12. december 1968 forelagde den konservative justitsminister i VKR-regeringen, Knud Thestrup, et lovforslag om at gøre det lovligt at sælge også billedporno til alle over 16 år. Han havde ellers i 1966 været en af de mest betænkelige ved at slippe tekstpornoen fri. Det eneste som nu bekymrede ham var det æstetiske. Han mente, at de danske produkter krænkede "de fleste menneskers skønhedsbegreber. Men her håber jeg, den frie konkurrence, konkurrencen på kvalitet, kan få gavnlig indflydelse." Den 30. maj 1969 blev loven vedtaget med 125 for og 25 imod, 4 undlod at stemme. Den 1. juli 1969 blev resterne af §234 ophævet. En epoke var slut.

Foreplay

by Morten Thing

Erotic portrayals in either words or pictures are known in most societies. But pornography only appears in societies with means of communication like books, movies, radio or Internet. It appears as the state's wish to limit public access to certain offensive, lewd or obscene texts, images, movies, etc. Pornography appears because a political power wishes to hamper the proliferation of certain types of communication. Today, many would use the word "pornography" about certain types of texts, images and movies, regardless of their legality. But when the word pornography appeared in the early 19th century, it meant "something obscene, which is forbidden".

There can be many reasons for such a limitation. It could be a religious belief that is sought imposed on society, which prohibits erotic portrayals that the religion in question considers offensive, lewd or obscene. A political rule could also be of the opinion that a society without sexual restrictions would be torn apart by obscenity. A standard reason has been to limit sexuality to wedlock and the private domain, often supplemented by more or less controlled prostitution. The limitation of erotic portrayals occurs through legislation, through bans on the manufacture and distribution of obscene situations. But it has never been easy for the courts to define obscenity. Actually, the perception of obscenity changes over time. And this greatly affects pornography. The printers and publishers who want to make and sell erotic portrayals as commodities have to know what is acceptable. Thus the different kinds of porn merchandise appear. There are magazines that respect the law and can be distributed openly. But usually there will also develop an illegitimate market for texts and images that cross the line. This type of porn merchandise must be sold secretly and outside police control. So porn becomes a battle zone where manufacturers fight the police and courts over what can and cannot be sold publically.

The period in which pornography was created – Europe in the 17th and 18th centuries – also saw the establishment of public libraries. Many of the big libraries had books and magazines that courts considered obscene. For this reason, closed shelves or departments were set up to store the forbidden books. The books and magazines that had been available to a small elite before were now hidden from the masses – and particularly from women who were considered frailer than men. Even museums, like the Pompeii museum for instance, would sort their pictures and sculptures and set up secret museums with erotic pictures and sculptures that were only accessible to scholars. So you could define porn as a commodity with erotic content, which the state seeks to limit through bans.

Porn in Denmark

Denmark has had formalised censorship since 1537. This means that printed texts were subjected to censorship prior to printing. Struensee abolished censorship in 1770. When he was removed from power in 1773, the first prohibitions on morally offensive manifestations started to appear in legislation. These made it into the 1851 press law and appeared in the 1866 penal code, of which § 184 reads:

> *"He who publishes an obscene text is punishable by incarceration or fine. The same punishment applies to those who sell, distribute or otherwise proliferate, or publically display portrayals of an obscene nature."*

In the revised penal code from 1930, § 234 was phrased thus:

> *"Those who 1) offer or make available obscene texts, images or objects to persons under 18 years of age 2) make public or distribute or for these purposes manufacture or import obscene texts, images or objects 3) arrange public lectures, shows or displays of obscene content are punishable by fines, mitigated imprisonment or incarceration for a period of up to 6 months."*

Thus, the provision was tightened and expanded compared to the 1866 provision. But in 1939, subsections 2 and 3 were added:

> *"Subsection 2. If the transgressions above occur for commercial purposes, the penalty of fine can only be used under particularly extenuating circumstances. Subsection 3. He who for commercial purposes publishes or proliferates or for such purposes manufactures or imports texts or images that – without being obscene as such – are exclusively intended for the commercial speculation in sensuousness is punishable by fine or mitigated imprisonment."*

And thus the provision reaches its full scope and highest degree of strictness. From targeting obscenity the law now encompassed "speculation in sensuousness" even if it entailed no obscenity "as such".

The first book to be impounded as obscene in Denmark was Thomas Christopher Bruun's My Idle Hours or Tales after Boccacio and Fontaine. This versification of Decameron and other texts was published in Copenhagen in 1783 but was impounded and its author sentenced to re-confirmation, since it was believed that he had failed to grasp the Christian message. No literary pornography of note was produced in Denmark until the 1930s. But samples indicate that the Danish aristocracy was well stocked with imports from the main manufacturers in France and England. During the 19th century a number of measures were taken against obscene literature. But other than that, the court case against Herman Bang's novel Families Without Hope marks the beginning of the prohibitive spirit of the modern age.

1880–1920

Photography expands porn's repertoire. Until now, porn had taken the shape of texts, drawings or lithographs. Photography has the clear advantage of representing something real. But there was also a judicial difference between a drawing and a photo, i.e. that a drawing could be art. Many took advantage of this. They made postcards with details from nudes by famous painters and sold them as porn with impunity from the police. After all, nudity had been allowed in art since the Renaissance.

Photos became the new medium for porn, and the police quickly established a general guideline for judging obscenity. This included showing genitals or pubic hair, or portraying models in intercourse positions. So you could still sell photos of nude people, as long as you took them from particular angles.

"Anthropological porn" – pictures of nude models (particularly women) from Africa or Asia – that depicted "Nature" posed a particular problem. If the nudity was "natural", the police was more likely to accept it. This also applied to the later naturist photos, also known as nudism. The naturist movement, which held summer camps where everybody walked around in the nude, published magazines with nude photos. And because this was ideologically founded nudity, the police was often likely to accept it.

When it came to texts, the police struggled to establish clear guidelines. The young Gustav Wied published the story <u>The Young and the Old. Rural and Urban Water Colours 11</u> on December 27, 1891. On January 16, 1892 Attorney General Nellemann decided to charge Wied with breaking § 184. The case went to court in April 1892. The prosecutor quoted a piece of the story that portrays some boys and girls playing hide and seek in a barn. The boys are completely undressed and when the maid fetches them for supper, she tells them to put their clothes back on. The prosecutor quoted:

> *"She lifted him up, and he wrapped his legs around her waist, pressing himself affectionately against her bosom. She kissed him greedily on the mouth and neck and under his arms and let her hand stroke his back gently up and down. Little Man!, she said and held him tight. The boy put his hand on her neck. Do you want me to tickle you, like I do at night when we're in bed?, he laughed. Little Man!, she repeated and her little eyes grew moist – my sweet thing! she said and pushed him away. The boy allowed himself to slide to the floor. But she caught hold of him again and held him in her arms and thrust her face into his legs close to the groin. – Ow, ow! You're biting me!, he screamed and squirmed to escape. Then she put him down."*

Wied did not think this could be considered obscene, when his intention had been quite the opposite:

> *"to make parents aware of how great care should be taken in the selection of their nannies, since these are often apt to awaken the children's senses through improper treatment. Thus it was never his intention to arouse the reader's sensuousness with this portrayal."*

But the prosecutor did not agree: "This hardly requires further discussion, and we believe the honourable Court will not encounter any difficulty in answering the question" of whether the portrayal was likely to create parental awareness or arouse sensuousness. The verdict of a 100 kroner fine or 14 days imprisonment was delivered on April 26. The verdict was appealed to the Supreme Court, which discussed whether § 184 was actually applicable. One judge argued thus:

> *"The article is so crass and ignoble that I find it hard to believe that anyone's sensuousness can be aroused by such a product, but this is not necessary for it to be declared a piece of obscene writing. However, since I assume that the author can have had little intention of arousing sensuousness, I confirm the regional court's sentence."*

While another argued:

> *"Were one inclined to focus strictly on the word 'obscene' in § 184, I do not believe the article would be covered by it, since it does not arouse sensuousness, but I do agree that it is cynical, uncouth and distasteful in every regard, and believe also that a more general understanding of the word 'obscene' is possible in which case the article is covered by § 184. I set the punishment in this case to 14 days imprisonment."*

The sentence in the end was 14 days imprisonment – an increase.

Later, a ban was sought also against Gustav Wied's <u>Fathers Eat Grapes</u> since it "was full of coarseness and salacity", but the Justice Department did not feel that a ban was possible. But the book <u>Barbarian Women. Account by a French Eye-Witness on the shocking German Conditions</u> from 1917 was banned, after appearing in six editions. It was not even French, but written by a Dane and constituted anti-German sexual propaganda with a large readership.

Contraceptive advertisements were also hit.

In fact, there were vending machines with contraceptives in Copenhagen before 1906. But this changed when attitudes to prostitution became more restrictive, with the 1901 ban on brothels and the 1906 delegalization of prostitution as a trade. This meant that contraceptives were next, and it became illegal to "by announcement, signage, proliferation of descriptions etc. address the public or unknown or random persons with offers to sell objects that are apt to prevent the effects of intercourse."

This provision was almost adopted word for word into the new porn act in the 1930 penal code, which impacted advertisements and window displays. Shortly before the law came into effect, Depot Paris in Kattesundet placed an ad in the Politiken newspaper: "Prostitution law. Due to a new law coming into effect, advertisements for rubber wares are forbidden. We kindly ask our customers to remember our world-renowned, first class products." Starting October 1, contraceptives would have to go by the name "hygienic articles". That name stuck until 1967.

Porn between the wars

Without a doubt, the interwar years were the golden years for those who fought obscenity. If we look only at convictions under § 184 and the subsequent § 234, the 20s saw 50 convictions, the 30s 90 convictions and the 40s 61. So the 30s was the decade of porn in terms of convictions. The same applies to police efforts. The police were very active and built up a much spoken of archive of impounded and purchased porn.

The evangelical association Vigilia considered it its job to keep an eye on Copenhagen kiosks and report anything offensive to the porn police. Vigilia was active from the turn of the century until some time in the 30s.

Other types of porn appeared in the 20s. In 1922, a police officer paid a visit to a shop in Skt. Pederstræde, when "it had come to the attention of this department", that said shop "is a purveyor of obscene materials". A search was conducted with the owner's permission. "Partly in his book-shelf and partly in his writing desk drawers, a large number of German and French materials were found." Going through the business correspondence, it was discovered that he had sold "French photos". In his inside coat pocket, some "obscene pictures" were found. The search, it is mentioned, was motivated by two shipments of books from Paris received two days apart. The postal service had notified the porn department at the Copenhagen Police. The owner was interrogated and explained that he had had a shop in Fiolstræde, whose borrowers would take out material "regarding sadism". These borrowers, about 20 in number, he had continued to service from his new shop. They had asked him to acquire:

> *"Pictures regarding sadism and erotic tableaus with men and women, for which reason he has acquired quantities of this type of material for lending and selling to his customers. He maintains that he has not sold anything illicit to casual customers."*

He had only served an exclusive circle of customers and did not wish to continue. Thus the case was dropped, but the police did confiscate 12 books, among these a handwritten text for a photographic history of chastisement. This is the first case that mentions sadism as a pornographic theme. And it is the earliest example of a pornographic circle of borrowers. Finally, it is the first instance of handwritten or typed books. These were manuscripts or copies of manuscripts that were made specifically for this lending market. They later appear as manuscripts gathered into a single book, with pornographic imagery mounted on blank pages. In 1923, Denmark signed a convention prepared by the League of Nations to fight pornography. In 1924, The League of Nations council asked its member nations to prepare a report on the first two years. The Foreign Ministry asked the police to study the cases and the police had to confess that there was not a lot of porn going around in Denmark. The report read:

> *"Dealing in obscene books and pictures is not rampant in this city. Furthermore, it is rarely truly obscene publications, but usually texts and pictures that push the limits of legislation ('sleazy') or – in the case of foreign materials sold here – reading material of a perverted nature (particularly the so-called flagellant reading)."*

The police realized that Denmark was pornographically underdeveloped. And they wanted to keep it that way. The first registered showing of a pornographic movie occurred in 1916. The case papers were destroyed when the National Archive decimated the Police Archives, and the journal only states that it was in regard to secret showings in a number of locations of an illicit movie, and it was reported by Vigilia. The next case is from 1927. An anonymous "chauffeur's wife" reported:

> *"Two young rapscallions, who used to be cab owners at Lillebil but have now bought into Taxa K 1307 at Øster Farimags Gade 24 or 26 [...] are arranging showings of living pictures for chauffeurs and cabbies, charging 2 kroner admission per person and selling beer at 35 øre a piece, and these movies are of a particularly nasty nature, they are highly obscene and illegal, so not only are they running a movie theatre but also a public house in their old mother's apartment and ladies of the night come as well to conduct business with our men, when they sensually excited have attended the sleazy show."*

The police interrogated the main culprit who explained that he twice had shown an obscene movie in his lodgings. The film was about 100 metres long. "The party is aware that the content of the movie is obscene". He had purchased it one month ago for 30 kroner from a merchant. It was worn, which explained the low price. Each showing had been attended by 15 people and he had charged 2 kroner admission and sold beer at 35 øre. The show lasted half an hour. But no ladies were present. "He also showed a Chaplin movie at this time, which was not obscene". The verdict saw the movie impounded and the chauffeur fined 200 kroner.

Even if neither surviving cases nor journals indicate the existence of many porn movie cases, steps were taken against them in 1938. Movie imports were discussed based on a specific case. It came to light that customs would occasionally release movies without opening them. If movies had Danish subtitles they would have to go through Valutacentralen and the recipient sign a letter of intent to contact the film censorship. Movies without Danish subtitles, on the other hand, were exempt. To control the import of obscene movies, the police wanted customs to view all movies, but this was both impossible and illegal. A settlement was reached that satisfied the police, which was that all movie importers should sign a letter of intent to subject each import to control at the film censorship. In 1939, the film censorship promised to help the police by reporting "observations of inbound shipments of said, possibly pornographic, nature." Of course, many failed to submit their imports to control, but then you had their letters of intent to go by when investigating the case.

The interwar years saw several cases against art. The first was in 1922, when R. Broby Johansen's book of poetry Blood was banned, partly because one poem describes an abortion provoked with a knitting pin. The painter Vilhelm Freddie had some paintings and a sculpture impounded for being obscene in 1937. The sketch artist Ernst Hansen was also investigated by the porn police, but the Justice Department put its foot down and saved him from the charges.

Several cases also mention pornographic objects – in full accord with the letter of the law. Obscene objects were rarely hit, though. But one such case should be mentioned for its hilarity. In 1937, a man was reported for selling condoms with portraits of Prime Minister Stauning on the tip. When contacted by the police and made aware of the illegality of this, he agreed to cease his activities.

The years after World War II are not marked by big cases. Police files mention a single porn movie case from 1946. Notes from this year also mention discussions regarding the magazine Model Studies (published 1945–1961). This was new: a photographic magazine that was published based on a feigned interest in providing artists the possibility to draw live models. The photos hardly crossed accepted limits, though, and the magazine was added to the giant collection of pornography that the Copenhagen Police 4th precinct built during the 30s. And thus Model Studies became an accepted mode of pornography.

In 1954, Henry Miller's books started to appear in Danish translations without interference from the courts. Though many felt his writings should be banned, the general perception of textual porn had changed so much that it highlighted a need for legislative changes. In 1964, publishing house Thanning & Appels released the unabridged version of John Cleland's Fanny Hill from 1748 in Danish. It was cleared of all charges in city court on April 13, 1964. Three High Court judges voted for acquittal and three against on November 3, but on April 12, 1965 four out of seven High Court judges voted for acquittal. The verdict emphasized:

> *"particularly the freedom that now exists regarding depictions of sexuality, and also – in conjunction hereto – the appearance in later years, without actions or indictment, of numerous books, which in said regard are marked by the most extensive realism."*

No more obscenity

Shortly after the High Court verdict in the Fanny Hill case, centre-right politician Else Merete Ross raised the question in Parliament of whether the Attorney General should consider revoking § 234. She held that sexual portrayals had never been proven to be harmful, that the state should not enforce the sexual mores of certain groups in society, and that adults should be free to pursue any interest as long as they did not harm others.

When Else-Merete Ross posed the question to centre-left Attorney General K. Axel Nielsen he replied that he had asked the Penal Code Council for a recommendation on § 234. The Penal Code Council had been established in 1960, and was asked to consider § 234 in 1964. The council obtained expert opinions within medicine, psychology, sociology, criminology and pedagogy. The white paper Regarding Punishment for Pornography came in 1966. It recommended revoking the provisions against textual pornography and did so based on the argument that the harmful effects of pornography to society, groups or individuals could not be proven.

On June 2, 1967 the criminalization of pornographic texts was revoked in Parliament by 159 yeas to 13 nays. All political parties were in favour and the nays came from members of the liberal and conservative parties, who had been granted the freedom to vote against the party line.

But pornographic imagery was still banned. And, in fact, experiencing a breath-taking boom in the porn market during these years. Ole Ege, Leo Madsen, the Theander brothers and many others realized that liberalization would lead to increased demand for picture porn in magazines or movies as well. It was a market waiting to be tapped.

On December 12, 1968 Knud Thestrup, the conservative Attorney General for the centre-right coalition government, introduced a bill that would make it legal to sell picture porn to anyone over the age of 16. Strangely, he had been one of the main opponents to the legalization of text porn in 1966. His concern now was aesthetic. He felt that Danish products offended "most people's ideals of beauty. But here, I hope, free competition – competition for quality – will be beneficial." The bill was passed with 125 yeas, 25 nays and 4 blank votes on May 30, 1969. What was left of § 234 was revoked on July 1, 1969. It was the end of an era.

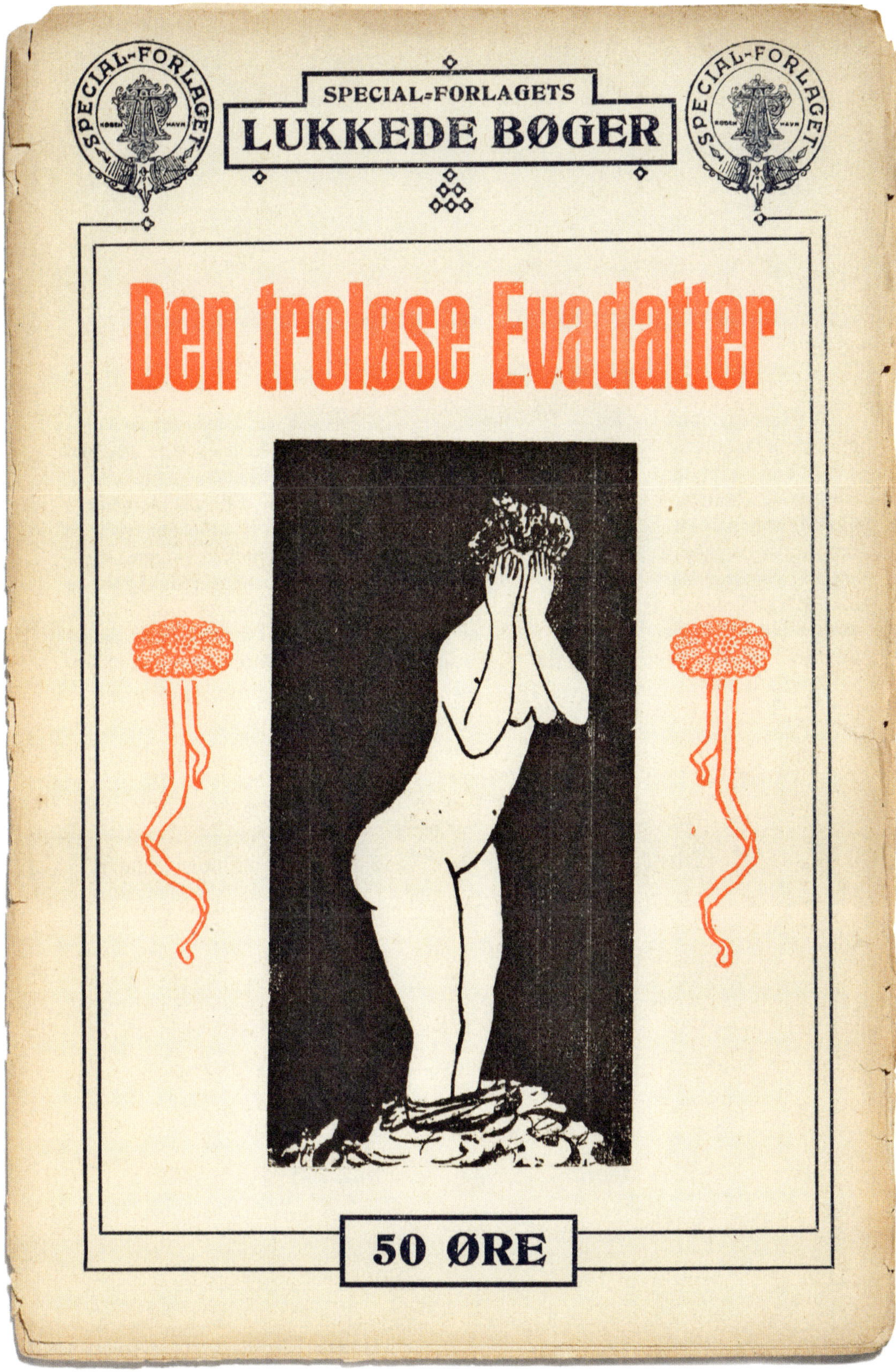
SPECIAL-FORLAGET
SPECIAL-FORLAGETS
LUKKEDE BØGER
SPECIAL-FORLAGET
Den troløse Evadatter
50 ØRE

Aerede Herre!

Hermed modtager De et Prövekort af min Kollektion af **kunstneriske Fotografier** fra Orienten. De orientalske Folkeslags karakteristiske Raceskönhed, ligesom ogsaa Landskaberne med Djerids frugtbare Oaser, de stille Palmelunde vandede af Baekke og Damme, i hvilke de slanke Daddelpalmer spejler sig, er fastholdt i fremragende smukke Fotografier. Som saerlig interessante Kort anbefaler vi vore Fotografier af raceskönne, solhede, naesten sindsforvirrende smukke, nögne Pigelegemer, ligesom de pikante, i de mest utvungne Stillinger fotograferede **Typer og Scener fra Haremet.** Disse Kort tilsendes Bestilleren uden Omkostninger i et eller flere **diskret lukkede Breve** Vaer saa venlig ~~at skrive, hvilke Kort De önsker, at laegge~~ Belöbet i Sedler i Deres Brev, og vi skal afsende disse til Deres aerede Adresse.

For Kr.	1.—	modtager De	12	forskellige Kort af de önskede Fotografier
„ „	2.—	„ „	35	„ „ „ „ „ „
„ „	3.—	„ „	50	„ „ „ „ „ „
„ „	4.—	„ „	100	„ „ „ „ „ „
„ „	5.—	„ „	125	„ „ „ „ „ „ (d)

(Et Brev til Tyskland frankeres ~~med **40 öre.**)~~

W. O. Hochherz, Dresden-N. 8 (Tyskland), Fischhausstraße 6.

Editeurs: L. & L.

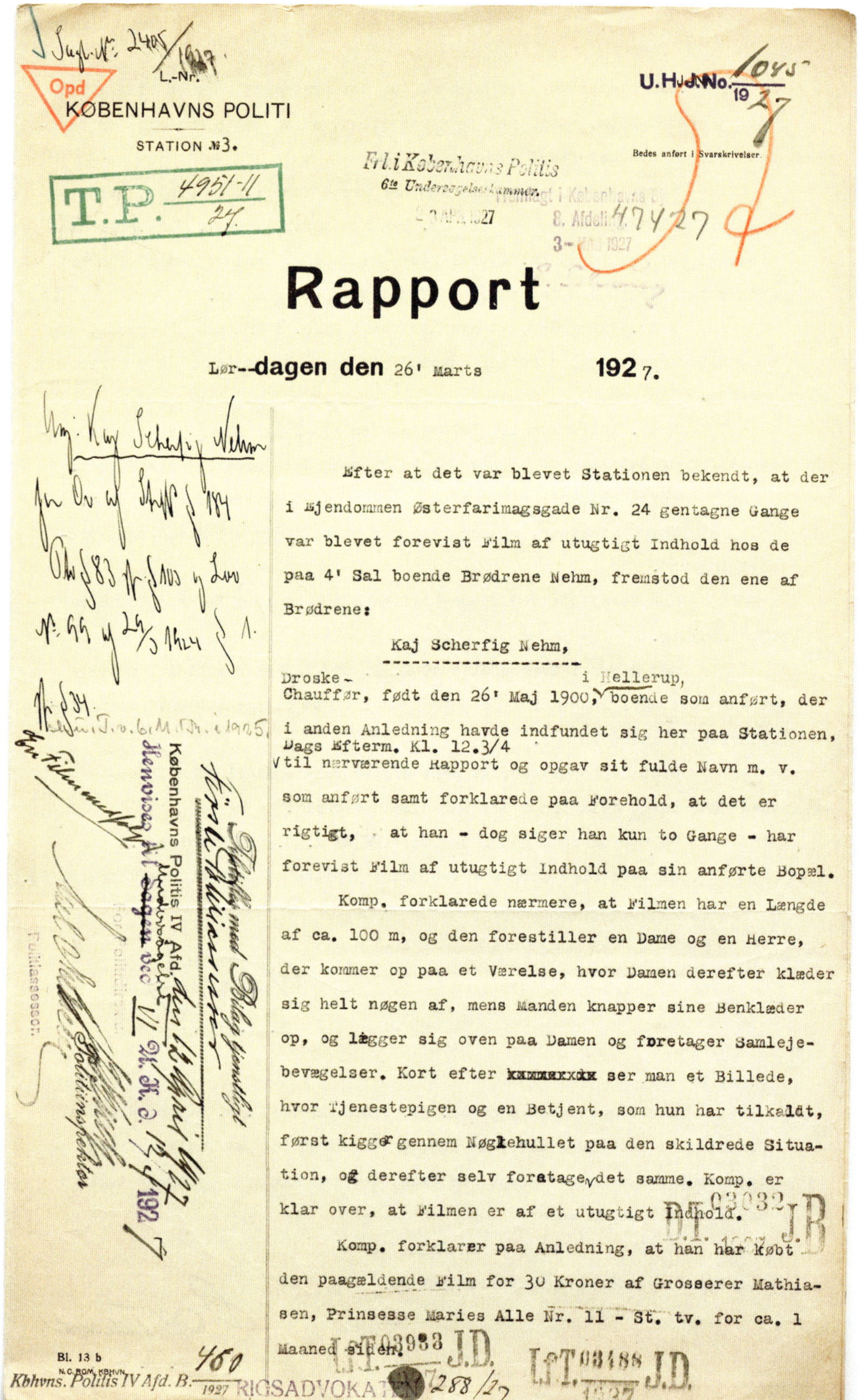

Journ. Nr. 2405/1927

L.-Nr.

Opd

KØBENHAVNS POLITI

STATION №3.

T.P. 4951-II/27

Fr. i Københavns Politis 6te Undersøgelseskammer. 23 APR. 1927

Fremlagt i Københavns Byret 8. Afdeling 47427 3 MAJ 1927

U. H. J. No. 1045/1927

Bedes anført i Svarskrivelser.

Rapport

Lør--dagen den 26' Marts 1927.

Efter at det var blevet Stationen bekendt, at der i Ejendommen Østerfarimagsgade Nr. 24 gentagne Gange var blevet forevist Film af utugtigt Indhold hos de paa 4' Sal boende Brødrene Nehm, fremstod den ene af Brødrene:

Kaj Scherfig Nehm,

Droske- i Hellerup, Chauffør, født den 26' Maj 1900, boende som anført, der i anden Anledning havde indfundet sig her paa Stationen, Dags Efterm. Kl. 12.3/4 til nærværende Rapport og opgav sit fulde Navn m. v. som anført samt forklarede paa Forehold, at det er rigtigt, at han - dog siger han kun to Gange - har forevist Film af utugtigt Indhold paa sin anførte Bopæl.

Komp. forklarede nærmere, at Filmen har en Længde af ca. 100 m, og den forestiller en Dame og en Herre, der kommer op paa et Værelse, hvor Damen derefter klæder sig helt nøgen af, mens Manden knapper sine Benklæder op, og lægger sig oven paa Damen og foretager Samlejebevægelser. Kort efter ~~xxxxxxxxx~~ ser man et Billede, hvor Tjenestepigen og en Betjent, som hun har tilkaldt, først kigger gennem Nøglehullet paa den skildrede Situation, og derefter selv foretager det samme. Komp. er klar over, at Filmen er af et utugtigt Indhold.

Komp. forklarer paa Anledning, at han har købt den paagældende Film for 30 Kroner af Grosserer Mathiasen, Prinsesse Maries Alle Nr. 11 - St. tv. for ca. 1 Maaned siden.

Københavns Politis IV Afd. Henvises til Politiassessor.

D.T. 03032/1927 J.B

L.f.T. 03933 J.D.

L.f.T. 03488/1927 J.D.

Bl. 13 b

Kbhvns. Politis IV Afd. B. 460/1927

RIGSADVOKATEN 288/27

25

24/11 87

Flyveblade
til
Sædeligheds Fremme.

Nr. 3.

Lægers Forsvar
for
Lovordnet Usædelighed

af

O. M. Gjersing,
fhv. Stiftslæge.

Udgivet af en gammel Læge.

Kjøbenhavn.
P. Hauberg & Comp.
Hoffensberg & Trap's Etabl.
1887.

92

Fremlagt i Kjøbenhavns
Kriminal-og Politiret

11 AUGUST 1888

290/88

Borgen

Frl.
Pol.

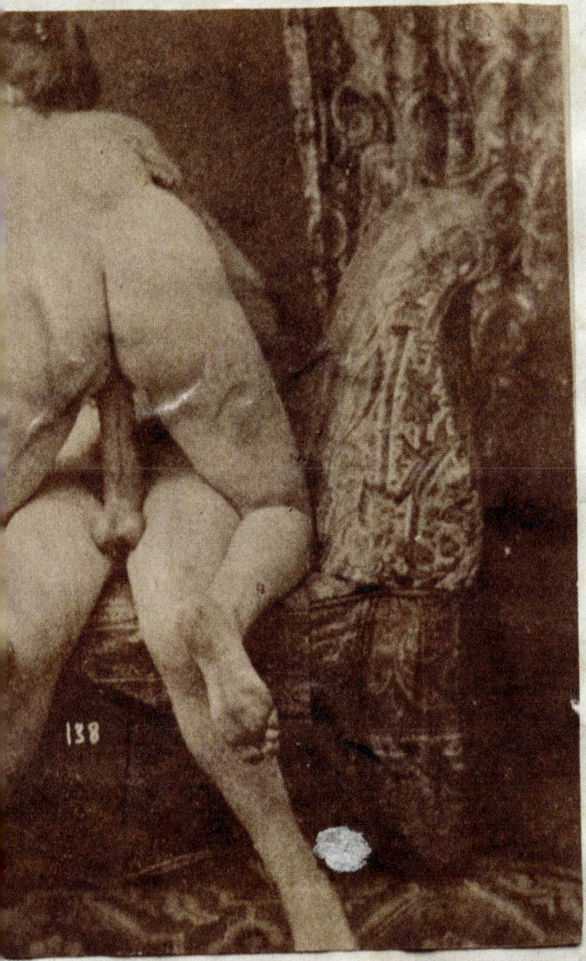

3 Crim. og
Crk. d. 26/3 1888.
Rolmer.

Herman Bang

af Morten Thing

En meget berømt pornosag var sagen mod Herman Bangs roman Haabløse Slægter fra 1880. Den blev i 1881 ved Politiretten og året efter ved Højesteret forbudt og takseret til en bøde på 100 kr. med forvandlingsstraffen 14 dages fængsel. Straffen blev næppe mindre af, at rygterne gik, at Bang var homoseksuel. Og rygterne talte sandt.

Romanen handler om den unge William Høg, som kommer fra en fin familie, men en familie der har opbrugt sin grokraft. William vil være skuespiller, men han har ikke talentet. I den pinefulde kamp for at blive til noget møder han den modne grevinde Hatzfeldt og indleder et seksuelt forhold til hende, som både hendes elsker og barn.

Der var langt fra tale om scener, som vi i dag ville forstå som pornografiske. Og dog var de målt med datidens litterære teknikker avancerede. Bang havde lært af Émile Zola og hans psykologiske naturalisme, og han kunne uden at gå i de detaljer og nærbilleder gengive den seksuelle ophidselse litterært. Og det var, hvad anklageren gik efter. Som han sagde ifølge anklageskriftet:

"Et Skrift, der fremstiller et Forhold mellem Mand og Kvinde paa en Sædeligheden og Blufærdigheden krænkende Maade, kan være et utugtigt Skrift uden just at beskrive et utugtigt kjønsligt Samkvem mellem disse; men et Skrift, der fremstiller, hvorledes en Kvinde forfører og ophidser en ung Mand til Utugt og fremstiller den Lidenskab, hvormed disse to begaaer Utugt, det er utugtigt i Straffelovens Forstand, selv om den hele Læseverden maatte finde, at hverken dens Sædeligheds- eller Blufærdigheds-Følelse er krænket, at den tvertimod finder at Skriftet er lind Kost imod hvad den er vant til at nyde."

Anklageren mente nok, at Bang havde villet vise hvorledes hovedpersonen William Høg går til grunde i sanselighed, men også

"fornøje sig og sine Læsere med at give levende Skildringer af selve Sanseligheden, dens udvikling og dens Stadier, af den umættelige Attraa, de vellystelige Omfavnelser, det feberhede Samkvem, 'den drukne Raven i

Ny Udgave af „Hjemløs“, eller Herman Bang i „Skammekrogen“.

Erik Bøgh: Fy skamme Dig ... dersom Hjort-Lorenzen nu gi'er Dig Affked paa „graat Papir“, vil vi slet ikke lege med Dig i „vorres Gade“!

Larsen: Og her kommer Du heller ikke ind — Du, som har gnavet Ben i „Højres“ Kjælder!

Lille Herman: „Vi ere vel rejste! Nu kan jeg synge med Heiberg: „Jeg staar ene tilbage — Ingen vil danse med mig!“

Udgiver og Redaktør Harald Jensen. Kontor Gothersgade 81. — Alex. Behrends Bogtrykkeri, Kjøbmagergade 43.

Herman Bang
– for vellystig

neri!"), Joyces „Ulysses" på grund af dens kønslige frimodighed, Remarques „Intet nyt fra Vestfronten" for dens ærekrænkelser af militær osv. og „Fanny Hill", der var pornobølgens førstedame i tresserne.

Flere læsere, mere forargelse

I Danmark hvilede statsmagtens sædelighedsbegreb, indtil loven blev ophævet, så at sige på trykkefrihedsforordningen af 27. september 1799, som gjorde krænkelser på tryk af sædeligheden strafbar. Men i starten blev en sådan krænkelse tydeligt opfattet som noget relativt uskyldigt, idet straframmen var fængsel på vand og brød i 4—14 dage. Det var meget mildt i de dage — men disse bestemmelser blev siden skærpet. Det skete i takt med, at flere og flere blev i stand til

Da Herman Bang var anstødelig

Den berømteste forargelse i dansk litteratur burde nok være den, der fra den pietistiske konge lukkede munden på Holberg og trak tæppet for Den danske Skueplads. Den var tilmed i skarp modsætning til det københavnske publikum. Men da den er en slags omvendt eksempel, skal vi frem til 1880, før forargelsens første bog udkommer på dansk. Det var Herman Bangs „Haabløse Slægter", den første dekadente roman, der fortæller om en slægt og dens undergang. Det anstødelige var Herman Bangs skildring af et kærlighedsforhold, især passager med hovedpersonen William Høgs og den sanselige grevinde Hatzfeldts intime samliv samt en kort scene fra natrestauranten „Lyset". I dag kan disse skildringer ikke forarge nogen — men store dele i samtiden fordømte dem. „Punch" tilrådede, at forfatteren blev sat under tilsyn og underkastet skarp observation for sin tilstand af *mania pornografica*, (*minder det ikke om noget?*), den førende konservative kritiker Erik Bøgh fandt, at „Haabløse Slægter" er *„en af de usundeste og i flere Retninger uforsvarligste Bøger, der i lang Tid er faldbudt på vort Bogmarked med den sansekrilrende, nervepirrende Tendens, der pibler frem mellem hver Sætning i Skildringen af de mere erotiske Situationer"*, mens Jyllands-Posten som en af de få undtagelser (og her bør Elsa Gress og andre være opmærksomme) *„anbefaler Bogen til Publikums Bevaagenhed"*.

HERMAN BANG
HAABLØSE
SLÆGTER
HERMAN
BANG
HAABLØSE
SLÆGTER

Blodberusningens Tykning' og de aldrig trættende, ophidsende Kysse, Kjærtegn og Raffinements. Disse Skildringer ere blevne selvstændige Beskrivelser af utugtigt Samkvem mellem Mand og Kvinde, saa at Bogen selv er bleven utugtig og et Parti af den blevet 'delirerende af Sandselighed', som en Anmelder i 'Dagbladet' har udtrykt sig."

Det interessante ved anklagerens argumentation er, at forbrydelsens art ikke er objektiv. Derved adskiller den sig fra andre forbrydelser som tyveri, mord og voldtægt: det er op til en fortolkning og ikke til en bevisførelse, at afgøre om loven er overtrådt. Det skulle kaste lange skygger ind over domstolenes og politiets arbejde.

Anklageren mener, at sex ikke måtte gøres til genstand for offentlig beskrivelse. Som han udtrykte det: "Literaturens Krav paa Frihed maa bøie sig for Samfundets Krav paa Tugt." Tugten – det modsatte af utugt – er altså en disciplinering, som pålægges samfundets medlemmer. En løsnelse af tugten førte med datidens forestilling til opløsning af enhver autoritet og ethvert hierarki, og derfor af magten.

Det kongelige Bibliotek havde modtaget et eksemplar af Haabløse Slægter som pligtafleveringsbibliotek. Dette eksemplar blev taget ud af samlingen og opstillet på overbibliotekarens kontor. I 1884 udsendte Bang en udgave, som var tilrettet efter anklagerens indvendinger, og som i 80 år var den tilladelige udgave af bogen. I 1965 genudkom den oprindelige tekst fra 1880, før forbuddet mod pornografi var ophævet, og selvom bogen altså var forbudt, greb ingen ind. I de mellemliggende 80 år havde forholdene ændret sig så meget, at bogen ikke længere blev opfattet som utugtig.

ans Tindinger med begge
r som et pludseligt Glimt
og de smilede begge.
alvt, stadig saa' de paa
le trykkede de de aabnede
be . . .
Funker skinnede deres

II.

Det var et Barn, Grevinde Hatzfeldt havde gjort til sin Elsker, og det var Barnets Hjælpeløshed, der havde ført William til hende.

Under Kampen havde William Høg været ældre end sine Aar samtidig med, at den bestandig potenserede Anspændelse havde gjort hans Svaghed stærk. Men nu da hans Skuldre, der allerede længe havde været knuget af den altfor tunge Byrde, knækkedes under Nederlagets Elendighed, da Viljen, som havde været Sjælen i hans nervøse Tilværelse, brast, snigmyrdedes med det samme Manden. Og dette unge Menneske, som havde villet løfte en Slægts Fremtid, og som nu stirrede forfærdet paa sin egen Kraftløshed, blev i Reaktionens Slappelse til et hjælpeløst Barn.

Og saa mødte han Grevinde Hatzfeldt.

Ingen vidste, hvor gammel Grevinde Eva Hatzfeldt var, nogle mente fem og tredive, andre fyrre; hendes Beundrere paastod, hun umuligt kunde være mere end tredive, ondskabsfulde Medbejlersker og et Par Medlemmer af det

II.

Det var et Barn, Grevinde Hatzfeldt havde gjort til sin Elsker, og det var Barnets Hjælpeløshed, der havde ført William til hende.

Det unge Menneske, som havde villet løfte en Slægts Fremtid, og som nu stirrede forfærdet paa sin egen Kraftløshed, var i Reaktionens Slappelse bleven til et hjælpeløst Barn.

Og saa mødte han Grevinde Hatzfeldt.

Ingen vidste, hvor gammel Grevinde Eva Hatzfeldt var, nogle mente fem og tredive, andre fyrre; hendes Beundrere paastod, hun umuligt kunde være mere end tredive, ondskabsfulde Medbejlersker og et Par Medlemmer af det engelske Gesandtskab, med hvilken Ambassade Grevinden havde adskillig ikke opklaret Forbindelse, vilde mene, at den smukke Dame allerede var højt over de fyrre.

Men hvorom alting er, man vidste det ikke, og det var ogsaa meget vanskeligt at konstatere. Naar man hele sit Liv har tilhørt et og samme Samfund har Beundringen og Misundelsen i slige Beregninger Fakta at arbejde med. Men Grev-

CHRISTENSEN & MORANGE
AMAGERTORV 25

41 Herman Bang

Herman Bang

by Morten Thing

A very famous porn case was the case against Herman Bang's novel Families Without Hope (1880). The police court's 1881 ban on the book was upheld by the Supreme Court a year laterand Bang received a 100 kroner fine with an alternative sentence of 14 days imprisonment. Rumours that Bang was homosexual were hardly conducive to leniency. And the rumours were true. The novel's protagonist is young William Høg, who comes from an upper class family – but one that is a spent force. William wants to be an actor, but does not have the talent. In his painful struggle to make something of himself, he meets the mature Countess Hatzfeldt and has an affair with her – both as her lover and her child.

The scenes are not pornographic by any current standards – far from it. But by the literary standards then, they were well advanced. Bang had learnt from Zola and his psychological naturalism and was able to convey sexual arousal literarily – without details or close-ups. And this was what the prosecutor seized on. As he stated in the indictment:

"Writings that portray the relations between man and woman in such a way as to offend morality and modesty can be obscene without quite resorting to describing the lascivious sexual relation itself; but writings that portray a woman's seduction and arousal of a young man to immorality and describe the passion wherewith these two fornicate are obscene unto the law, even if the public readership has not been offended upon its morality and finds that said writings are thin gruel compared to its usual fare."

The prosecutor believed that Bang had intended to show the protagonist William Høg's destruction by sensuality, but also to:

"Entertain himself and his readers with vibrant depictions of sensuousness itself, its development and stages, the insatiable want, the lustful embraces, the feverish connections, 'the drunken raving in the quickening of blood' and the never-tiring, inflammatory kisses, caresses and sophistications. These depictions have become independent descriptions of the obscene relations between man and woman, making the

45 Herman Bang

Nr. 2.	Lørdagen den 8. Januar.	1881.

1 Kr. 30 Øre pr. Kv. Enkelte Nr. **10 Øre.** I Provinserne **1 Kr. 47 Øre.**
„Folkets Nisses" Kontor, Gothersgade 81, 2den Sal. Aabent fra 12—3.

book itself obscene and parts of it 'positively vibrant with sensuousness', as the Dagbladet critic put it".

It is worth noting in the prosecutor's argument that the crime itself is not objective. This sets it apart from other crimes, like theft, murder and rape. Whether the law has been broken is not a matter of producing evidence, but of interpretation. This would seriously affect the work of the police and courts.

The prosecutor does not believe that sex can be made the matter of public descriptions. As he said: "The demand for artistic licence must bow before society's demand for decency". So decency was not something that came naturally to society or its members. By the reasoning of the time, any freedom given would lead to the dissolution of authority, of hierarchy, and — ultimately — of power.

As a copyright deposit, The Royal Library had received a copy of Families Without Hope. This copy was removed from the collection and placed in the head librarian's office. In 1884, Bang released an edition that had been amended according to the prosecutor's instructions, and which would be the only accepted edition for 80 years. In 1965 — before the ban on pornography was lifted — the original was reissued, and while the book was still banned no one intervened.
In the 80 years that had passed, so much had changed that the book was no longer considered obscene.

34

Sur la Croix
1
2
3
4
5

11
12
13
14
15
16
17
18
19
20

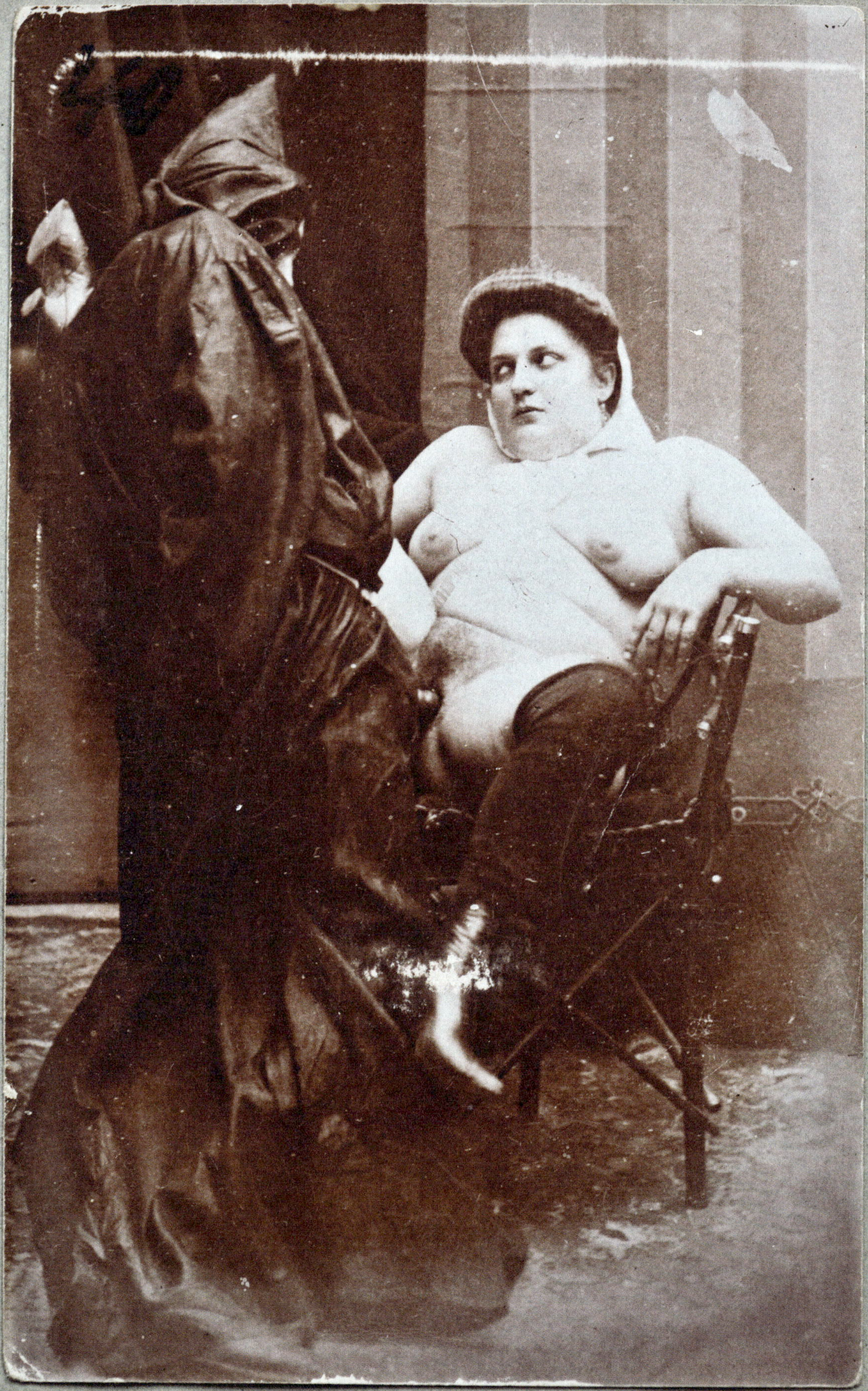

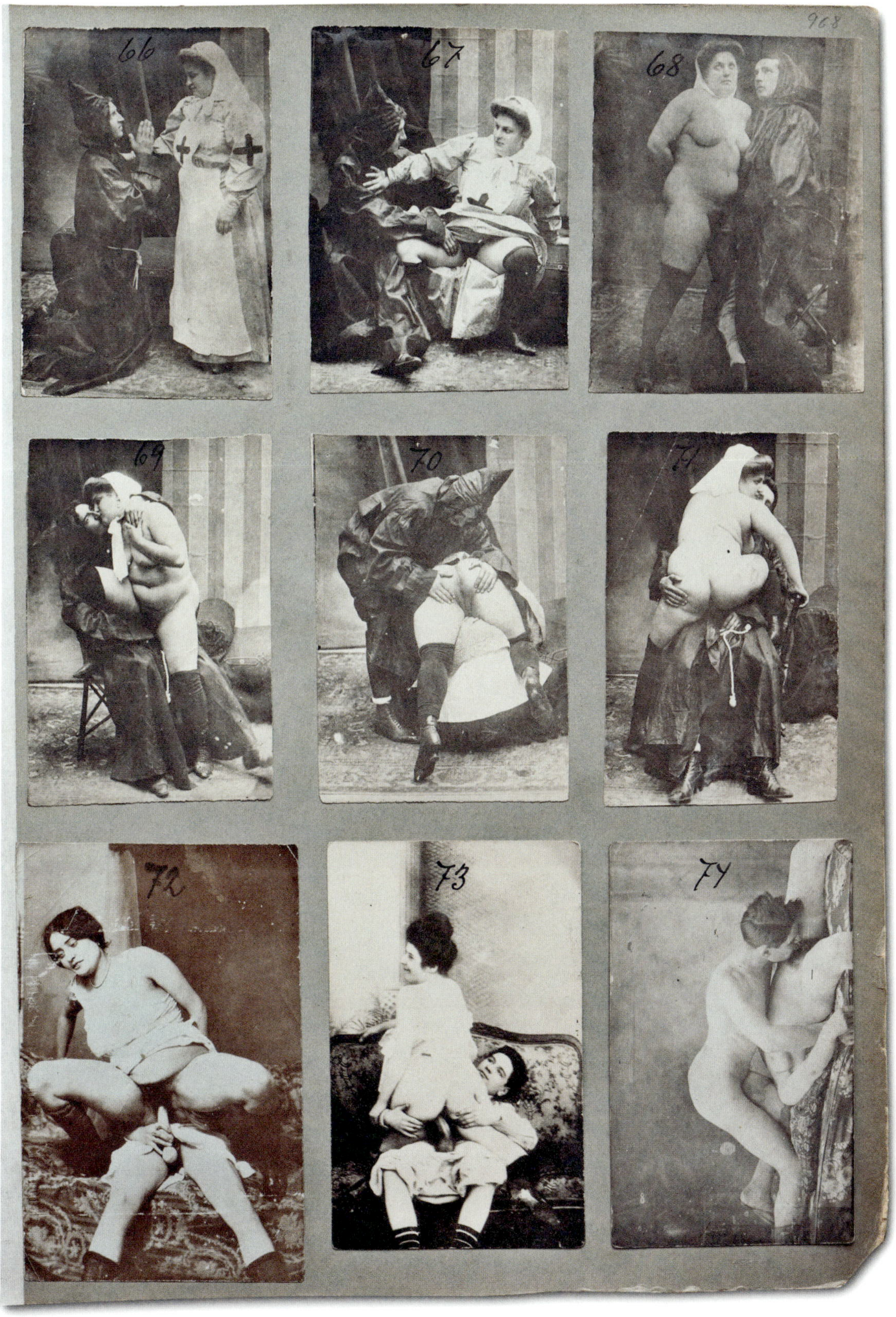
968
66
67
68
69
70
71
72
73
74

Sidste Nyheder fra Paris.

Haandkolorerede Platin Fototypier.

KABINETSFOFMAT.

Efterfølgende Serier er det **smukkeste** og **mest pikante**, som paa dette Omraade til Dato er fremkommet i Paris, og Motiverne vil tilfredsstille selv den **mest forvænte Smag**. —

Brudeparret. Den første Nat! . . .	pr. Serie	2,00.
Landlig Idyl. De nyforlovede. . . .	- —	2,00.
Modernede Flirt. Pikant!	- —	2,00.
Pariser Kokotten og Lægen	- —	2,00.
De Nygiftes Tidsfordriv	- —	2,00.
Ved Sengetid. Afklædningsscene .	- —	1,75.
Plastiske Stillinger i Neglige . . .	- —	1,75.
Pariserindens Morgenbad.	- —	1,75.
Intime Situationer i Toiletværelset .	- —	1,75.
Sovekammer Interiør	- —	1,75.

Hver af disse Serier bestaar af 6 Billeder.

De understregne 6 Serier har indbragt mig megen Ros og talrige Komplimenter fra Kendere.

Frimærker modtages som Betaling med et Tillæg af 5 pCt.

Al Porto afholdes af Køberen.

Absolut Discretion garanteres og Breve sendes efter enhver opgiven poste restante Adresse.

Postvæsenet besørger **ikke** Efterkrav til poste restante Adresser.

A. G. HANSEN. — Enghaveplads 3. KØBENHAVN V.

OLUF OLSENS BOGTR. KBHVN.

110

Mary Willumsen

af Morten Thing

Den 19. juni 1920 anmeldte den kristne forening Vigilia, som havde specialiseret sig i at opsøge anstødelige billeder, kiosken White Star, Amagerbrogade 1, til politiet for at sælge utugtige postkort. Politiet opsøgte kiosken og beslaglagde:

8 stk "med formentlig utugtige Billeder"
6 stk "Billeder af en nøgen Kvinde uden synlige Skamhaar"
6 stk "-do- af en nøgen Kvinde med tildels synlige Skamhaar"
6 stk "af en tildels nøgen Kvinde uden synlige Skamhaar"
6 stk "af to nøgne Kvinder med synlige Skamhaar"

osv., i alt 18 tilfælde. "Billederne under 1-16 er Gengivelser efter Fotografier og de fotograferede Kvinders Stillinger er mere eller mindre utugtige." Billederne kaldtes "Badescener", "uden at Billederne har noget eller kun lidet med Badning at gøre". Sådan skriver betjenten i rapporten, og man indkaldte kioskens ejer til forhør.

Han fortalte, at han havde købt 400 kort for 69,50 kr., og at han solgte 6 stk. for 3 kr. Han havde handlet i god tro, da han overtog butikken med samme type kort fra den tidligere ejer. Der var stor efterspørgsel efter kortene. Så indkaldte politiet kommissionæren, som havde solgt kortene til kioskejeren. Han fik dem fra Tyskland. Så afhørte politiet en anden kommissionær, som havde købt kort på Leipziger Messen. Han havde siden fået 5.000 kort sendt med posten og betalt told af dem. De var blevet solgt til en anden kiosk, Dannebrog i Istedgade. Så afhørtes ekspeditricen i denne kiosk. Der blev beslaglagt 6.800 kort "med Billeder af nøgne Kvinder med synlige og uden synlige Skamhaar", "med Billeder af tildels nøgen Kvinde med paaklædt Mand, uden nogen synlige Kønsdele og ikke i Samlejestilling". Hun har købt kort af en grosserer Olsen og badekortene er købt af "fru Villumsen".

"Disse Billeder er Fotografier optagede af Fru Villumsen selv, paa den herværende Bade-

Mary Willumsen stammede fra en arbejderfamilje, hvor hun blev født i 1884. Hun blev i 1910 gift med maleren og fotografen Harald Axel Larsen, som lærte hende at fotografere. Efter hans død i 1913 gik hun i gang med at fotografere på Helgoland bade-anstalt.

Mary Willumsen came from a working class family and was born in 1884. In 1910, she married the painter and photographer Harald Axel Larsen, who taught her photography. After his death in 1913, she began taking pictures at the Helgoland bathhouse.

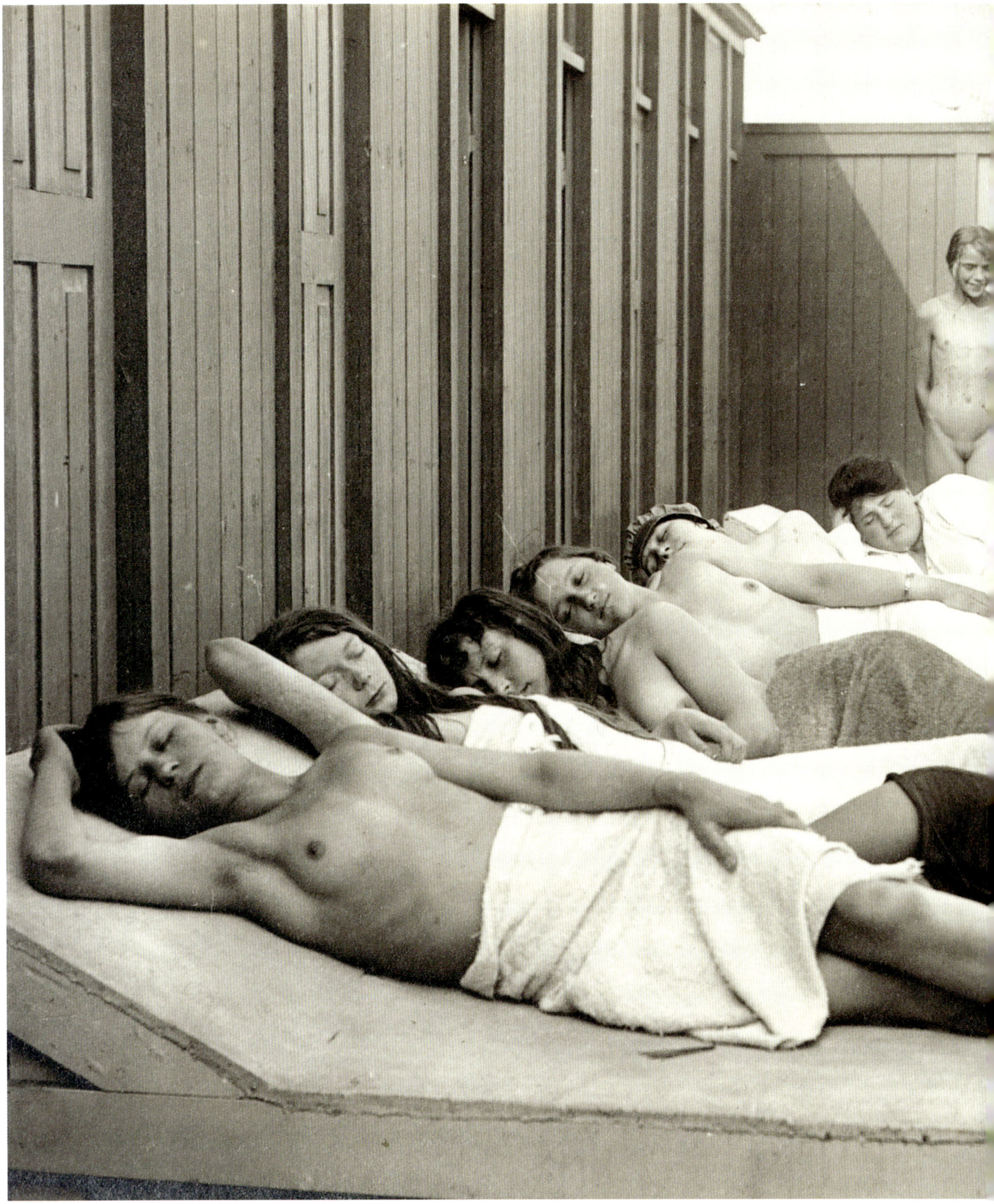

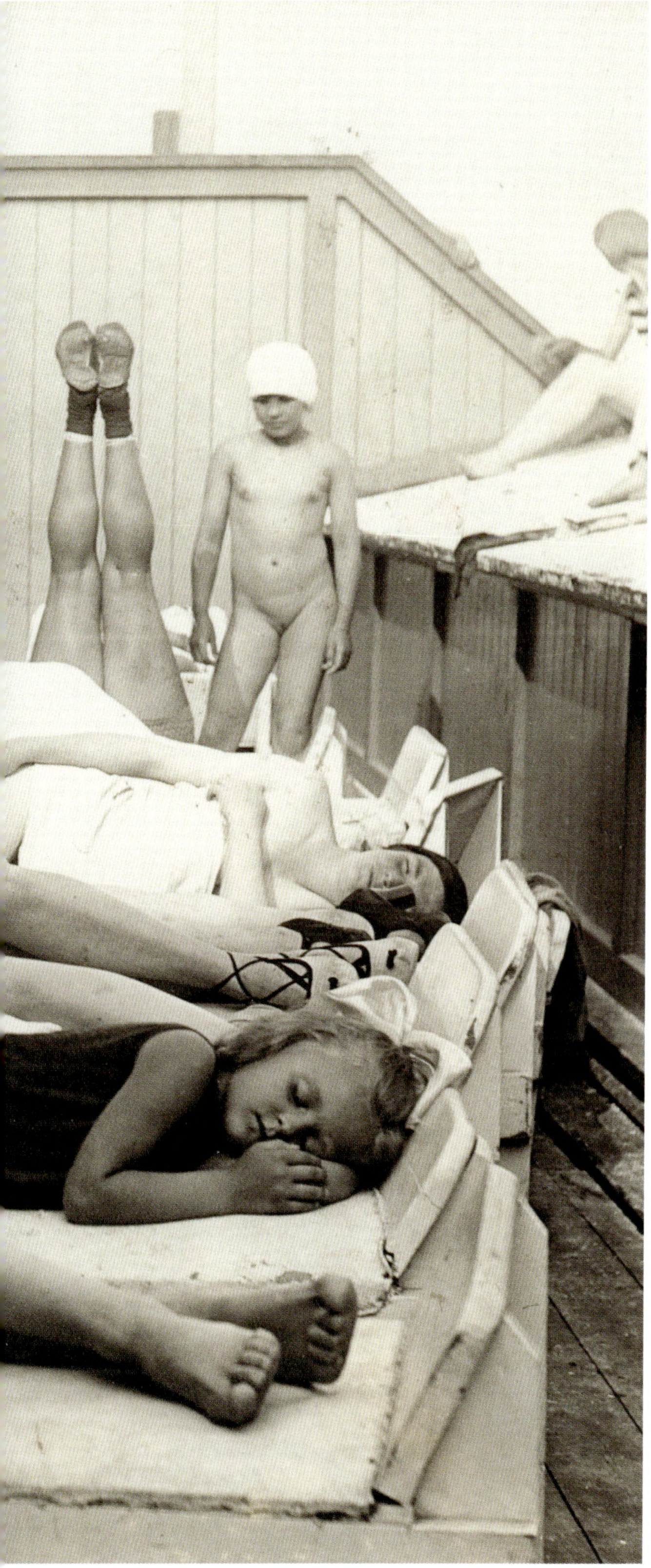

anstalt 'Helgoland', og sælges her i Staden i to andre Kiosker, nemlig i Scalas Kiosk og paa Axeltorvet. Hendes Mening om samtlige Kort er, at de aldeles ikke er utugtige, selv om mere eller mindre af den kvindelige Kønsdel er synlig paa Billederne".

Grosserer Olsen havde købt kortene i Tyskland, oplyste han under afhøringen. Den kvindelige fotograf Mary Birgitte Cecilie Magdalene Nielsen Willumsen opsøgtes i sin lejlighed Viborggade 18. Hun forklarede, at hun i 1914 fik tilladelse til at fotografere de kvinder på Helgoland, som ønskede det. Hun var der en gang daglig. I begyndelsen var fotografierne kun til kundernes eget brug, og hun blev betalt af kvinderne.

Kiosken i Scala ønskede at sælge badebillederne, og Mary Willumsen satte sig i forbindelse med kvinderne og fik tilladelse til at fremstille og sælge billederne. I begyndelsen var det i badedragt og linned,

"men senere steg Publikums og dermed kioskejerens Fordringer om mere nøgne Billeder og [hun] er derfor i den senere Tid gaaet over til ogsaa at fremstille nøgne Billeder, dog har hun, som det af Kortene vil ses ikke optaget Billederne 'forfra' kun fra Siden og fra Ryggen. Hun erklærer, at hun ved disse Billedoptagelser aldrig har lagt an paa at fremstille Billederne i erotiske eller utugtige Stillinger men har efter hendes Mening stadig søgt at undgaa den Slags Fremstillinger".

Hun brugte måske 10 forskellige kvinder. "Det er Kvinder i forskellige Stillinger, Teaterdamer, tjenende Kvinder og en Del maaske 'lidt letlevende'". Hun havde produceret ca. 1.200 om måneden til 25 øre pr stk.

Axeltorv-kioskens ejer blev også afhørt, og den samme slags billeder blev i stort tal beslaglagt her. Derefter ejeren af Scalas kiosk med samme resultat. Fra den ene kiosk til den anden og til grossererne. Men billedet forblev det samme: såkaldte salonkort fra Paris, fotos fra Berlin og så nogle af Mary Willumsens badebilleder. Hun blev igen afhørt, da man stødte på billeder taget forfra. Hun siger da, "at hun dermed har ment, at ingen Kønsdele eller Skamhaar var synlige og ikke tænkt paa Ansigterne". Hun afgiver en erklæring den 3. februar 1922 om at efterkomme myndighedernes pålæg vedrørende hendes fotografier af badescener m.v.

510

Poire.

Hun havde ikke i den forløbne sæson tilvirket billeder til salg, da det blev betydet hende at der ville blive skredet ind. Statsadvokaten for København besluttede den 8. marts 1922, at der ikke skulle rejses tiltale mod hende, og i april 1922 blev en stor del af kortene givet tilbage.

Statsadvokaten har muligvis været påvirket af det særlige ved Mary Willumsens billeder. For de lignede ikke de almindelige pornografiske billeder. Dels var hun en fotograf med sans for at fotografere den kvindelige krop og at bruge interiøret til iscenesættelsen. Måske har statsadvokaten fornemmet, at Mary Willumsens billeder var noget helt nyt. De lignede ganske enkelt ikke de billeder, mænd tog af kvinder den gang. Billederne havde en form for humoristisk uskyld, som statsadvokaten sikkert ikke var vant til at se. Hun var ganske enkelt en foregangskvinde inden for fotografiet.

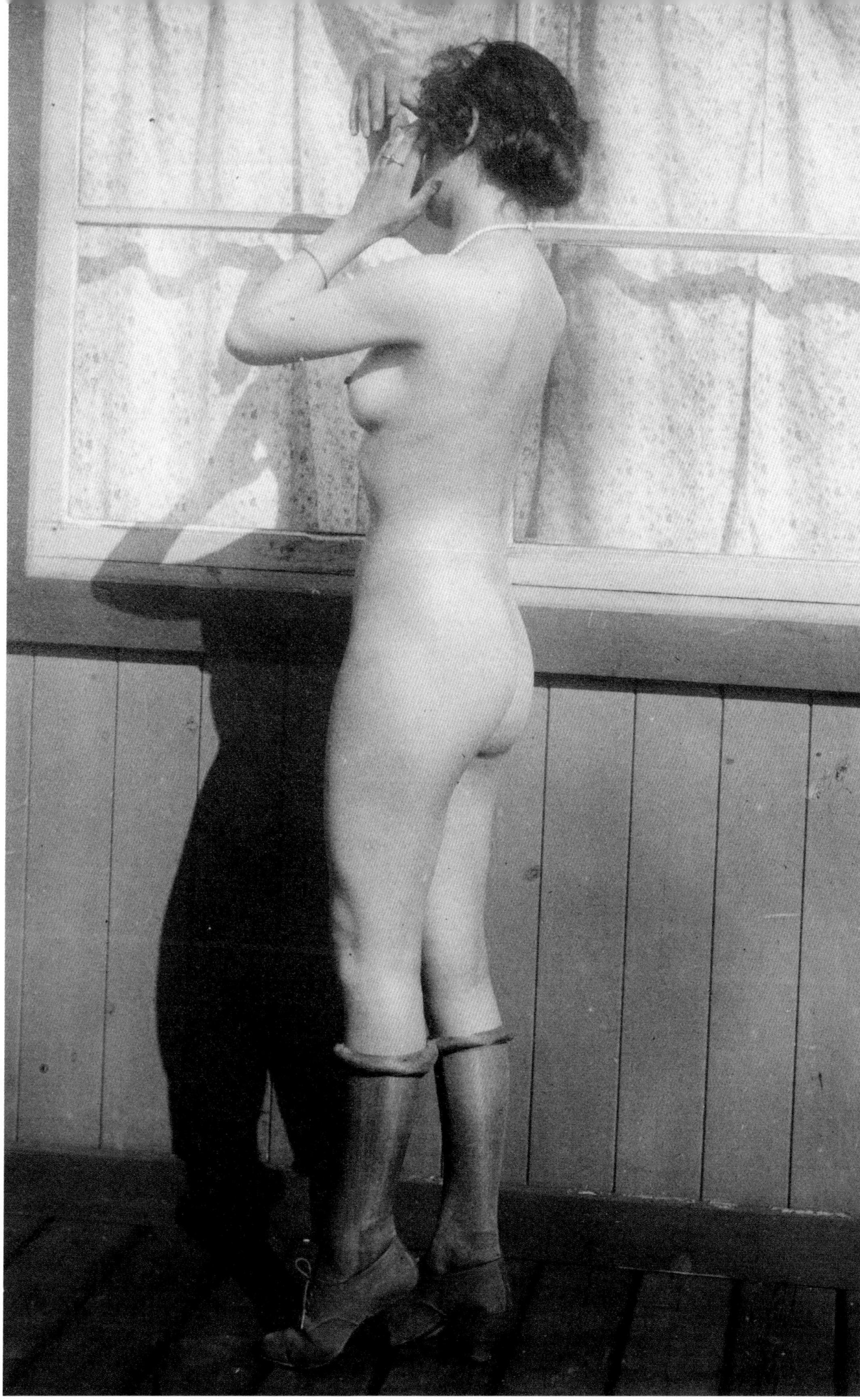

65 Mary Willumsen

Mary Willumsen

by Morten Thing

On June 19, 1920 the Christian association Vigilia, which had specialized in hunting down lascivious images, reported the White Star kiosk at Amagerbrogade 1 to the police for selling lewd postcards. The police paid the kiosk a visit and seized:

8 pc. "with seemingly lewd pictures"
6 pc. "pictures of nude woman with no visible pubic hair"
6 pc. "pictures of nude woman with partially visible pubic hair"
6 pc. "of partially nude woman with no visible pubic hair"
6 pc. "of two naked woman with visible pubic hair"

And so on, for a total of 18 counts. "The pictures numbered 1–16 are reproduced from photographs and the photographed women's postures are more or less lewd". The pictures were called "Bathing images", "but the pictures have little or no relation to bathing". Thus wrote the attending officer in his report, and the kiosk owner was summoned for interrogation.

He explained that he had bought 400 postcards for 69,50 kroner and was selling sets of 6 for 3 kroner. In doing so, he was acting in good faith, having taken over the kiosk from its former owner with similar postcards. The cards were in high demand. Then police interrogated the agent who had sold the cards to the kiosk owner. He got them from Germany. Then police interrogated another agent, who had bought cards at the Leipziger Fair. He had since received 5,000 cards by mail and had them cleared by customs. These had been sold to another kiosk, Dannebrog in Istedgade. Then the saleswoman from this kiosk was interrogated. Seized were 6,800 cards "with pictures of naked women with and without visible pubic hair", "with pictures of partially nude woman accompanied by fully dressed man, without visible genitals and not in intercourse posture". She bought these cards from a Merchant Olsen and the bathing cards from "Madam Villumsen".

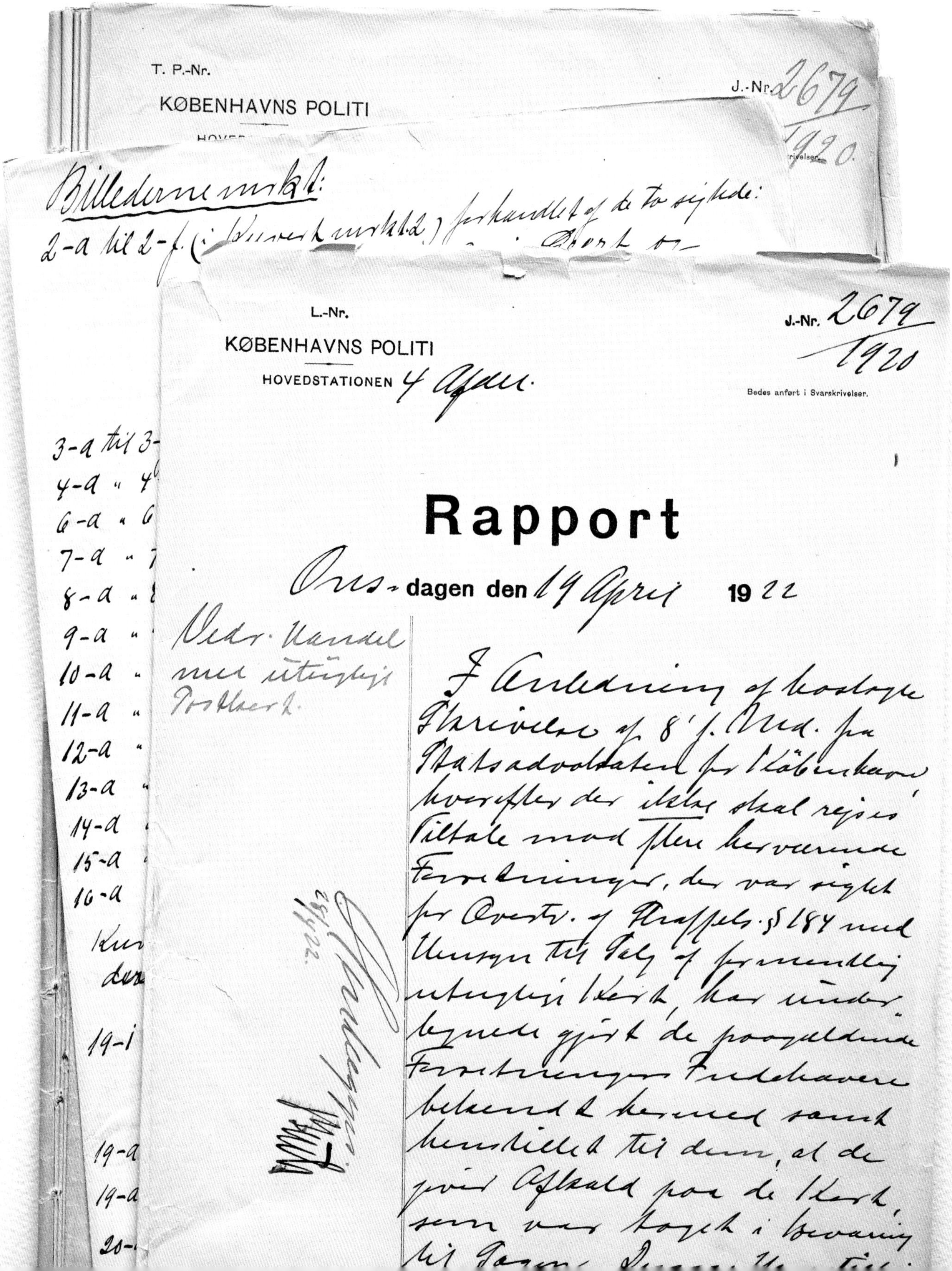
T. P.-Nr.

KØBENHAVNS POLITI

J.-Nr. 2679/1920

Billederne mrk.:

2-a til 2-f (i Hovedmarked) forhandlet af de to sigtede:

3-a til 3-
4-a " 4
6-a " 6
7-a " 7
8-a " 8
9-a "
10-a "
11-a "
12-a "
13-a "
14-a
15-a
16-a

19-i

19-a

19-a

20-

L.-Nr.

KØBENHAVNS POLITI

HOVEDSTATIONEN 4 Afdel.

J.-Nr. 2679/1920

Bedes anført i Svarskrivelser.

Rapport

Ons-dagen den 19 April 1922

Vedr. Handel med utugtige Postkort.

I Anledning af hosfulgte Skrivelse af 8' d. Md. fra Statsadvokaten for København hvorefter der ikke skal rejses Tiltale mod flere herværende Forretninger, der var sigtet for Overtr. af Straffel. § 184 med Hensyn til Salg af formentlig utugtige Kort, har undertegnede gjort de paagældende Forretningers Indehavere bekendt hermed samt henstillet til dem, at de gøre Afkald paa de Kort, som var taget i Forvaring til Dom...

19/4 22.

Undertegnede Mary Willumsen, født Nielsen, erklærer herved, at jeg for at undgaa Tiltale og Straf er villig til at efterkomme ethvert Paalæg, der maatte blive givet mig af Myndighederne med Hensyn til Tilvirkningen af Fotografier af Badescener m. v.

Jeg tillader mig at fremhæve, at jeg er meget daarligt stillet i økonomisk Henseende, og at mit Hjem for en stor Del opretholdes ved mit Arbejde som Fotograf, samt at jeg i den forløbne Sæson, efter at det af Statsadvokaturen var tilkendegivet mig, at jeg udsatte mig for at blive sat under Tiltale, ikke har tilvirket Billeder af Badescener til offentligt Salg men kun til private, men at mine økonomiske Forhold nu er saadanne, at jeg daarlig kan undvære den Indtægt, som Salg af Billeder til Forhandlere giver. Nogle Prøver af de Billeder, jeg nu har til Hensigt at forhandle, vedlægges.

København, den 3' Februar 1922.

Mary Willumsen.

69 Mary Willumsen

"These pictures are photographies recorded by Madam Villumsen herself, at the adjacent Helgoland bathhouse, and are sold within this city in two further kiosks, namely at Scala's kiosk and at Axeltorvet. She does not consider any of these cards to be lewd, notwithstanding the fact that the female genitalia is visible in the pictures."

Merchant Olsen had bought the cards in Germany, he disclosed during his interrogation. The female photographer Mary Birgitte Cecilie Magdalene Nielsen Willumsen was sought out in her apartment at Viborggade 18. She explained that she had received permission in 1914 to photograph women who volunteered thereto at Helgoland. She visited once daily. At first, photographs were strictly for the clients' own use and the women paid her.

Scala's kiosk wanted to sell these bathing pictures, and Mary Willumsen contacted the women for permission to make copies and sell the pictures. In the beginning, they wore bathing suits and towels,"but subsequently the audience, and thus also the kiosk owner, started clamouring for more nudity and [she] has therefore lately expanded into recording nude photographs, but has – as will become apparent from the cards – not recorded any from the front but exclusively from the sides and the back. She maintains that in recording them she has never intended for these pictures to contain erotic or lewd posturing, and that she, in her own opinion, has continually sought to avoid presentations of that type."

She used maybe ten different women. "These are women in different situations, theatre ladies, housemaids and some perhaps 'of slightly easy virtue'". She had produced about 1,200 cards a month at 25 øre a piece.

The Axeltorv kiosk's owner was also interrogated, and pictures of the same type were seized in large numbers there. The owner of the Scala kiosk was next – and the results were the same. From one kiosk to the next and then onto the merchants. But the pictures remained the same: so-called salon cards from Paris, photos from Berlin and some of Mary Willumsen's bathing pictures. She was interrogated again, when pictures taken from the front were uncovered. She then stated "that what she meant thereby, was that no genitals or pubic hairs were visible, and that she had not thought to consider the faces." On February 3, 1922 she signed a statement that she would respect the authorities' injunction on her photos of bathing scenes etc. During the past season, she had not produced any photos for sale, since she had been informed that steps would be taken in case she did. On March 8, 1922 the Copenhagen district attorney decided to drop the charges against her, and in April the majority of the cards were returned to her.

The district attorney may have been swayed by the distinctiveness of Mary Willumsen's photos. Because they did not look like regular pornographic pictures. For one thing, she had a knack for photographing the female form and using décor for staging. Perhaps the district attorney sensed that Mary Willumsen's pictures were of a whole new breed. They just did not look like the pictures men took of women at the time. They had a certain witty innocence that the district attorney was probably not used to seeing. She was, quite simply, a pioneer in photography.

København ved Nat

Kærlighedens og Livsglædens, Prostitutionens og Forbrydelsens Heksekeddel..

En Vandring gennem Storbyens Nat, dens Bordeller, Natklubber og Dansebuler.

Med mange nye Billeder.

Se Indholdsfortegnelsen paa Bagsiden.

Den forseglede Serie Nr. 8.

Pris Kr. 1,50

Maa kun sælges i lukket Omslag og ikke til Personer under 18 Aar.

Udsalg
af
Vine
og
Spirituosa
fra
Lyngback & Co
Vine Øl & Spir
MOTOR
PILSNER

akker.
aosa.

KFUM KRISTELIG FORENING FOR UNGE MÆND
ROSENBORGGADE 15
Telefon { Hovedkontor 6797
{ Restauration Byen 7938
POST GIRO KONTO Nr. 668

København K., den 2-4-1921.

Til Politidirektøren,

Paa "Kristelig Forening for Unge Mænd"'s Vegne tillader jeg mig herved at bede Hr. Politidirektøren undersøge, hvorvidt der muligt kunde skrides ind imod det i vedlagte Bilag nævnte Forlag og dets Annoncer.

Fra flere forskellige Sider - fra forskellige Egne af Landet - har man rettet Henvendelse til os om at søge standset denne modbydelige Trafik. Jeg har ikke selv undersøgt de paagældende Bøger. Jeg gætter paa, at deres Indhold er af en Art "moraliserende" Karakter for at dække over den i Virkeligheden gemene Hensigt.

Det forekommer mig at være en Erfaring, at Plakater og Omslag gerne er værre - i en vis Forstand - end Indholdet af det averterede, men samtidigt er jeg overbevist om, at enhver uhildet vil erkende, at der ikke bag dette Foretagende med dets store Annoncer (uden Hensyn til, hvad "moraliserende" Indhold Bøgerne muligvis maatte have) ligger nogen anden Ide end: Pengevinding ved skidne Midler.

Forventende Hr. Politidirektørens Udtalelser i denne Anledning er jeg Deres

Med Højagtelse

Ærbødigst

Hannes Engberg

Kbhvns. Politi IV Afd. B. 372/1921

„VIGILIA"
KRISTELIG FORENING FOR OFFENTLIG
MORAL I DANMARK

N. Chr. Schmidt
Læge
St. Kongensgade 60

København K. 2/10 1937.

Til

Politidirektøren

i København.

I en Skrivelse af 29/4 d. A. fremførte "Vigilia" en Klage over Kiosken Landemærket 39, der udstillede og solgte "Natur och Hälsa". - Politiets IV Afd. meddelte i Brev af 3/5 d.A., at Sagen skulde blive undersøgt. Imidlertid viser det sig, at Kiosken arbejder videre paa samme Maade; og i de sidste Dage har vi konstateret, at "Natur och Hälsa" fremdeles udstilles ud imod Landemærket.

I "Nationaltidende" for d. 30/9 læser man i Anledning af Asserbo-Mordet bl. a. følgende:

> "---- Skabe aabnedes, Skuffer blev trukket ud. Man gik efter et bestemt Maal: Nøglen til Morderens abnorme Sjæleliv. Billeder blev taget ned af Væggen, Film hentet frem af Gemmer, og en Stabel Blade fra Nøgenkulturens og "Seksualoplysningen"s Overdrev dyngede sig op paa Bordet. ----"

Foranlediget heraf tillader vi os at henstille, om der ikke snarest mulig kan skrides ind imod Udstillinger af denne Art, som absolut maa virke forraaende paa Mennesker i Almindelighed, men i særlig Grad paa Ungdommen og paa Mennesker, hvis Mentalitet i Forvejen er sygelig.

Ærbødigst

N. Chr. Schmidt
p. Formand

IV' Afd. J. No. I.B.T. 262/1937.

Nathan

af Morten Thing

I 1937 lagde politiet an til, hvad Berlingske Tidende kaldte "den største Pornografisag, Danmark nogen sinde har haft" (12. 6. 37). Den rettede sig imod Samuel Ferdinand Nathan, som havde en kiosk i Borgergade 80. Han havde i 1934 fået en bøde på 150 kr. for illustrerede reklamer, som han sammen med et større parti "oplysningsbøger" havde købt af Georg Reinholdt Mac. Mac blev også anklaget i sagen fra 1937, men flygtede til Paris, hvor han slog sig ned. Mac udgav i 20'erne og 30'erne en lang række seksualoplysende bøger og hæfter under navnet Frank Lesser.

I 1935 klagede en beboer i Borgergade over Nathans kiosk og politiet kom på besøg. Nathan ville imidlertid ikke tillade inspektion uden ransagningskendelse og ville ikke sælge noget til politiet. I 1936 registrerede politiet også en sag, hvor Nathan ikke ville vise "Franske Billeder" til politiet. I 1937 samlede politiet sammen til en større sag imod ham. Københavns Byrets 6. afd. afsagde den 12. juni 1937 dom mod Nathan efter §234. Han var anklaget for, "gennem længere Tid i stort Omfang at have forhandlet fra sin Forretning i Borgergade 80 de nedennævnte Bøger, Hæfter, Billeder og Genstande, der alle er af utugtig Karakter". Herefter fulgte en række tyske, franske og engelske bøger, hvoraf nogle var maskinskrevne. Af danske tekster nævntes Slavinder under Pisken, Villa Birgitta, I Badedragt, Barbarkvinder. Men langt de fleste af teksterne var franske.

Under genstande nævnes i sagen: "Lommespejle med utugtige Films, Lommespejle med utugtige Figurer, Bioscoper med utugtige Films og Stereoskoper med billeder." Bioskoper var apparater til forevisning af kortere film, mens stereoskoper var apparater, hvor man satte dobbeltbilleder i, så de fik en art tredimensionel virkning. Nathan erkendte, at han havde solgt nogle bøger og hæfter til en politibetjent, men kun én gang. Resten var hans egen samling. I dommens begrundelse skelnes mellem publikationer, som bringer "Illustrationer af helt nøgne Personer" over for "Personer, der færdes i fri Luft". Om de øvrige "skal anføres, at disse

Publikationer er egnede til at virke æggende paa Læsernes Sanselighed, og at deres Offentliggørelse og Udbredelse ikke skønnes at have andet Formaal." Specielt om "de danske maskinskrevne Hæfter, gælder det, at det maa betegnes som utugtigt i høj Grad." Dommen lød på 4 måneders fængsel samt 2.000 kr. i bøde, forvandlingsstraffen var 30 dage oven i de 4 måneder. De borgerlige rettigheder blev ham fradømt i 5 år, og alle de nævnte dele blev beslaglagt. 150 titler var hermed erklæret utugtige i et hug, plus en del uden titel.

Nathan blev løsladt, da han appellerede dommen. Men allerede den 29. juni blev han igen arresteret. Denne gang handlede sagen om en ung mand, som var anklaget for at stjæle pornografiske bøger og sælge dem til Nathan. "Politiet undersøgte i Stilhed Kioskejerens Forhold, og man opdagede, at han frækt fortsatte den smudsige Geschæft, som han lige er dømt for", skrev Social-Demokraten den 30. juni 1937. Ifølge avisen nægtede han at have solgt nogle af de beslaglagte titler og sagde, at hans 80-årige mor ikke kunne klare sig uden ham, så de måtte ikke fængsle ham. Den 11. november 1937 stadfæstede Østre Landsret dommen fra Byretten, og Nathan måtte i fængsel.

De reklamer for firmaer og kiosker, som findes i politiets arkiver, viser, at firmaerne har handlet bredt med hele varesortimentet på dette grå marked. Et eksempel kunne være Dansk Forlags brochure fra slutningen af 20'erne.

Her lanceres bøgerne i flere serier. Der er f.eks. Oplysningsserien, hvor de fleste titler er skrevet af Dr. Frank Lesser. Men der er også en enkelt af forfatterinden Jo Jacobsen, som spillede en fremtrædende rolle i seksualreformbevægelsen. Det er bøger, som oplyser om seksuallivets forskellige aspekter. Ved hver af bøgerne er der to oplysninger: antallet af billeder og prisen (der som regel er 1 kr.). En anden serie hedder Rosenbøgerne. Her finder vi 6 hæfter med Boccacio-oversættelser, Sacher-Masochs Venus i Pels fordelt på tre hæfter, Kunsten at elske af Ovid, Casanovas galante Eventyr i seks dele. En tredje serie hedder De forseglede Bøger: "I de forseglede Bøger fortælles hele Sandheden om Menneskenes Kønsliv." Her er der titler som: Hvorledes jeg blev Skøge, Det tredie Køn (om homoseksualitet), København ved Nat, Skjulte Laster?, Grusomhed og Vellyst, Elskov og Lidelse. De forseglede bøger omfattede både oplysende bøger som Mandens og Kvindens Kønsliv og pikante bøger som Franske Billeder ("Indeholder 54 interessante Billeder af Can-Can fra Moulin-Rouges gyldne Tid til nu med sjældne Fotografier af de smukkeste Pariser-Modeller fra i Aar. Maa kun sælges i lukket Omslag.").

Derudover havde forlaget reklame for Nøgenkultur, som imidlertid ikke var nudisme, men pikant nøgenhed. Det var billedserier som: Nøgen-Serien, Eva-Serien, Serien med to paa, Serien med Mand og Kvinde, Luxus-

H.O
243

420

SÉDUCTION
1 f. 50
No 121.– (4e ANNÉE)
1 f. 50
Gruppe I D Nr.
Kbh. Pol. IV. Afd. J.
Dom
Gruppe
Navn:
Gruppe I D Nr.
Dubletter:
Kbh. Pol. IV. Afd. J.
Dom
Gruppe
Navn: Nathan S. F.

Prima Gummivarer 3-4 Kr. Dus.

a · De indsender Ordrer og Beløbet i
Frimærker, sendes Varerne portofrit.

Centralen Borgergade 80 - K.

Indhold: Mandens og Kvindens Legeme. — Hemmelighederne i dit Indre. — I de Tusinde Vidunderes Land. — Hvordan et nyt Menneske opstaar. — Befrugtningen.

1 Kr.

2000 Aar gammel og dog stadig moderne. Den ældgamle Lærebog i Elskovskunsten, skrevet i det gamle Rom, mesterligt oversat af Forf. Josef Petersen og smukt illustreret.

1 Kr.

Indhold: Lyk
Forskellen p
Elskovskunst
Kærlighed. –

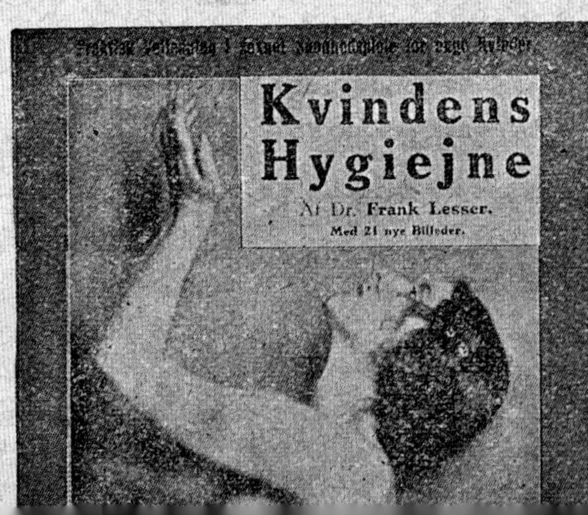

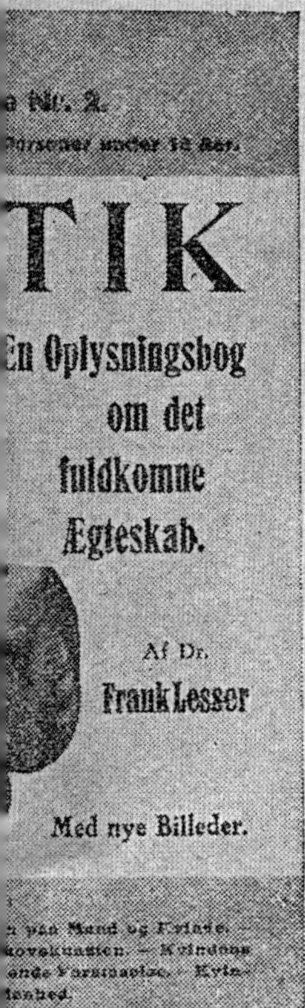

Ægteskabet. — og Kvinde. — vindens Ret til vets Teknik og e.

Indhold: Kønssygdommenes Historie. — Mange berømte Mænds sørgelige Skæbne. — Hvordan man smittes. — Og hvordan man undgaar at blive smittet.

1 Kr.

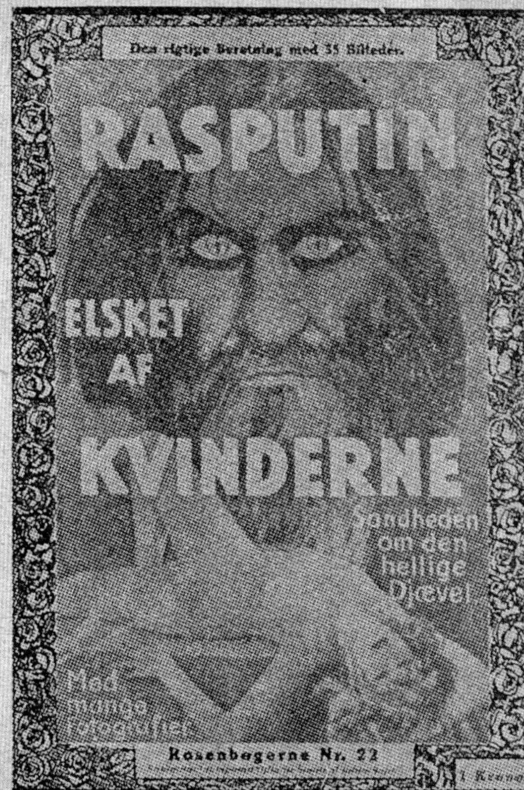

Den bedste Skildring, der findes om Rasputin. Mere spændende end nogen Roman. Skildret efter de nyeste og paalideligste Kilder med autentiske Fotografier fra Sovjets Revolutionsmusæum. Med 33 Billeder.

1 Kr.

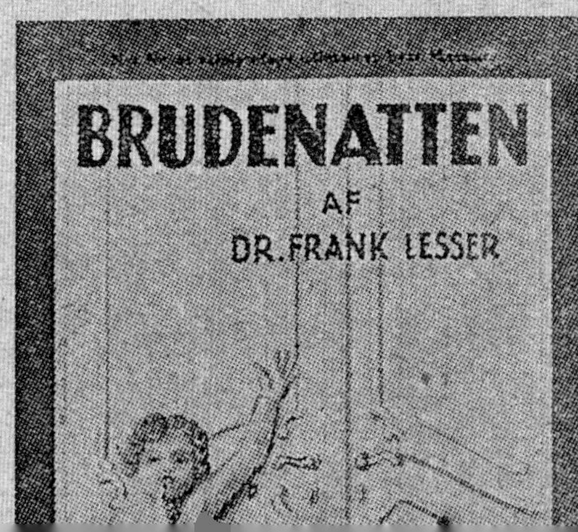

Le Pacha Sanguinaire
Gruppe Nr. 39
Kbh. Pol. IV. Afd. J. 5/37
Dom 12/6 37 Gruppe I
" 11/11 37 " I
" "
Navn: Nathan

Korset-Serien, Luxus-Mannequin-Serien osv. alle med "6 forskellige Nøgen-Fotografier" i en lukket kuvert. På den anden side af det store forlagsprospekt er der afbilledet 27 forsider af hæfterne. De har næsten alle en halvnøgen kvinde på omslaget og lægger sig i sin grafiske formgivning meget tæt op af kiosklitteraturens andre hæfter fra denne periode.

En af de meget nævnte forfattere var som sagt Frank Lesser. Det var et pseudonym for Georg Reinhold Mac, en farverig skikkelse fra mellemkrigstidens pornomiljø. Han havde i sin ungdom været redaktør af Socialistisk Ungdomsforbunds blad Fremad og i en periode sekretær for Borgbjerg. Han havde først en kiosk på Amagerbrogade og siden i Landemærket. Fra sin kiosk solgte han bl.a. ovenstående serier. Mange af de hæfter, han selv skrev, var i deres udstyr og titler spekulation i manglende seksuel oplysning. En pjece om syfilis hed således Dræbende Kys. Men især i de første hæfter var det faktisk påfaldende sober oplysning på trods af det markskrigerske ydre. Han var f.eks. en af de første, der i sin oplysning introducerede Freud i populær form herhjemme. Også hans holdning til onani var meget klarere end i andre af tidens hæfter, hvor der stadig blev advaret mod de skrækkelige følger.

Macs problem var, at han levede af nyfigenheden og ikke trak grænsen så hårfint, som politiet gjorde. Efter en overhængende dom, rejste han i 30'erne i eksil i Paris. Efter anden verdenskrig vendte han hjem og skrev bøger om Marx, Lenin og Khrusjtjov.

Gruppe I Z Nr. 7d
Kbh. Pol. IV. Afd. J.
Dom
Gruppe
Navn:
2.

Gruppe I Z Nr. 3 b
Kbh. Pol. IV. Afd. J.
Dom 23. JUL. 1937 Gruppe
Cadivec:
Manden under Pisken
Breve 1.

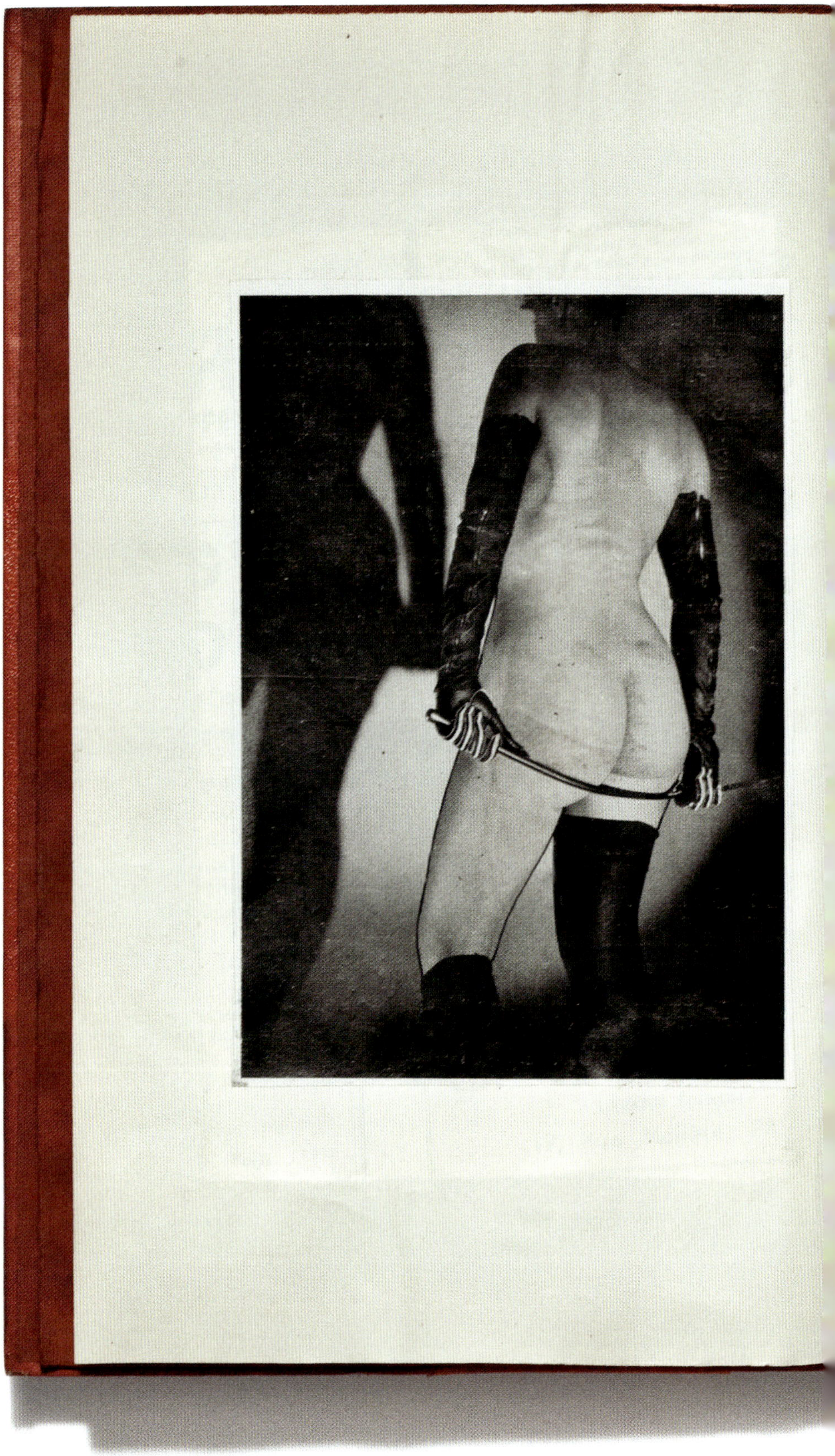

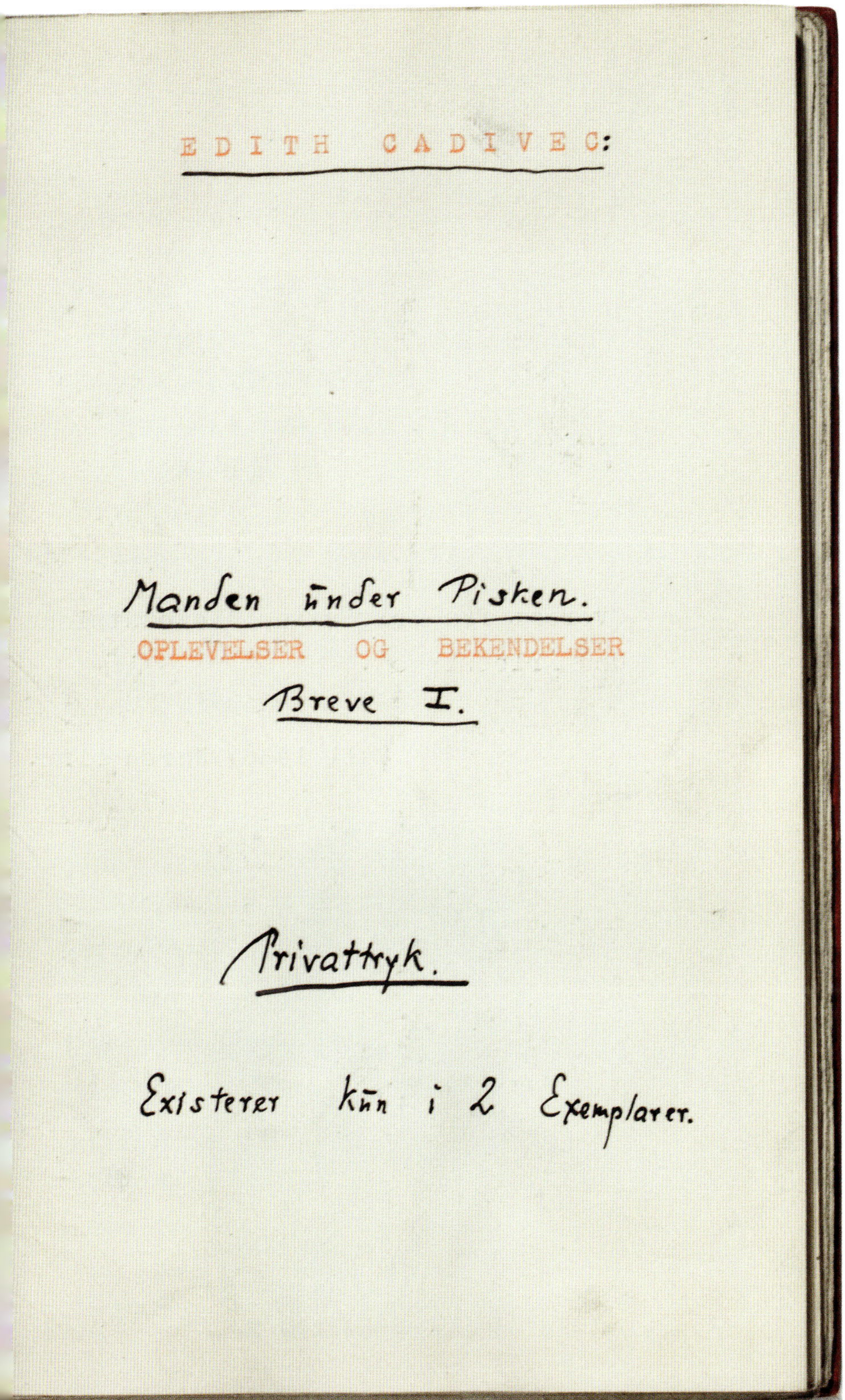

EDITH CADIVEC:

Manden under Pisken.

OPLEVELSER OG BEKENDELSER

Breve I.

Privattryk.

Existerer kun i 2 Exemplarer.

Borgergade, hvor Nathan havde sin butik I nr. 80. Det meste af gaden blev revet ned efter krigen.

Borgergade 80, where Nathan ran his shop. Most of the street was torn down after the war.

Nathan

by Morten Thing

In 1937, the police were preparing for what Berlingske Tidende called "the biggest porn case Denmark has ever seen" (12. 06. 37). The case was against Samuel Ferdinand Nathan, who ran a kiosk at Borgergade 80. In 1934, he had been fined 150 kroner for illustrated advertisements, which he had purchased along with a large shipment of "educational books" from Georg Reinholdt Mac. Mac was also charged in the 1937 case but fled to Paris and stayed there. In the 20s and 30s, Mac published many books and pamphlets on sexual education as "Frank Lesser".

In 1935, a citizen in Borgergade complained about Nathan's kiosk and the police paid a visit. But Nathan was not about to allow a search in the absence of a warrant, and refused to sell anything to the police. In 1936, the police made a note that Nathan had refused to show them "French pictures". In 1937, they prepared a large case against him. The Copenhagen Court delivered its verdict on Nathan, who was charged with violating § 234, on June 12, 1937. He was charged with "having sold the books, leaflets, pictures and objects listed below, which are all of an obscene character, from his establishment in Borgergade 80 in large numbers and for a long period of time." Here followed a list of German, French and English books, of which some were typed. Among the Danish writings, Slave Girls under the Whip, Villa Birgitta, In a Bathing Suit, and Barbarian Women are mentioned. The majority, though, were French.

The case mentions these objects: "Pocket mirrors with obscene films, pocket mirrors with obscene figures, bioscopes with obscene films and stereoscopes with pictures." Bioscopes were made to show short films, whereas stereoscopes offered a three-dimensional effect of sorts when you inserted a double-picture. Nathan admitted having sold some books and leaflets to a police officer – but only once. The rest was his private collection. The verdict distinguishes between publications that offer "illustrations of completely nude persons" and those with "persons in the open air". About the rest, "we note that these publications are apt to entice the reader's sensuousness and their publication and distribution

Sagl. 2. 865

N o t i t s.

I Dag Kl.17-30 gik undertegnede,der de sidste Par Dage har observeret et Hæfte,der var udstillet i Vinduet til Forretningen Borgergade Nr.80, ind i ovennævnte Forretning for at undersøge,hvad Hæftet indeholdt.

Hæftet,paa hvis Omslag der var afbildet en nøgen Kvinde liggende paa Ryggen med Benene over Kors uden derfor at være utugtig,bar Paaskriften: "Franske Billeder",Ny Serie.Paa min Forespørgsel om,hvad det indeholdt, svarede Indehaveren,Hr.Nathan,at det i hvert Tilfælde ikke var noget,der kom Gadebetjentene ved,idet det sorterede under Opdagelsespolitiet. Og da jeg havde Mistanke om,at Hæftet,der var indesluttet i en Gelatinepose,der var lukket med en Strimmel Papir,indeholdt utugtige Billeder,spurgte jeg om jeg maatte se,hvad det indeholdt,og da jeg ikke maatte det,anmodede jeg om at maatte købe det,hertil svarede Hr.Nathan,at han havde Lov til at nægte at sælge det,hvis det passede ham,og jeg kunde i hvert Tilfælde ikke købe det.Endvidere udtalte Hr.Nathan,at han vilde klage over mig, da saadanne Sager efter hans Formening ikke ragede Ordenspolitiet,og jeg havde bortskræmt en af hans Kunder,Mekaniker Andersen,Søster Svendstrup pr Viby St. ved at tage denne til Vidne paa,at Hr.Nathan havde nægtet at sælge mig Hæftet.

KØBENHAVNS POLITI
d. 12/3 1936.
STATION NR. 3

Andersen.
P.B.967.

[illegible] III [illegible]

[illegible] 1936

Tilstilles IV Politiinspektorat.

KØBENHAVNS POLITI 3die POLITIINSPEKTORAT
d. 13 Marts 36
POLITIINSPEKTØR.

IV Afd. J. No. L.B.T. 186
1936.

Københavns Politi, IV'Afdeling.

Kont. den 21/3 1936.

Undertegnede Har to Gange henvendt sig til fornævnte Boghandler Nathan Borgergade 80, men Forretningen har begge Gange været lukket.- Det omhandlede Hæfte findes vistnok stadig ophængt i Forretningens Vindue.-

Th. Thorslunde.
Opdbtjt.

Kont. den 24/4 1936.-

Undertegnede har Dags Dato henvendt sig til fornævnte Boghandler Nathan, der blev truffet til Stede i sin Forrening, der ikke holdes aaben hver Dag.-

Nathan har forklaret, at han ikke mere er i Besiddelse af fornævnte Hæfte med franske Billeder, idet dette er solgt.-

Han forklarer endvidere, at han kort efter nærværende Notits Afgivelse fra Stationen har henvendt sig til Politiassistent Hansen, der efter at være forevist det omhandlede Hæfte med franske Billeder, har erklæret, at disse ikke var utugtige.-

Th. Thorslunde.
Opdbtjt.

Tilstilles Politiassistenten i 3'Kreds til behagelig Underretning.

KØBENHAVNS POLITI IV'AFDELING, den 27'April 1936.

Politiinspektør.

Københavns Politi 28/4 1936 Station Nr. 5

I Anledning af foranstaaende skal undertegnede tjenstligst udtale

at Nathan har været her paa Stationen, men kun for at klage over, at den paagældende Politimand i Uniform havde indfundet sig i hans Forretning

at han hverken foreviste mig Bøger eller Billeder,

og at jeg som Følge deraf har været afskaaret fra at udtale mig om de paagældende Billeders Karakter;

der maa saaledes foreligge en Erindringsforskydning fra Hr. Nathan's Side.

Henlægges d. 30/4 36

Politiassistent.

are not adjudged to serve any other purpose than this." Particularly, "the typed Danish pamphlets are found to be extremely obscene". The sentence was 4 months imprisonment and a 2,000 kroner fine, with an alternative sentence of an extra 30 days imprisonment. His civil rights were revoked for 5 years and all mentioned objects were sequestered. 150 titles were deemed obscene in one fell swoop — as well as some without titles.

Nathan was released on his appeal, but was already arrested again on June 29. This time, the case involved a young man who was charged with stealing pornographic books and selling them to Nathan. "The police quietly investigated the kiosk owner's affairs and discovered that he brazenly continued the very same dirty business, he had just been convicted of", wrote Social-Demokraten on June 30, 1937. According to the paper, he refused to have sold any of the impounded titles and said that since his 80-year-old mother could not manage without him, the police shouldn't put him away. On November 11, 1937 the High Court confirmed the City Court verdict and Nathan had to go to prison.

The advertisements for companies and kiosks found in police archives show that companies distributed the full range of products in this grey market. One example is Dansk Forlag's brochure from the late 20s. Here, books are presented in several series. For instance the Enlightenment Series, where most titles are by Dr Frank Lesser and one is by author Jo Jacobsen who played a prominent role in the sexual reform movement. These are books that educate readers on the different aspects of sexuality. Two figures are given for each book: number of pictures and price (usually 1 krone). Another series would be the Rose Books. Here, we find 6 pamphlets of Boccacio translations, Sacher-Masoch's Venus in Furs spread over three pamphlets, The Art of Love by Ovid, and Casanova's memoirs

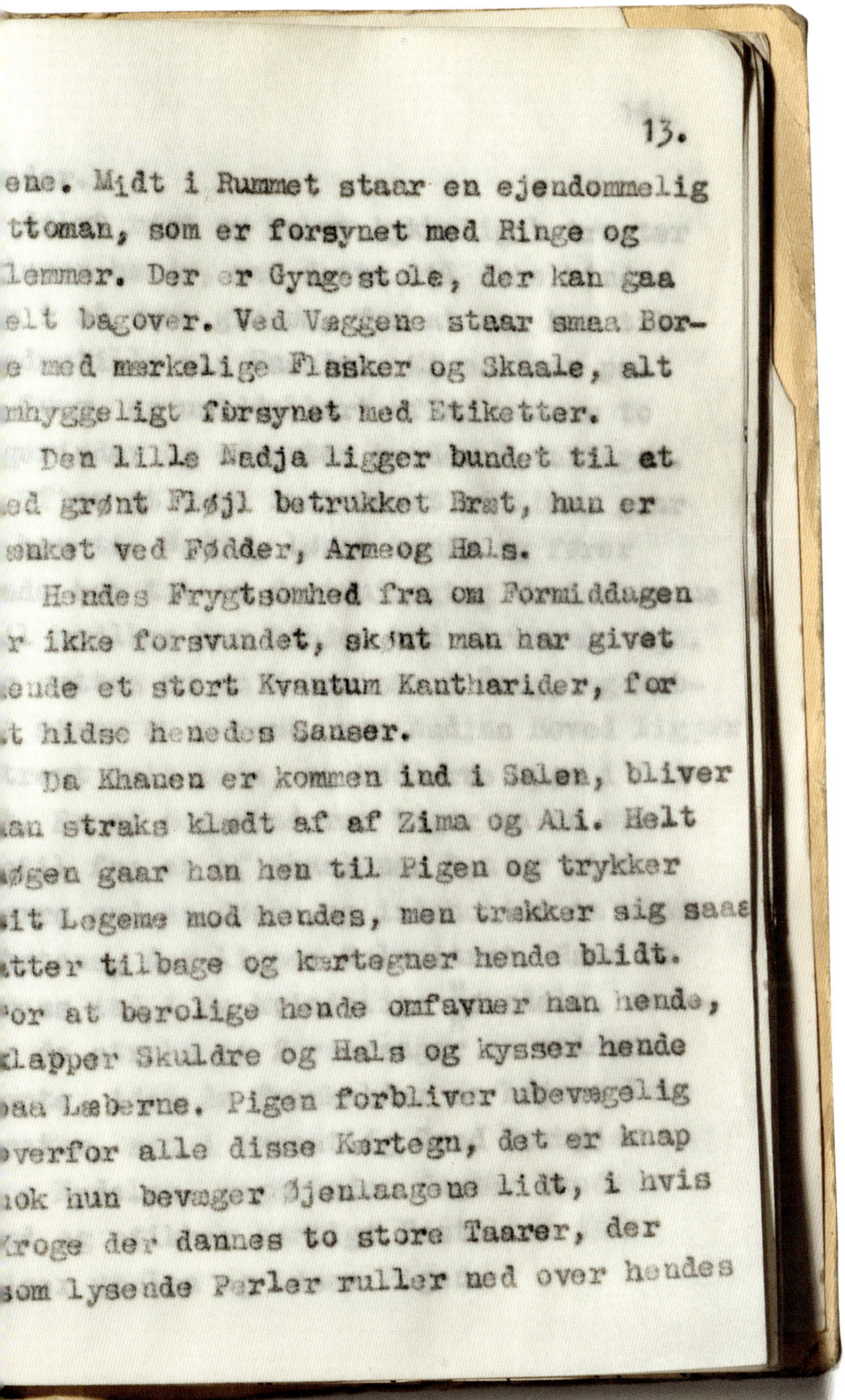

13.

ene. Midt i Rummet staar en ejendommelig
ttoman, som er forsynet med Ringe og
lemmer. Der er Gyngestole, der kan gaa
elt bagover. Ved Væggene staar smaa Bor-
e med mærkelige Flasker og Skaale, alt
mhyggeligt forsynet med Etiketter.
Den lille Nadja ligger bundet til et
ed grønt Fløjl betrukket Bræt, hun er
ænket ved Fødder, Armeog Hals.
Hendes Frygtsomhed fra om Formiddagen
r ikke forsvundet, skønt man har givet
ende et stort Kvantum Kantharider, for
t hidse hendes Sanser.
Da Khanen er kommen ind i Salen, bliver
an straks klædt af af Zima og Ali. Helt
øgen gaar han hen til Pigen og trykker
it Legeme mod hendes, men trækker sig saa
tter tilbage og kærtegner hende blidt.
For at berolige hende omfavner han hende,
klapper Skuldre og Hals og kysser hende
paa Læberne. Pigen forbliver ubevægelig
overfor alle disse Kærtegn, det er knap
nok hun bevæger Øjenlaagene lidt, i hvis
Kroge der dannes to store Taarer, der
som lysende Perler ruller ned over hendes

in six parts. A third series was called The Sealed Books: "The sealed books give you the whole truth about human sexuality." Here, we find titles such as How I became a Lady of the Night, The Third Sex (on homosexuality), Copenhagen by Night, Hidden Vices?, Cruelty and Lust, Love and Pain. The sealed books contained both educational books like Male and Female Sexuality and enticing books like French Pictures ("contains 54 interesting can-can pictures from the Golden Age of the Moulin Rouge until now, with rare photos of this year's most beautiful Parisian models. Only for sale in closed wrapper.")

The publishing house also had ads for Nude Culture, which was not nudism but enticing nudity. It was pictorial series such as Nude Series, Eve Series, Series of Two, Series of Man and Woman, Luxury Garter Series, Luxury Mannequin Series etc. – all with "6 different nude photos" in a closed envelope. On the opposite page of the big publishing house prospectus, you have 27 of the pamphlet's covers. Almost all feature a semi-nude woman on the cover and are very close to the contemporary kiosk literature's other pamphlets in terms of design.

Stereofotos gav med den rigtige fremviser en 3d-virkning, der gjorde oplevelsen endnu større.

With the right projector, stereo photos would show a 3D effect that improved the experience.

One of the frequently mentioned authors was Frank Lesser. This was the penname of Georg Reinhold Mac, a colourful character from the porn environment between the two World Wars. In his youth, he had been editor of the Socialist Youth League magazine Fremad and for a while a secretary to Borgbjerg. He first ran a kiosk on Amagerbrogade and later moved to Landemærket. He also sold the aforementioned series from his kiosk. Many of the pamphlets he wrote took advantage of lacking sexual education. A pamphlet on syphilis was titled Killer Kisses. But particularly the initial pamphlets provided remarkably sober information in spite of their ballyhoo appearance. For instance, he was one of the first to introduce Freud to the masses in Denmark. His attitude towards masturbation was also much clearer than other contemporary pamphlets, which would still warn of its catastrophic consequences.

Mac's problem was that he lived off curiosity and was not as quick to draw the line, as were the police. Facing jail time, he went into exile in Paris in the 30s. After World War II, he returned to Denmark and wrote books on Marx, Lenin and Khrusjtjov.

ıægter den gamle Paa-
Klæder skaber Folk«.
er vi, at det er først,
falder af et Menneske,
, som de er.

lte to skønne, aldeles
r frem og overhældte
vand. Jeg syntes be-
de to berømte Guld-
Lommers Revy, men
, var de i hvert Fald
hvad der klædte dem
Menigheden udenom
en Hymne, der be-
lene: »En Fugleunge,
, den var naturligvis
ng og viste sig ogsaa
e Vrøvl.

Lejlighed til at stu-
lige Nuddhister nær-
nighedens Medlemmer
som de andre syntes
en ganske særlig Ær-
ste sig at være en tid-
r, der indtog en me-
indenfor Nuddhist-
di han hele sit Liv
at klæde Folk af til
forhenværende Kor-
og Bademassører syn-
gt ansete paa Øen.

rt vænnet mig til den
nd at gaa rundt uden
oget, og skulde netop
l min Skipper, at han
gen og hente mig om
jeg følte Sulten melde
dpakke frem, som jeg
lt under en Avis. Der
højt Paalæg med baa-
Hummersalat etc.

ns Ældste fik Øje paa
n besværgende Haan-
det fra dig, min Søn,
le en af vore helligste
r vi aldrig andet end
Paaklædt Mad er en

a aldrig varm Mad?

ke, min Søn, svarede
d. Vi har jo aldrig
rne heller.

d fattedes en Beslut-
. Jeg greb i Hast min
len malerisk om mig,
dhisterne vendte sig
bort i Afsky, og vade-
ud mod mit Skib, som
mig tilbage til mere

En virkelig Polyp

En stor Borgmester rejste
paa Togt mod alskens ækelt Kryb,
hans Agt det var at fange
en rigtig stor Polyp.

Polypen er et Bløddyr,
som vistnok Pokker selv har skabt;
hvad nær dens Fangarm kommer
er redningsløst fortabt.

Angriber man Polypen,
naar den har ladt Skandaler ske,
er det omsonst. Man slaar i
en slimet Klat Gelé.

Men sligt gør Bæstet arrig.
Saa tømmer fra sin Mavesæk
den al sin sure Galde
ud i en Sky af Blæk.

... Borgmestren stod ved Havet
og stirred i dets klare Dyb:
Han gyste; thi nu saa han
den rigtige Polyp!

— Folk taler saa tit om det troløse Albion! Det synes jeg er uberettiget. England holder altid sit Ord.

— De har da lige sendt Lord Halifax til Berlin.

— Ja, hvad saa?

— Saa har de jo svigtet Eden.

Tegning af
Aage Lundvald

Der er nappet en Pornograf!

Hovedstadens Betjente deltager med rørende Iver i Indsamlingen af pornografisk Litteratur.

7. Aargang

Cocktail

ALICE FAY

Cocktail

af Morten Thing

I 1936 blev der ved Frederiksberg Birks 1. afd. rejst sag mod tre mænd, som udgav fjortendagesbladet Cocktail, "der for langt den største Parts Vedkommende omhandler sexuelle Fortelser – [der] er af utugtig Karakter." Men dommeren mente, at selvom bladet var seksuelt og "anlagt paa at vinde Indpas og Udbredelse ved at bringe Stof af saadant Indhold, saa skønnes det dog ikke at være godtgjort, at Bladet [...] indeholder Stof af saadan egentlig pornografisk Beskaffenhed, at der efter gældende og praktiseret Ret er tilstrækkeligt Grundlag for at anse de ansvarlige skyldig til Straf efter Straffelovens §234, Nr. 2".

Udgiverne blev følgelig frikendt, og det blev i april 1937 stadfæstet af Østre Landsret. Justitsminister Steincke ville have en strengere lovgivning. Man kunne med den eksisterende lovgivning ramme alt, hvad man anså for utugtigt. Steincke ønskede også at ramme de publikationer, som holdt sig inden for det lovliges rammer, men som i kommerciel interesse spekulerede i sanselighed. Det, som Steincke især havde i tankerne, var netop bladet Cocktail, som fra 1933 var udkommet som et blad, der blandede let påklædte damer med lidt vovede vittigheder og historier, der holdt sig inden for det lovlige. Cocktail udkom fra 1933–1967. Derfor kom udvidelsen af straffeloven til at hedde Cocktail-paragraffen. IV. politiinspektorat blev bedt om materiale til lovforberedelsen, og en betjent skrev en notits om, at han af afdelingens materiale havde udtaget "et passende Udvalg til Brug for et Rigsdagsudvalg, der for Tiden behandler de af Justitsministeren fremsatte Ændringsforslag til Straffeloven, herunder Forslag om Udvidelse af det strafbares Omraade, hvad angaar Lovens §234."

Han afleverede det i Justitsministeriet hos en fuldmægtig.

"Jeg fik Lejlighed til at gøre Fuldmægtigen bekendt med de Omstændigheder, der knytter sig til Materialet – herunder, hvad angaar Gruppe II-Skrifter og Billeder (kendt ikke-utugtige af Domstol[ene]). Fuldmægtigen mente, at Materialet var velegnet til at understrege

Argumentationerne for Nødvendigheden af, at Strafomraadet udvidedes m.H.t. Straffelovens §234."

Denne notits kan vel tages som en entydig tilkendegivelse af, at afdelingen støttede Steinckes initiativ. Udvidelsen af §234 blev vedtaget i 1939. Det nye stykke 2 lød: "Begaas de ovenfor nævnte Handlinger i erhvervsmæssigt Øjemed, kan kun under særlig formildende Omstændigheder Straf af Bøde anvendes." Og det nye stykke 3 lød:

"Den, der for Vindings Skyld offentliggør eller udbreder eller i saadan Hensigt forfærdiger eller indfører Skrifter eller Billeder, der, uden at de kan anses for egentlig utugtige, udelukkende maa antages at have forretningsmæssig Spekulation i Sanselighed til Formaal, straffes med Bøde eller Hæfte." I sin forelæggelse i Folketinget henviste Steincke til en vis usikkerhed ved domstolene. Det var rigsadvokaten helt uenig i. Han gik i et responsum imod udvidelsen. Der var fra Steinckes side tale om et sammenhængende ideologisk korstog. Som han udtrykte det i en kronik fra 1938:

"Derfor var også et Forsøg paa Nyordning af Svangerskabslovgivningen og Indskriden over for Pornografi og Svinebutikker ikke alene en nødvendig Renselsesproces til Gavn for Demokratiet, men tillige i god Overensstemmelse med alle socialistiske Tænkere."

Den nye udvidelse af pornoparagraffen skulle prøves ved en sag mod netop Cocktail. Den 20. december 1939 afsagde Frederiksberg Birks 1. Afd. dom i sagen "anklagemyndigheden mod Oscar Einar Hellstrøm", idet han som ansvarshavende redaktør og udgiver af det periodiske blad Cocktail "for Vindings Skyld i Tiden efter 1. 7. 1939 har offentliggjort og udbredt her i Riget dette Blads Aargang 1939 Numrene 14–19 inclusive, der maa antages udelukkende

at have forretningsmæssig Spekulation i Sanselighed til Formaal."

Hellstrøm var jo en gang tidligere, i 1937, blevet frifundet både ved underretten og Landsretten for overtrædelse af §234. Han hævdede derfor, at han intet galt havde gjort. Det meste stof udsendtes for øvrigt også i Sverige "med Myndighedernes udtrykkelige Godkendelse". Anklagemyndigheden argumenterede:

1. omslagsbillederne på de 6 numre "har som Fællespræg en vis æggende Karakter, der ved sin stadige Tilbagevende fremkalder Forventning om et indhold af seksuelt Pikanteri".

2. "Tekst og Billedstof kredser i saa overvejende Grad om seksuelle Emner, at de udenfor det Helhedspræg, som Værket derved erholder, uanset om de enkelte Bidrag for sig betragtede maatte findes at overskride det tilladeliges Grænse. For det tekstløse Billedstofs Vedkommende findes det anførte Præg at bero paa en idelig Udstilling af Kvindelegemet tildels i afgjort sensuelt betonet Arrangement."

3. "Det er ikke paavist, at denne Værkets centrale indstilling bæres af noget andet Formaal end det forretningsmæssige, i hvilken Henseende der ikke kan tillægges Underholdningsformaalet selvstændig Betydning". Henvisning til udlandets retsforhold har ingen betydning, ligesom indtjeningens faktiske størrelse er ligegyldig. Derfor afsiges der dom på 25 dagbøder à 12 kr. med en forvandlingsstraf på 25 dages hæfte. Østre Landsret afsagde dom den 16. februar 1940 i samme sag. Argumentationen lød her: "Uanset at de i Sagen omhandlede Blade har en del Tekst og Billeder af mere eller mindre sanseligt Indhold, findes det dog betænkeligt at statuere, at dette er af en saa grov Karakter, at Tiltaltes Forhold kan betegnes som Spekulation i Sanselighed."

Derfor lød dommen: Frifindelse. Sagen gik videre til Højesteret, som afsagde dom 21. maj 1940. Her deltog ni dommere; fem stemte for stadfæstelse af landsretsdommen, mens fire stemte for at stadfæste underrettens dom "i Henhold til de i denne anførte Grunde, der i det væsentlige tiltrædes". Derfor endte sagen helt og holdent med frifindelse, og hermed var Cocktail-paragraffen faktisk underkendt. Justitsministeriet påtænkte at anke dommen en gang til, men det skete ikke.

Og hermed var Cocktail som koncept et lovligt blad i Danmark. I 1954 forespurgte Ministeriet for offentlige Arbejder om bladet Varieté "kan betragtes som egnet til salg i bladsalget på statsbanestationer." Politiassistenten henviste i sit svar til de to Cocktail-sager fra 30'erne, idet de to blade var af samme art. Man var derfor ikke skredet ind over for Varieté. Det er faktisk sådan, at de svenske leverandører til Cocktail nu leverer til Varieté, mens Cocktail stadig udkommer med indhold af samme type. Uden at give ministeriet svar, henviste man til politivedtægten i København, som dér kunne give anledning til indskriden over for billeder, som ikke ville kunne dømmes ved en domstol. Men det ville kun være, hvis de var udstillede.

Sød er kvindekærlighed og stærk vin – men begge dele er lige ødelæggende for forstanden!
Kvinden i verden kan næppe være Vorherres opfindelse – men derimod kan vi vist være enige om, at en verden uden kvinder udmærket kunne tilskrives fanden!
udmærket kunne tilskrives Fanden!
Hvis skønheden var kvindens eneste plus – så kunne alle grimme kvinder godt gå hen og hænge sig!

Cocktail
Nr. 1, 1965 - Kr. 2,25 incl. oms
Cocktail
Nr. 12, 1963 - Kr. 2,25 incl. oms
Propagandahæfter
2 stk. 2,25 kr. incl. afgift

Cocktail

by Morten Thing

In 1936, the Frederiksberg judicial district began proceedings against the three men who published the magazine Cocktail "that for the most part deals with sexual acts of an obscene character". But the judge ruled that even though the magazine was sexual and "aims to gain favour and distribution through the inclusion of such matter, the court finds that it has not been established that the magazine contains matter of such a pornographic nature that, according to Danish law, the persons charged are punishable by the penal code's § 234, 2."

The publishers were acquitted, and this ruling was confirmed by the High Court in April 1937. Attorney General Steincke wanted a stricter legislation. Existing law made it possible to target anything considered obscene. Steincke also wanted to be able to charge publications that stayed within the confines of the law, but sought to benefit commercially from speculation in sensuousness. Steincke was thinking specifically about Cocktail, which since 1933 had mixed scantily clad women with raucous jokes and stories that only just toed the legislative line. Cocktail was published 1933–1967. And so the amendment to the penal code came to be known as the Cocktail clause. Police Inspectorate 4 was asked to supply material for the law reform and an officer wrote a note that he from the Inspectorate's material had made "a fitting selection for the Parliamentary Committee which is currently working on the Attorney General's proposed changes to the penal code, including the proposal to extend the applicability of § 234 of the law."

He handed it over to a principal at the Justice Department.

"I had opportunity to explain to the principal the circumstances that pertain to this material – including Group II writings and images (deemed not obscene by the court[s]). The principal found the material well suited to emphasizing the need for extended applicability as concerns the penal code's § 234."

This note can arguably be seen as conclusive evidence that the department was in full support of Steincke's initiative. The extension of § 234

was passed in 1939. The new section 2 went: "If the actions above are commercially motivated, penalty consisting of a fine is possible only under particularly extenuating circumstances". And the new section 3:

"He who for commercial purposes publishes or disperses, or for such purposes manufactures or imports writings or images, that – without being outright obscene – can only be assumed to be intended for the commercial speculation in sensuousness, is punishable by fine or incarceration."

In his presentation to Parliament, Steincke referred to the existence of judicial uncertainty on the matter. The public prosecutor disagreed vehemently. In his counsel's opinion, he opposed the extension. But Steincke was on a long-running ideological crusade. As he said in a 1938 feature article:

"So the attempts to adjust pregnancy laws and the measures taken against pornography and purveyors of filth were not only a cleansing that benefitted Democracy, but also in perfect accord with all socialist thinkers."

The extension of the porn law was to be tried in a case against – you guessed it – Cocktail. On December 20, 1939 the Frederiksberg judicial district delivered its verdict in the case against Oscar Einar Hellstrøm, who as editor in chief and publisher of the periodical Cocktail "since July 1, 1939 has published and dispersed in this country this magazine's 1939 edition, issues 14–19 included, the purpose of which must be assumed to be exclusively the commercial speculation in sensuousness."

Hellstrøm had previously, in 1937, been acquitted for § 234 violations at both regional and high court level. So he maintained that he had done nothing wrong. Most of the material was, incidentally, also published in Sweden "with the express permission of the authorities". The prosecution argued:

1. The covers of the six issues "share a certain provocative character, that by its repetition creates the expectation of sexually piquant contents."

2. "The writings and images concern sexual topics to such a degree that the publication's general impression exceeds that which is allowed by law, regardless of whether the individual contributions do so or not. In case of the images, the aforementioned character is achieved by the repeated exposure of the female body, sometimes in decidedly sensuous settings."

3. "It has not been proven that this, the publication's central focus, has any other purpose than commercial, and its entertainment purpose cannot therefore be considered independently." Reference to foreign legislation is irrelevant, as is the actual size of revenue. Therefore, the verdict is 25 fines of 12 kroner apiece, with an alternative sentence of 25 days. The High Court delivered its verdict in this case on February 16, 1940, arguing thus:

"Notwithstanding the fact that these magazines contain a quite large proportion of writings and images of a sensuous nature, we hesitate to create precedence that this is of a character serious enough to warrant description as 'speculation in sensuousness'."

Modtaget den 29/4 1940. Afsendt den 3/5.

aug. Overtr. af Straffelovens § 234 - Stk. 3 (Bladet "Cocktail").

Nr. 64-1940

R i g s a d v o k a t e n

mod

O S C A R E I N A R H E L L S T R Ø M,

der tiltales for Overtrædelse af Straffelovens § 234 III.

(Hartvig Jacobsen)

---oOo---

E. Daabsattest, hvorefter født den 24. Juli 1895.

1937 15/4. F. Østre Landsrets Dom.

Frifundet for Overtrædelse af Straffelovens § 234, Nr. 2.

G. Straffeattest.

C p.2. Vedkendelse.

H. Bladet "Cocktail" Nr. 14 - 1939.

p.7. Kys paa Meana.

- - - -

- Naa, men Kvinderne? var der èn i Kredsen som bemærkede. - Er de ikke livsfarlige?

Doktoren smilede overbærende.

- Aa nej, det vil jeg ikke paastaa, skønt de naturligvis ikke er saa ufarlige som før, inden Civilisationen havde naaet at faa Fodfæste. Men de har en Særegenskab, som adskiller dem fra alle deres Stammefrænder i Bagindien og Polynesien. Den er vel egentlig af saa ejendommelig Karakter, at jeg burde have nævnt den i mit Foredrag, men -

The verdict here was acquittal. The case then went to the Supreme Court, which delivered its verdict on May 21, 1940. Nine judges presided; five voted to confirm the High Court verdict, and four voted to confirm the regional court's verdict "citing the reasons therein given, with which we generally concur". So the outcome was full acquittal, and the Cocktail clause was thrown out of court. The justice department considered an appeal, but decided against it.

And thus Cocktail became a legitimate magazine in Denmark. In 1954, the Ministry of Public Works enquired whether the magazine Varieté "was fit for distribution from newsstands within the Danish State Railway network". In his reply, the assistant police officer referred to the two Cocktail cases from the 30s, since the magazines were comparable. And thus no steps had been taken against Varieté. In fact, the Swedish suppliers who delivered content for Cocktail now served Varieté, while Cocktail was still published with the same type of content. Without answering the Ministry, the police referred to the Copenhagen Police Regulation by which steps could be taken against pictures that could not be banned by the courts. But this proviso only applied to exhibited pictures.

NR. 2 · 1947
VARIÉTÉ
75
öre

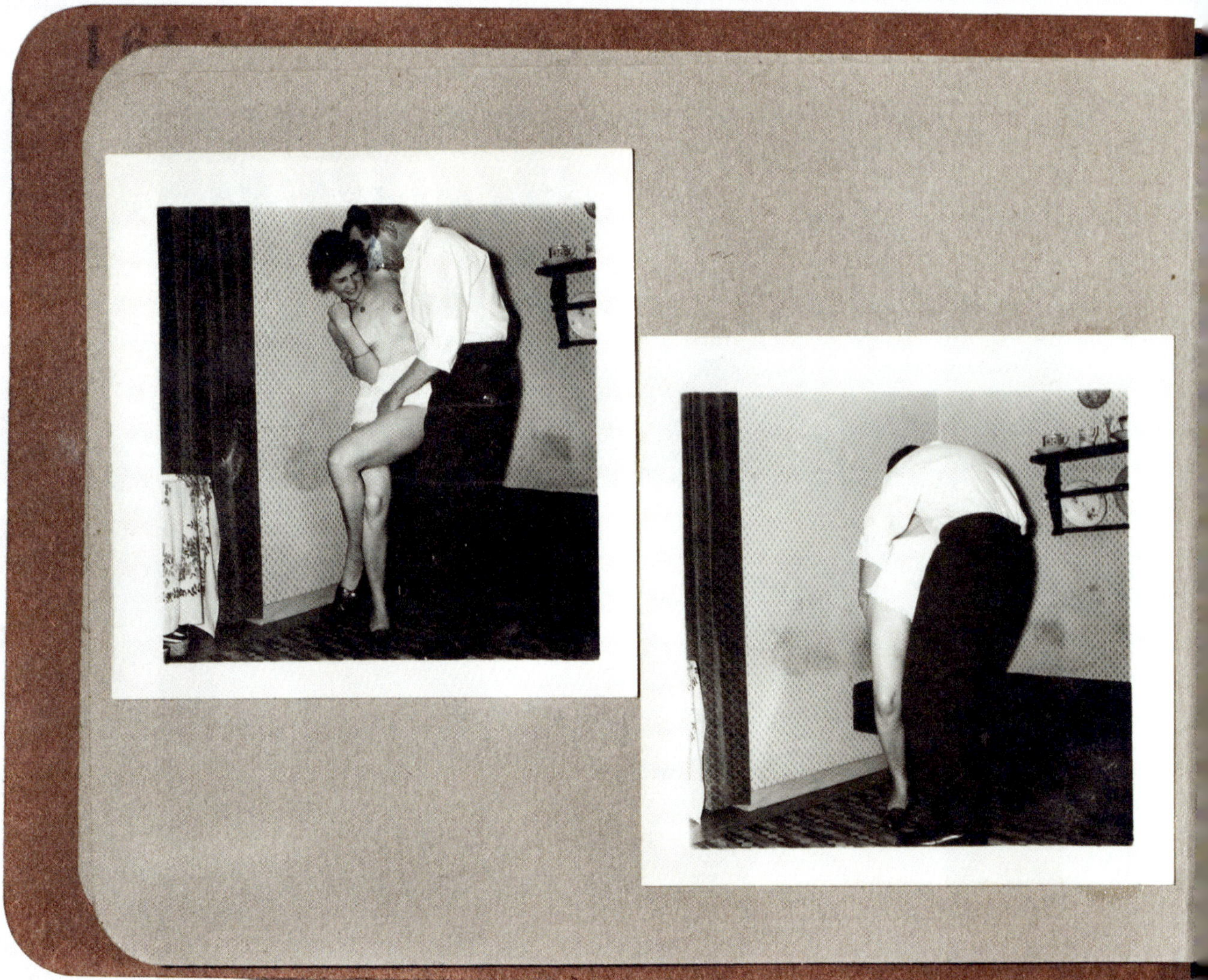

St. 6 Sagl: № I. 964/38 Notits.

Ved Ransagning hos Aldersrentenyder Sofus Holger Jensen, f. i Præstø d. 23/8 - 70, der i Dag blev fundet død paa sit Værelse, Korsgade 12-3' th, hvor han boede som Logerende hos Fru Jenny Jensen, blev fundet vedlagte 4 Stk. Fotografier, der i Henhold til Skrivelse af 13' ds. fra Hovedstationens 4' Afd., toges i Bevaring og herved fremsendes.

Christophersen.
P. B. 901.

KØBENHAVNS POLITI d. 15-4-38. STATION NR. 6

Til
Hovedstationens 4' Afd.

SAPI
2095

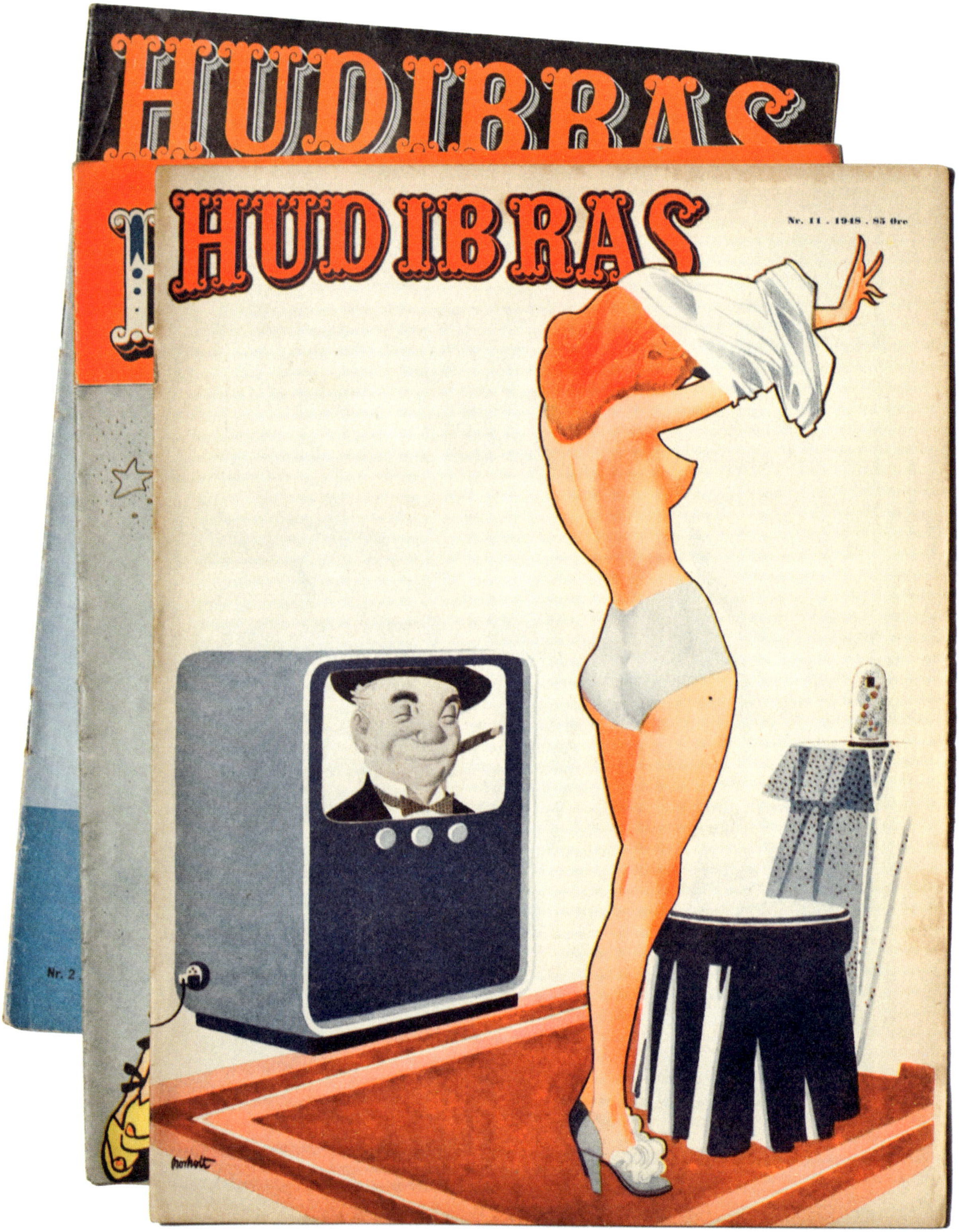
HUDIBRAS
HUDIBRAS
Nr. 11 . 1948 . 85 Øre
Nr. 2

A F S K R I F T.

KØBENHAVNS POLITI
6te Undersøgelseskammer.

Sag Nr. 163/40

Litra E

R a p p o r t

Lørdag den 17' August 1940.

Sagen mod Mogens Preben Nielsen.

Arrestanten var fremstillet.- Retsplejelovens § 807, Stk. 3, iagttaget.

Sagen blev paany gennemgaaet med ham, og han blev gjort bekendt med, at Politikommissær Groes-Petersen havde afgivet Forklaring, hvorefter han havde hørt den paagældende Sang og hørt Ordene "kneppe", "bøsse", "knoppe" og "gaa i Bukserne paa dig".

Arrestanten forklarer, at han saa Politikommissæren de paagældende Aften, men han kendte ham ikke, og Arretstanten fik først bagefter at vide, at det var ham.

Arrestanten forklarer, at det er rigtigt, at han har sunget et Vers med "Peberbøsse", hvor Fortsættelsen var "saa vilde jeg saa gerne "bøsse" lidt med dig". Endvidere erkender han, at han har sunget et Vers, hvori forekom Ordet "Blomsterknop", og hvor Fortsættelsen var "saa vilde jeg saa gerne "knoppe" lidt med dig".

Han erkender ligeledes, at han har sunget et Vers, hvori forekom Ordet "Knippe Brænde", men han vil ikke selv have sunget "kneppe", han mener, han har sunget "saa vilde jeg saa gerne "brænde" lidt for dig". han bemærker herved, at han er klar over, at Formaalet med at anvende Ordet "Knippe" var, at Publikums Tanke skulde henledes paa det kønslige, og han er ogsaa klar over, at Publikum, som sang med paa Visen, sang "kneppe". Dette forekom dog ikke hver Dag, idet man søgte ar holde igen.

Arrestanten kan ved nærmere Eftertanke kun huske, at han har hørt den paagældende Version en enkelt Aften.

Med Hensyn til Verset med Ordet "Buksetrold" henholder han sig til sin Forklaring i Grundlovsforhøret.

Det tilladte

af Ole Lindboe

"Solen er min bedste ven", hed det i en gammel revyvise fra 1930'erne. Og solens venskab rummede mange smukke og yndefulde detaljer. Som nu eksempelvis den skære nøgne hud på en afklædt kvinde, der stod i tænksom positur et sted i en skovkant en solbeskinnet sommerdag. Den slags scenerier kunne tit ses i de mange nudist- og naturistblade, som især udkom i store oplag fra 1930'erne og fremefter. 30'erne var nudismens storhedstid, og det blev hurtigt en massebevægelse over hele Europa. En sund sjæl i et sundt legeme, hed det. Og nudisterne indrettede lejre i sommerferier og mødte i hundredvis af andre nudister, alle ganske nøgne, helt naturligt – væk med blufærdigheden.

Og bladene fulgte med. Under inciterende navne som Solvennen, Sol og Sundhed og Mod Solen opstod der en hel genre af blade, som hurtigt fik en hastigt voksende læserskare, ikke forbavsende langt ud over medlemstallet af nudistforeningerne. Et særligt flot blad var Eldorado, hvis flotte forsider af nøgne kvinder ikke lige helt ramte den idealistiske ånd fra nudismen. Og bladene fandt hurtigt vej til ydmyge kiosker over hele landet, hvor de diskret blev langet over disken til interesserede herrer med sans for – øhm – sol og sundhed. Skam få dem, der tænkte ilde om interessen for nudismens lyksaligheder og solens sundhed.

Ikke desto mindre var politiet fra starten stærkt i tvivl om det mistænkelige omfang af nøgenhed i disse hæfter. Og hvorfor var det lige sådan, at hovedparten af de afbildede modeller var yngre smukke kvinder? Var der i virkeligheden ikke tale om "forretningsmæssig spekulation i sanselighed", jvf. Straffelovens par. 234 stk. 3? Nudisterne var jo ikke i tvivl. Som det hed i et af bladene: "At være nøgen betragter nogle Mennesker som en Skam og Nedværdigelse, andre som en Naturlighed og legemlig Tilfredsstillelse, der forhøjes til Lykke ved straalende Solskin."

Den samme mistanke gjaldt også de mange "kunstblade", som dukkede op i de samme årtier, under saglige navne som Modelstudier, Atelier og Akt Photo. De var angiveligt fremstillet til malere, tegnere og billedhuggere, der ikke havde

mulighed for at anvende levende nøgenmodeller, og som på denne måde kunne få mulighed for at studere naturens undere på bedste fotografiske niveau. Også disse blade fandt hurtigt et langt større publikum end blot kunstnere. Udbredelsen fandt sted af de samme kanaler. Forbavsende mange små kiosker landet over fandt det nødvendigt at servicere de nye grupper af kunstinteresserede, som da gerne ville se, hvordan kvindelige modeller poserede – sådan ret kunstnerisk. Og politiet var atter mistænksomme. Nok er kunsten "større end livet" og et ædelt og almendannende foretagende. Men det var nu sært, at det skulle være nødvendigt at vise nøgne kvinder på så udfordrende måder, at man ind imellem kunne ane kvindernes kønsbehåring. Men kunsten har sine friheder, og justitsen var tilbageholdende med at beslaglægge, selv om der for en sikkerheds skyld indimellem røg en sending kunstblade med, når der skulle beslaglægges.

Mere direkte – og dog – var den stribe galante blade, som udkom i de samme år under så fantasifremmende titler som Parisien og – mere kontant – Mandens Blad. Sidstnævnte startede i 1931 under navnet Avertering, men tog hurtigt navneforandring til Mandens Blad, med undertitlen Avertering – Orientering – Fotografering. Bladets stil var den maskuline. Sådan lidt a la Ian Flemings James Bond, der i bogform kom på dansk i de tidlige 1950'ere. Rigtige mænd interesserede sig for piberøg, jagt, whiskysjusser og pikante kvinder på isbjørneskind. I hvert nummer var der en slags midtersidepige, fotograferet nøgen, men med anstændighed. Nok bryster i smuk silhuet, men aldrig pubeshår.

Mandens Blad havde sin storhedstid under besættelsen, men måtte dreje nøglen om i midten af 1950'erne. Det blev afløst af Alt for mænd, der doserede lidt flere afklædte damer, og nu i farver. Denne gang med "Månedens Pige", hvor man i stil med det amerikanske Playboy kunne vise en hel fotoserie med den udvalgte yndighed. Og den mandlige læser kunne læne sig tilbage i herreværelset, og med piben beslutsomt i munden betragte de nøgne yndigheder fra flere vinkler. Både Mandens Blad og Alt for Mænd var dog under politiets radarhøjde. Bladene kunne med deres noble forsider næsten ligge fremme

AMAZONERNE
på BORNHOLM
Helios
TIDSSKRIFT FOR LIVSREFORM
SPECIAL
NO. 2

DANSK
NATURIST
FORBUND

Med det formål at skabe basis for etablering af en nudist-fribadestrand i Danmark - på Rømø eller andetsteds - søges oprettet en ny forening af tilhængere af solsportens idéer. Jeg anmoder i første række så mange som muligt om at indsende navn og adresse til mig, så de første forberedelser til dannelse af

Dansk Naturist Forbund

kan træffes. Indtegningsgebyret er *kr. 1,00* og gælder kun som foreløbig og delvis betaling af et evt. medlemskontingent. Men alle, der har indtegnet sig, bliver indbudt til at deltage i den stiftende generalforsamling. Denne afholdes, så snart der er indtegnet et rimeligt antal medlemmer.

Ved generalforsamlingen vil love og vedtægter for den nye forening blive behandlet, hvorefter foreningen officielt kan træde ud i livet.

I første omgang kan *alle*, der er positivt interesseret i sagen om en fribadestrand, indtegne sig. Det gælder også enlige personer, som ikke hidtil har kunnet optages i de bestående nudistforeninger på grund af disses særlige bestemmelser herom. Men de love, der skal udarbejdes for den nye forening, vil blive udformet på en sådan måde, at uønskede personer, der ikke opfylder de krav, man naturligt må stille til solsportsfolk, kan udelukkes.

Interesserede fra hele landet, fra Norge og Sverige, bedes indsende nedenstående kupon sammen med indtegningsgebyret snarest muligt.

Erik Holm.

INDTEGNINGSKUPON

Til redaktør Erik Holm, »Sol og Sundhed«, Box 260, Aarhus.

Undertegnede: ....

Adresse: ....

indsender hermed kr. 1.00 i frimærker og tegner mig som foreløbigt medlem af Dansk Naturist Forbund. Såfremt jeg ikke, når love og vedtægter for foreningen er vedtaget, kan godkende disse, er jeg berettiget til at få beløbet refunderet.

sign. ....

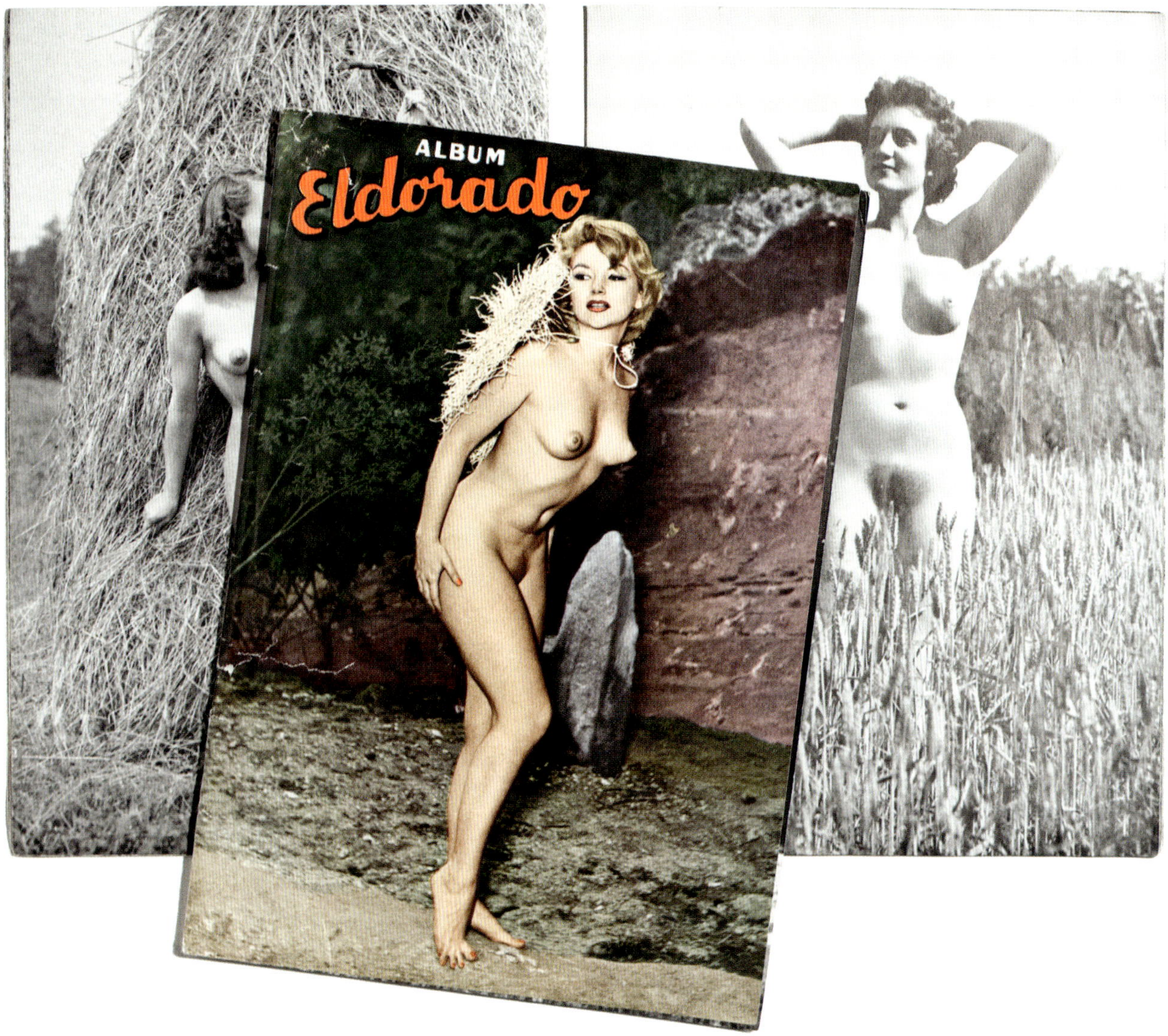

på sofabordet, omend enkelte husfruer måske så lidt skævt til bladets mere lystige sider. Men der var andre måder at udfordre den strenge lovgivning på, og samtidig score ekstra oplagstal. I 1960'erne var fotografering en solid og maskulin hobby for mange mænd. De kunne købe fotoblade for at få professionelle råd om kameraindstillinger osv. Og påfaldende nok var der en særlig interesse for at fotografere afklædte kvinder – hvilket ikke var helt så nemt i virkelighedens verden. Men det afholdt ikke mange fotoblade fra – strengt sagligt naturligvis – at demonstrere, hvilke blænder og hvilke vinkler den ivrige fotoamatør kunne anvende, hvis man skulle være så heldig at kunne komme til at fotografere en ung nøgen yndighed. At fotobladet indimellem måtte gå helt tæt på modellens mest interessante legemsdele, var – naturligvis – en teknisk nødvendighed.

SOL & SPORT

INTERNATIONAL PHOTO MAGAZINE NO. 10

FORMS in COLOR

»- fascination in color«

INTRODUCTION

»Med foto magasinet »FORMS in COLOR« foreligger her for første gang et fotomagasin fremstillet helt igennem i farver. »FORMS in COLOR« vil i hvert nummer bringe Dem fascinerende farvebilleder optaget i skønne omgivelser af nogle af de smukkeste feminine modeller, der findes, – en vision af skønhed og farve. »FORMS in COLOR« henvender sig i særdeleshed til de fotointeresserede, der ønsker at vide hvor langt man i dag er nået i figur-fotografering i color, såvel i studie som udendørs. Desuden vil der i hvert nummer blive bragt instruktive artikler om color fotografering samt tekniske data for billederne. Endvidere vil »FORMS in COLOR« være særdeles nyttig for illustratorer og kunstnere, der arbejder med farver. De vil, – foruden at have de korrekte menneskelige proportioner for øje, – til en hver tid kunne finde motiver og forhåbentlig inspiration, i disse skønne, farverige optagelser. »FORMS in COLOR« udkommer hver tredie måned.

4 Arg. No.10

Ansvarsh. red. B. Hansen

»The photo magazine »FORMS in COLOR« present for the first time a photo magazine published through out in color. Every issue of »FORMS in COLOR« will bring you exclusive fascinating full-page color pictures, taken by the most outstanding photographers of the world. Color pictures tagen in studios or in natural surroundings of some of the most beautiful feminine models in the world. A vision of beauty in color. All the pictures are selected with taste and artistical tact.

»FORMS in COLOR« is published quaterly (4 issues yearly). For charge and subscription see last page.

Vol.4. No.10

Resp. editor B. Hansen

FORLAGET STUDIA

Vester Voldgade 9.A - 1552 Copenhagen V

Denmark

290

Printed in Denmark by J.H.F. E

← Rolleiflex camera. Ektachrome X.
Exp. 1/30 sec. at f. 5,6. ↑

291

HELIOS
Nr 12 - 1955
Pris kr. 2:—
Dec.

The allowed

by Ole Lindboe

"The sun is my best friend", went a Danish revue song from the 30s. And befriending the sun exposed many beautiful and graceful details. Like the pale, naked skin of an undressed woman striking a thoughtful pose in a clearing on a sunlit summer day. Scenes of this sort were often seen in the many nudist and naturist magazines which came into wide circulation from the 1930s and onwards. The 30s were the Golden Age of nudism, and it quickly became a mass movement across Europe. A sound mind in a sound body, they said. And the nudists set up camps during summer holidays and met hundreds of other nudists – all quite naked, quite natural and unburdened by modesty.

And magazines quickly followed. With inciting names such as Sun Friend, Sun and Health and Towards the Sun, a whole genre of magazines appeared and quickly gained a large readership – not surprisingly far larger than the number of nudist association members. A particularly elegant magazine was Eldorado, whose striking covers did not quite reflect the idealistic spirit of nudism. And these magazines quickly made their way to humble kiosks across the nation, where they were discreetly peddled to gentlemen that shared a keen interest in, erm, sun and health. Shame on those who dared to doubt the joys of nudism and healing qualities of the sun.

Nonetheless, the police immediately started to question the suspiciously frequent depictions of nudity in these magazines. And why was it that most of the depicted models were beautiful young women? Was this not "commercial speculation in sensuality", as described in §234, 3 of the Danish penal code? The nudists had no doubts. One magazine declared: "To be naked is considered shameful and demeaning by some people, and by others as something natural and a bodily satisfaction that is refined into happiness in the glorious rays of the sun".

The same suspicions were raised against the many "art magazines" that appeared during this time, with serious names like Model Studies, Atelier and Current Photography. They supposedly targeted painters, sketch artists and sculptors who did not have access to live nude models and thus afforded them an opportunity to study the wonders of nature in photos of the highest artistic order. These magazines, too, reached a far wider audience than just artists. Distribution occurred through the same channels. A surprisingly large number of small kiosks all over the country found it necessary to cater to the needs of the new groups of art aficionados who were keen to see these female models pose – purely for art's sake, of course. And again, the police were suspicious. Art may be larger than life and a noble, educational endeavour. But it seemed strange that the nude women absolutely had to strike poses so provocative as to occasionally make their pubic hairs faintly visible. Art has its licences, though, and the authorities did not seize much – although shipments of art magazines would sometimes be confiscated as part of other raids, just to be on the safe side.

More direct – or perhaps not – were the many genteel magazines that were published at this time, with evocative titles such as Parisian and, more brashly, The Man's Magazine. The latter was founded in 1931 as Advertising but quickly changed its name to The Man's Magazine, subtitled Advertising – News – Photography. It had a masculine style, not dissimilar to Ian Fleming's James Bond books, which started to appear in Danish in the early 50s. Real men were into pipe smoking, hunting, whisky and hot women on polar bear rugs. Each issue had a centrefold of sorts, shot in the nude but decent enough – breasts in beautiful silhouette, but never showing pubic hair.

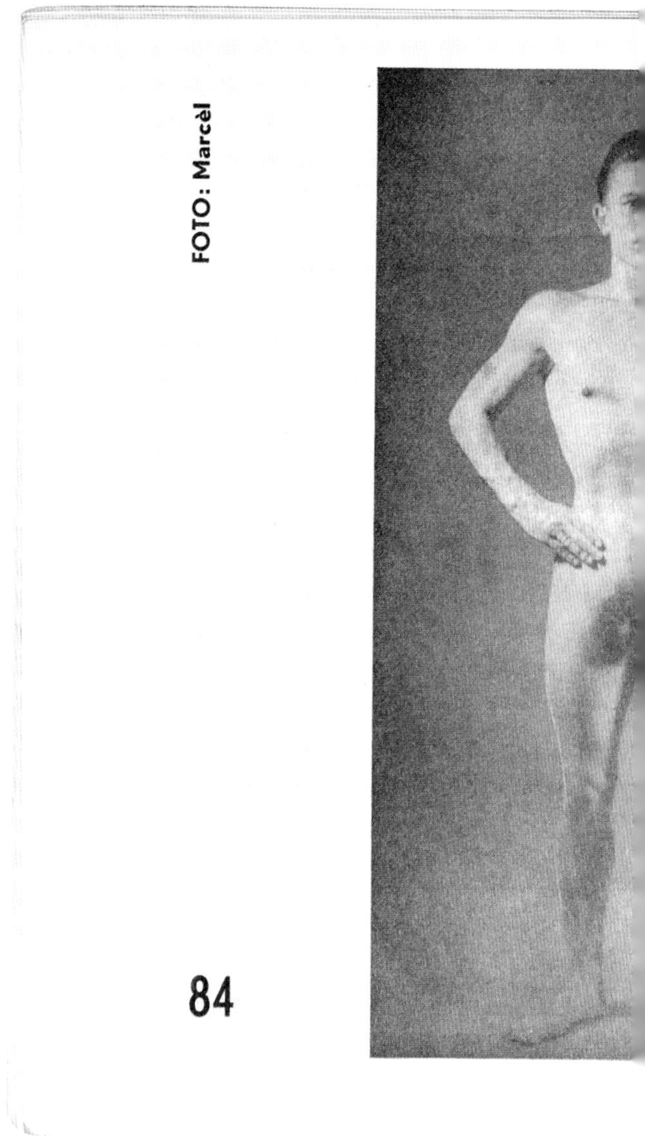

The Man's Magazine peaked during the Nazi occupation of Denmark but was forced to close in the early 50s. It was replaced by Everything for Men, which had more naked women – and now in colour. It also had Girl of the Month, which made it possible – like in the American Playboy – to show a complete photo series with the chosen beauty. So the male reader could sit back in his study and – pipe firmly in mouth – observe the naked beauties from all angles. Both The Man's Magazine and Everything for Men were ignored

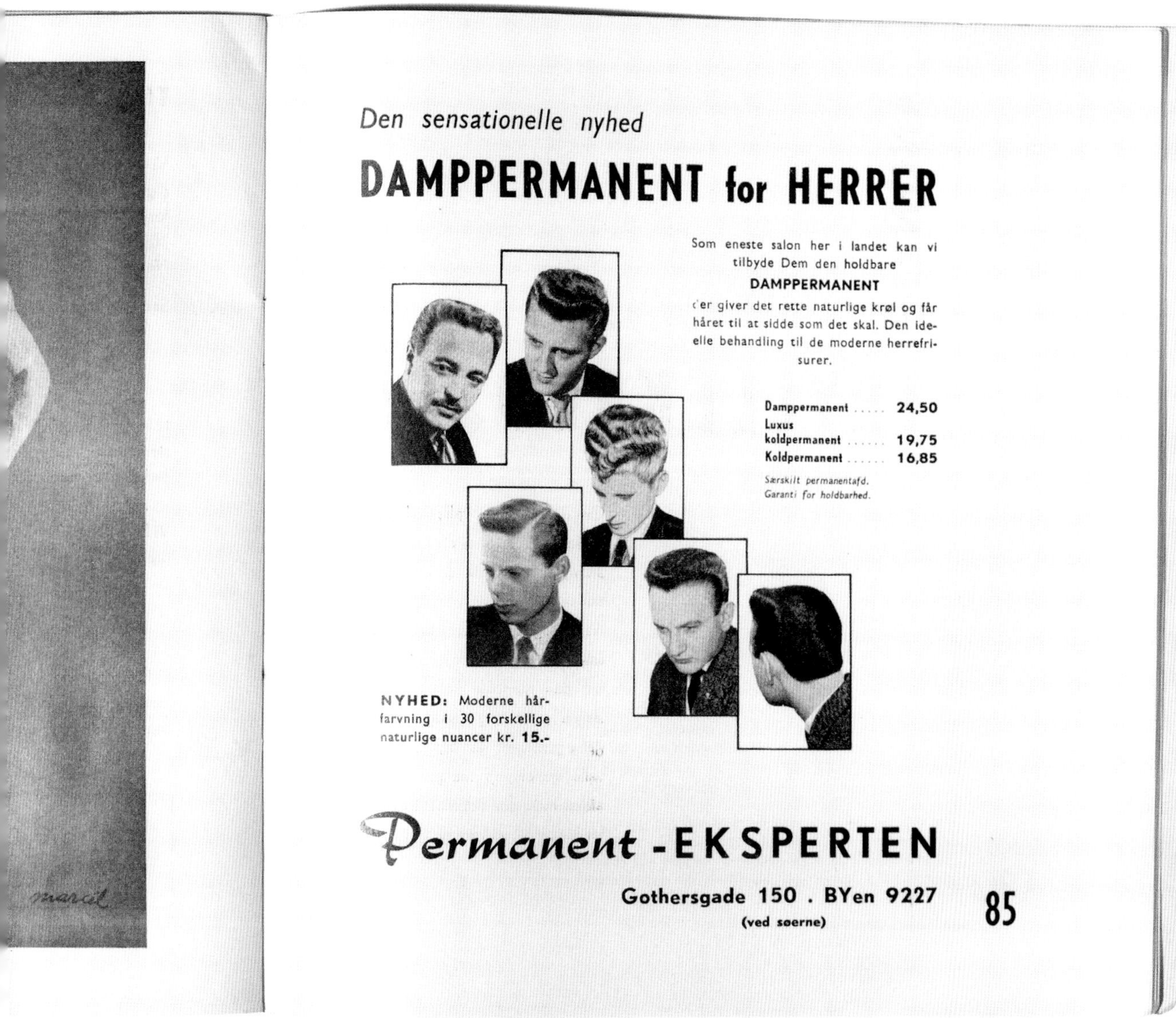

by the police, though. With their genteel covers, they would not be entirely out of place on the coffee table, even if some housewives would probably baulk at their more frivolous contents.

But there were other ways to challenge the strict legislation and simultaneously boost circulation. In the 60s, photography was a solid and masculine hobby for many men. They could purchase photo magazines for professional advice on camera settings etc. And surprisingly enough there was particular interest in taking photos of nude women – which was easier said than done in the real world. But this did not keep many photo magazines from demonstrating – in the most professional manner possible, of course – which f-stops and angles would be useful to an eager amateur photographer, should he ever get the opportunity to take pictures of a naked young lovely. That such photo magazines occasionally had to show close-ups of the most interesting areas of the body was, naturally, a technical necessity.

Rigspolitichefen, København.
FREMMEDAFDELINGEN.
Tirsdag, d. 16. Januar 1940.

RAPPORT.

Rapport angaaende

4 Bilag.

Tilstilles Københavns Politis IV Afdeling.
Rigspolitichefen den 16'Januar 1940.
P.R.V.

Overtoldkontrollør Rosenørn, Københavns Frihavns Toldkontrol, har anmodet om, at hoslagte 4 svenske Billedhæfter maa blive forelagt Københavns Politis IV Afdeling til Afgørelse af, hvorvidt deres Indhold helt eller delvis maatte være af pornografisk Art.

En Del Eksemplarer af hvert af de fire Hæfter:

"Naket Liv",
"Solvännen Special" Nr. 10 B 1938,
" " " 5 B 1939, og
"Solvännen" Nr. 1 B 1940,

er søgt indført af

Murer Jacob Andreas Christensen J u s t,
født 4. Juni 1882 i Gjested,
Bopæl Røde Mellemvej 108, Kbhvn.S., Telefon Sundby 2055.

Just ankom med Færgen fra Malmø til Frihavnen i Gaar Mandag den 15. Januar 1940 Kl. 23^{45}. Samtlige Eksemplarer af de Billedhæfter, han medførte, blev taget i Bevaring af Toldvæsenet, og Just samtykkede i, at et Eksemplar af hvert af Hæfterne blev forelagt Københavns Politi.

Just har forklaret, at det var hans Hensigt at sælge Hæfterne til københavnske Kiosker, til hvilke han gennem

Kbhvns Pol. Inspekt R. P. B. 361/1940

Form. Nr. 29. 1/9 39. 2000 Ekspl.

SOLVÄNNEN

IDARE VYER — RE E SEDER — FRISKARE KROP

Årg. 6, 1 Jan. 1940, N:r

Pris 1:— I Danmark 1

GIFT

Gift

af Jack Stevenson

Før 60'erne udviklede det erotiske og pornografiske udtryk i Danmark sig primært gennem vovede postkort, blade, fotografier og bøger, men det ændrede sig hurtigt, da kommercielle filmskabere først i tresserne begyndte at behandle seksuelle temaer på modige, nye måder. Med Weekend (1962) og Gade uden ende (1963) begyndte en ny slags danske film, der behandlede erotiske emner, at skabe røre i andedammen og vinde priser (begge modtog en Bodil). Også det udenlandske publikum lagde mærke til filmene, der blev populære på de internationale filmfestivaler og solgt til udlandet for rekordsummer.

Op gennem 50'erne havde de danske biografer været præget af folkekomedierne – som ingen uden for landets grænser gav meget for – så her var der virkelig tale om noget nyt. Disse to film i særdeleshed spredte nu idéen om Danmark som et seksuelt frigjort og åbent samfund i de internationale billetkøer. På kun syv korte år blev den idé til virkelighed: Danmark blev et radikalt frigjort samfund i den verdensomspændende seksuelle revolutions epicenter – og det var i vid udstrækning filmenes skyld.

Men den frigjorte danske film udviklede sig ikke i et tomrum. Danske instruktører hentede inspiration i efterkrigstidens svenske filmmiljø, der havde pioneret idéen om den skandinaviske åbenhed siden først i 50'erne (for eksempel i Arne Mattsons Hon dansade en sommar og Bergmans Sommaren med Monika) og i det friske pust fra den franske nouvelle vague, som især Weekend havde meget at takke for. Filmskaberne var også påvirkede af bevægelser inden for kunst og litteratur, for eksempel de højt profilerede retssager om surrealisten Wilhelm Freddies påståede obskøne malerier eller erotiske romaner såsom Fanny Hill og Henry Millers værker.

Disse retssager dominerede medielandskabet i Danmark i de tidlige 60'ere og skabte en stærk modbevægelse mod censur i alle dens former. Men ingen bog og intet maleri havde helt samme effekt som en vis skandalefilm.

Marc Albergs Jeg, en kvinde (en dansk/svensk samproduktion optaget i Danmark) fra 1965 smadrede rammerne og rystede det gamle Danmark i sin grundvold. Filmen var baseret på bogen af samme navn, udgivet i 1961 under pseudonymet Siv Holm af Agnete Thomsen, der havde stræbt efter at belyse emner som passion og seksuel promiskuitet fra et kvindeligt perspektiv – og først og fremmest at gøre det ærligt. Dette var nyt og grænseoverskridende, og både bogen og filmen blev øjeblikkelige hits, der satte den seksuelle frigørelse alleröverst på dagsordenen. Efter årtiers undertrykkelse og censur blev denne nye frihed taget godt imod af de fleste.

Men én instruktør – Knud Leif Thomsen – nægtede at lege med. Han var bekymret over det, han så som en bevægelse mod kulturelt accepteret promiskuitet. Det var en sag, han allerede en gang var gået ind i som instruktør af Duellen (1962), der var en bredside mod dem, der opfattede sex som noget rent fysisk og fornægtede det åndelige element. I 1966 – et år efter at Jeg, en kvinde havde vakt skandale – svarede han igen med en af den tids mest gennemtænkte og radikale film – Gift. Det var historien om Per, den selvsikre, unge livsnyder (spillet af Søren Strømberg) der indleder et forhold til den kedsomhedsramte og modtagelige teenager Susanne (spillet af Sisse Reingaard). Hendes forældre er bekymrede over forholdet, men har selv ægteskabelige problemer og er ude af stand til at afvise Pers letkøbte angreb på den ældre generations dobbeltmoral og tomme materialisme. Per synes desuden selv han er lidt af en filmskaber og bruger sit kamera til at invadere familiens fysiske og psykiske rum. For yderligere at udfordre familiens opfattelse af moral, viser han moderen og datteren pornografiske film på sin 16 mm-fremviser. I Pers verden har dydighed, troskab og monogami berøvet os det fysiske livs glæder og efterladt os hæmmede og fulde af komplekser – og den eneste kur er sex uden ejerskab og skyld. Thomsen lavede Gift som en dybfølt advarsel om den nye, frigjorte morals ødelæggende følgevirkninger, og filmen behandlede tidens glohede kartoffel – pornografi – med stort mod.

Alligevel var Thomsen så stor modstander af censur, at han måtte gå ind i kampen, da censuren truede med at fjerne scener med hardcore

"Venom"
the motion picture that es
If you think you have
seen Scandinavian films
as daring as they come...
prepare yourself
for a new experience
in adult
motion picture making!
KNUD LEIF THOMSEN's
starring
POUL REICHHARDT/ASTRID VILLAUME
SOEREN STROEMBERG/SISSE REINGAARD
written and directed by
KNUD LEIF THOMSEN
Produced by ASA Film and Nordisk Film
A Peppercorn-Wormser,
Inc. Film Enterprises Release

ishes a new sexual moral code!!
PRINTED IN U.S.A.

pornografi som han insisterede skulle med i filmen. Det førte til en meget offentlig konflikt mellem Thomsen og censuren – og til den helt fejlagtige opfattelse, at der her blot var tale om endnu en sexfilm. Intet kunne være mere forkert. Gift var en stærk undersøgelse af tidens moralske usikkerhed og den måde, den påvirkede alle generationer på.

Thomsens krig mod censuren endte i en våbenhvile: I stedet for at fjerne de anstødelige scener, som var den normale fremgangsmåde, aftalte parterne at der skulle placeres store, hvide krydser over de pågældende billeder. Og selv om filmen blev udgivet i denne censurerede udgave blev den et kæmpehit. Den megen omtale om filmens tilblivelse havde gjort sit arbejde. Gift blev udgivet internationalt i den samme censurerede version (som Gift i Storbritannien og som Venom i USA) og blev – ironisk nok – markedsført som den seneste, danske "sexsation". "Den danske film, der er forbudt i Danmark", hed det i de engelske reklamer, med henvisning til at næsten alt ellers var tilladt i det frigjorte Danmark. Det var dét, offentligheden forventede – og der var penge i at leve op til de forventninger.

Uden for Danmark fik Gift gode anmeldelser. New York Times fandt behandlingen af generationskløften særligt interessant og gav topkarakter for skuespillet. Archer Winston fra The New York Post syntes, det var en af årets bedste film, og fik opbakning fra Playboy, der kaldte Gift ærlig og klarsynet, en "chokbehandling". At et

magasin, der lever af seksuel promiskuitet, roste filmen i så høje vendinger var i sandhed ironisk.

Hjemme i Danmark gik det ikke helt så godt for Thomsen og anmeldelserne var skånselsløst negative. Anmelderne fandt, at filmen manglede realisme, og at den havde lang vej hjem som filmkunst. Thomsen selv var en kritisk røst, der nægtede at forstumme, og faldt med tiden i unåde både politisk og i det danske filmmiljø. Det kunne sågar tyde på, at han faldt helt ud af filmhistorien, hvis man skal dømme ud fra den næsten totale mangel på kendskab til filmen i akademiske kredse i dag. Den er i sandhed et tabt mesterværk, og den indfanger tidens brydninger langt bedre end de "sexfilm", der fulgte.

Thomsen måtte gå i graven med en sidste ironi. Selv om Gift var et dybfølt opgør med den nye moral og hele idéen om, at man kan tage pornografi som bevis for frigjorthed, så har ingen film været vigtigere for debatten om ytringsfrihed og den efterfølgende afskaffelse af censuren i 1969 – hvilket skabte grobund for præcist dét seksuelt løsagtige samfund, den advarede så kraftigt mod i 1966.

Venom

by Jack Stevenson

Up until the 60s risqué postcards, magazines, photographs and books were the primary means by which erotic and pornographic expression evolved in Denmark, but that quickly changed in the early 60s as commercial filmmakers started to deal with sexual topics in bold new ways.

Starting with Weekend (1962) and Street Without End (1963), a new kind of Danish film that dealt with erotic subject matter began to stir debate with homegrown audiences and to win awards (both won the Bodil). Foreign audiences also began to pay attention as both of the above titles became popular on the international film festival circuit and were sold to foreign markets for record sums. Throughout the 50s Danish screens had been dominated by the folk-comedy and nobody outside the country cared much about these, so this was something new. These two films in particular were now spreading the idea with international ticket buyers and film critics that Denmark was a sexually free and open-minded place. And in seven short years it became that place – a radically permissive society at the epicenter of the global sexual revolution – and movies were largely responsible for making that happen.

But liberated Danish cinema didn't evolve in a vacuum. Danish directors were inspired by the legacy of postwar Swedish cinema, which had pioneered the concept of Scandinavian open-mindedness going back to the early 50s with the likes of Arne Mattsson's One Summer of Happiness and Bergman's Summer with Monika, and by the invigorating influence of the French New Wave. (Weekend in particular owed a debt to that movement.) Filmmakers were also being influenced by events transpiring in the fields of art and literature, for example the high profile court cases taking place over the allegedly obscene paintings of surrealist Wilhelm Freddie, and over the publication of erotic novels like Fanny Hill and the writings of Henry Miller.

These trials dominated the media landscape in Denmark in the early-to-mid '60s and created a huge backlash against censorship in all its forms.

with POUL REICHARDT · ASTRID VILLAUME · SOEREN STROEMBERG · SISSE REINGAARD · KARL STEGGER

"INTELLIGENT....
AMUSING AND
PERCEPTIVE" OBSERVER

"A CENSOR'S
CURIOSITY"
SUNDAY TIMES

"ROUGH, RAW AND
RUGGED" JEWISH CHRONICLE

*GIFT IS THE DANISH WORD FOR POISON
the sexual moral code of 1967
KNUD LIEF THOMSEN'S
GIFT x
THE STORY OF A PRIVATE WORLD
THE DANISH FILM

But nothing, no book or painting, had the same impact as a scandalous movie, and the release of Marc Alberg's I, A Woman (A Danish-Swedish co-production shot in DK) in 1965 shattered barriers and shook the ground under the old order like nothing before it. It was based on the 1961 book of same name which had been penned by Siv Holm, a pseudonym for one Agnethe Thomsen who had sought to examine issues of passion and sexual promiscuity through a female perspective and above all to do it honestly. This was new and daring and both the book and the film were instant hits and put the cause of sexual liberation on the front burner. After decades of repression and censorship, this new freedom was widely cheered.

But one director — Knud Leif Thomsen — refused to go along. He was alarmed by what he saw as a drift toward culturally sanctioned promiscuity. He had involved himself in this issue before, directing the 1962 film The Duel which figured as a broadside against those who viewed sex as merely a physical act and denied its spiritual component, and now in 1966, a year after I, A Woman had scandalized audiences, he answered with one of the most thoughtful but also most radical films of the era — Gift. It was

the tale of Per, a self-confident young hedonist played by Søren Strømberg who becomes lovers with Susanne (played by Sisse Reingaard), a bored teenage girl who seems easily led. Her parents are alarmed by the relationship but are having marital problems of their own and seem unable to counter Per's glib attacks on the hypocrisy and empty materialism of the older generation of which they are a part. Per also imagines himself a filmmaker and uses his camera to invade their physical and psychic space, and to further challenge their conception of decency by playing pornographic films for the mother and the daughter on his 16 mm projector. In Per's world view, modesty, fidelity and monogamy have deprived us of the joy of physical life and left us riddled with complexes and inhibitions, and the only cure is sex without possessiveness or guilt. Thomsen fashioned *Gift* as a dire warning about what he viewed as the destructive effects of this new liberated morality, and it dealt boldly with the hot-button issue of the day – pornography.

And yet he was also very much against censorship, so when the censorship board threatened to cut out scenes of actual hardcore pornography that he insisted on including in the film, the battle was joined. This led to a much publicized conflict between Thomsen and the Board and also to the gross misimpression that this was just another "sex film." Nothing could have been further from the truth. *Gift* was a bold examination of the moral uncertainty of the times and the way that it affected all generations. Thomsen's fight with the Board ended in a truce: rather than cut out the offending scenes as was normal procedure they arrived at a compromise: large white "X's" would be placed over said frames to obscure the action. And even though it was released in this censored version it became a huge hit. All the hype around the making of the film had done its work.

Gift was released internationally in this same censored version (as *Gift* in the UK and *Venom* in the US) and ironically enough was widely promoted as the latest "sex-sation" from Denmark, "The Danish film banned in Denmark", proclaimed British ad copy, playing on the perception that almost anything was permitted in liberal Denmark. That's what the public expected and there was money to be made giving them what they wanted.

Outside Denmark *Gift* earned some good reviews. *The New York Times* found its "generation

gap" theme to be of particular interest and rated the acting first class. Archer Winston of The New York Post rated it one of his favorite films of the year, and Playboy agreed, calling Gift honest and clear-sighted, a "jolt of shock therapy." That a magazine dedicated to sexual promiscuity liked it so much was truly ironic.

On his home turf Thomsen was swimming against the tide and critics were overwhelmingly negative, claiming it lacked the realistic touch and finding it badly wanting as a piece of film art. The man himself was an immutable voice of dissent and eventually fell from grace from the powers that be in the worlds of Danish film and politics, and also apparently fell completely out of film history, judging by the total lack of awareness about this film today in scholarly circles. It is truly a lost masterpiece and captures the tension of the times far more compellingly than any of the "sex films" that were to follow.

A final irony would haunt Thomsen to his grave: the fact that in spite of the film's passionate attacks on this "new morality" and its rejection of pornography as evidence of open-mindedness, no motion picture did more than this one to advance the debate on freedom of expression and to bring down censorship in 1969 – paving the way for exactly the kind of promiscuous society that it preached so forcefully against in 1966.

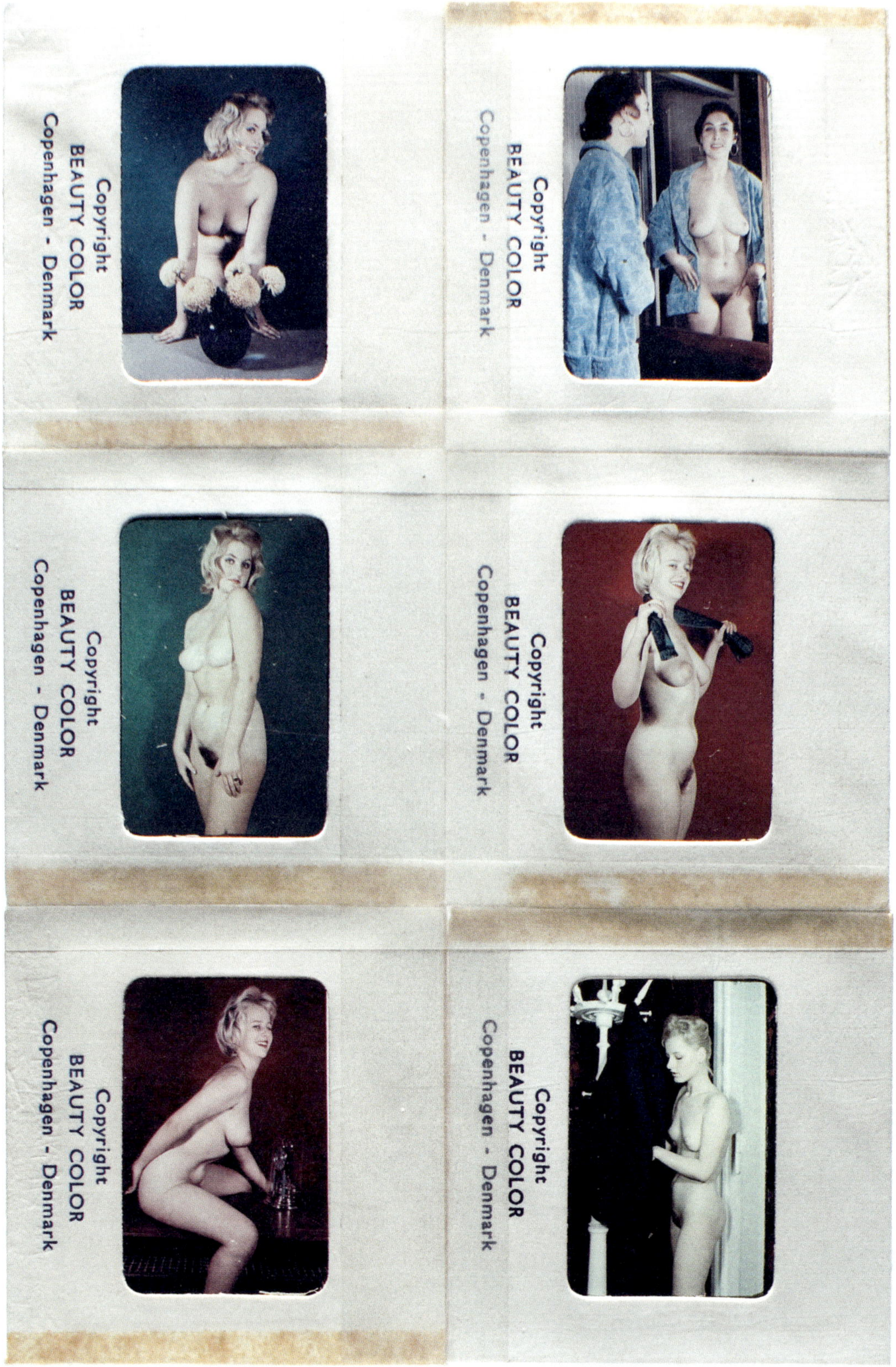
Copyright
BEAUTY COLOR
Copenhagen - Denmark
Copyright
BEAUTY COLOR
Copenhagen - Denmark
Copyright
BEAUTY COLOR
Copenhagen - Denmark
Copyright
BEAUTY COLOR
Copenhagen - Denmark
Copyright
BEAUTY COLOR
Copenhagen - Denmark
Copyright
BEAUTY COLOR
Copenhagen - Denmark

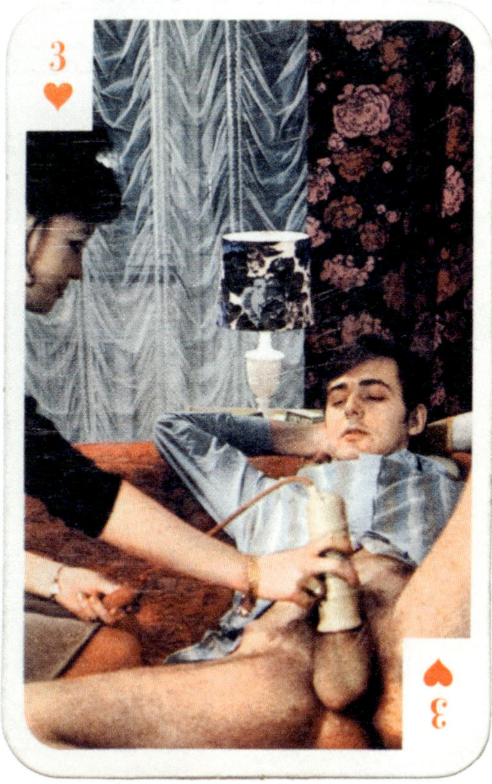
3 ♥

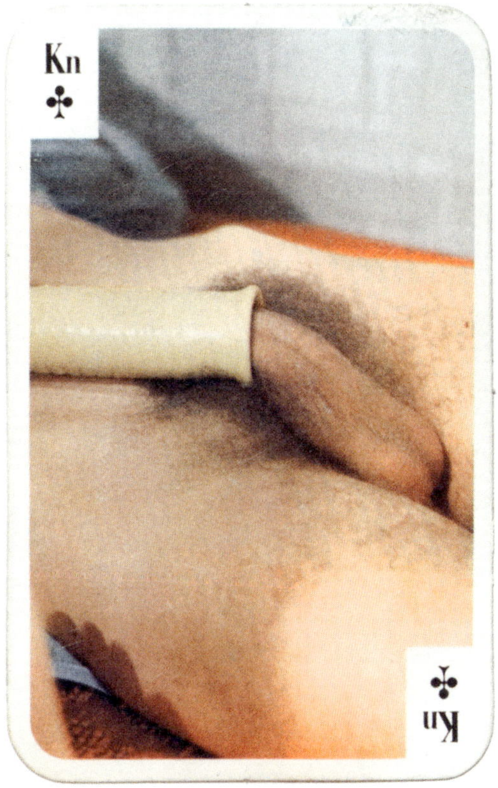
Kn ♣

6 ♥

4 ♣

Varieté
Sex- og Humørblade
Varieté
Sex- og Humørblade

Varieté
Varieté
Novelle- og Vittighedsbladet
Varieté

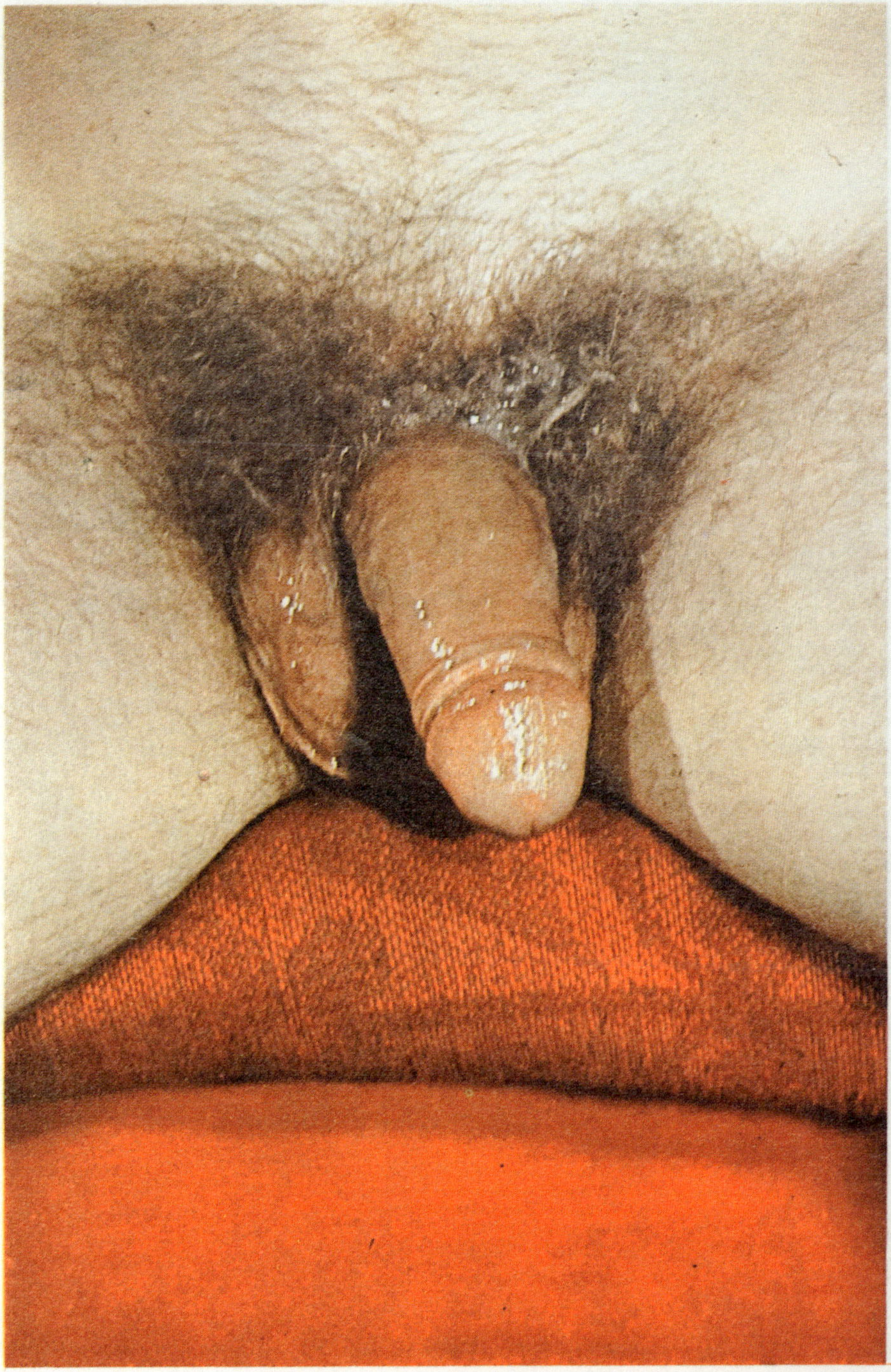

Ole Ege

af Jack Stevenson

Udgivelsen af kommercielle film som Jeg, en kvinde og undergrunds-kortfilm som Pornoshop af Jens Jørgen Thorsen, Novi Maruni og Niels Holt fik danske medier til at kalde 1965 for "pornoens år". Religiøse ledere og konservative politikere var frastødte over dette sædernes forfald, men et andet sted i København – i nogle små lokaler på Peder Hvitfeldts Stræde – var en mager og stilfærdig mand ved navn Ole Ege alt andet end frastødt, mens han med sit kamera knipsede den ene nøgne dame efter den anden. Han ville gøre sit bedste for at mediernes profeti skulle gå i opfyldelse.

Ingen anden dansker har været mere aktiv i den kommercielle pornografis forskellige stadier end Ole Ege. Efter at have lært grundlæggende fotografi af en ven midt i 50'erne, forvandlede han sit værelse hjemme hos mor til et interimistisk studie og overtalte piger, han mødte på den legendariske Dixi Bar til at posere på dét, der i starten blot var vovede fotos. Men Ole var ambitiøs og stædig og han elskede kvinder, og da han endelig fik det svenske magasin PinUp til at bringe en reklame for sin hobbygesjæft, havde han også en forretning. Indtil slutningen af 50'erne havde Danmark traditionelt importeret porno og erotica, men nu begyndte Ege og en håndfuld konkurrenter at sælge godt gammeldags dansk smuds til hele verden for at udjævne handelsbalancen og – afhængig af ens perspektiv – enten opbygge eller smadre danske blondiners ry. Af banen, Sverige!

Til at starte med stoppede han bare en bunke sort/hvide billeder i en kuvert, håndadresserede den, slikkede på et frimærke og smed det hele i postkassen. Men efterhånden blev hans fremgangsmåde mere sofistikeret og billederne mere vovede. Og han udvidede også, i første omgang til 8 mm film, og etablerede sig efterhånden som en dansk pendant til Harrison Marks, den legendariske engelske pornobaron som Ege ofte besøgte i London. Senere kom også 16 mm film til. I 1967 havde Ege opnået en succes, han ikke havde troet mulig. Han havde en relativt høj indkomst, en villa i den fornemme forstad Gentofte, en luksus sexboutique ved

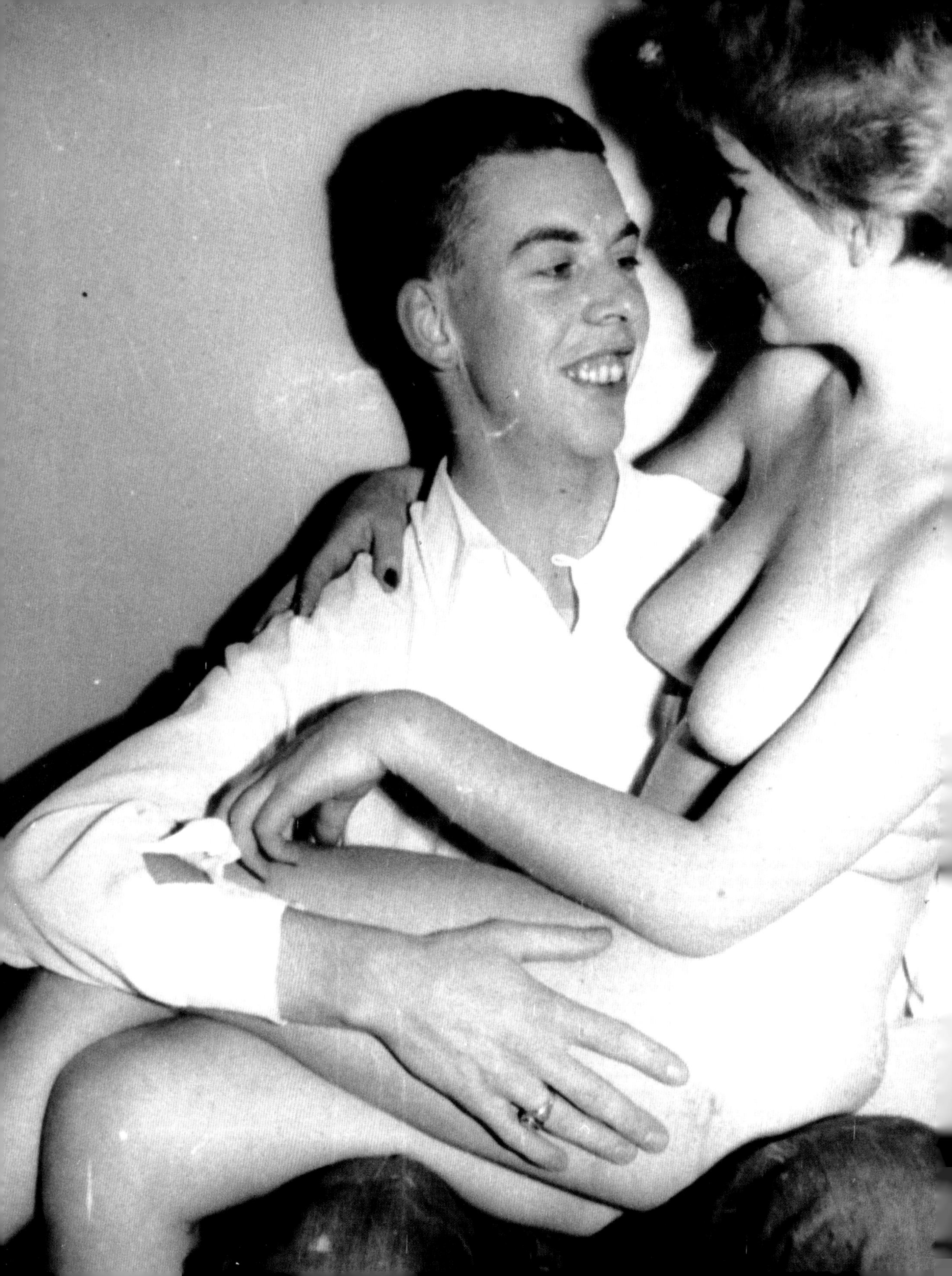

navn La Dolce Vita og en spritny, hvid Mustang, der bragte ham på arbejde hver dag.

Den frigjorte seksualitet var hurtigt på vej til at blive accepteret i den brede befolkning, men borgerskabet var stadig en kropsforskrækket og autoritær flok, der endnu ikke havde set skriften på væggen, og politiet slog gennem midten af 60'erne aggressivt og efter forgodtbefindende ned på porno-producenterne. Ege havde været på kant med loven mange gange før og hans forretning var hver gang sluppet fra det med skindet på næsen. Men så, en skæbnesvanger morgen i januar 1967, slog politiet til mod hans kontorer og kørte det hele væk i en lejet lastbil.

Ege og de fem andre porno-producenter som politiet havde målrettet aktionen mod, var sat ud af spillet – i hvert fald midlertidigt. Og hylderne i pornoforretningerne var pludselig gabende tomme. Men det varede ikke længe før hardcore pornografi fra Sverige og England blev smuglet ind i landet for at erstatte de relativt uskyldige softcore pornoblade, der var blevet konfiskeret. Dét var selvsagt ikke hensigten med politiets indsats, men nu var terningerne kastet: Hardcore var kommet til byen, og den skulle ingen steder. Softcore var ikke længere det papir værd, det blev trykt på – ingen ville købe det. Ege var nødsaget til at følge trop og skifte til hardcore, hvis han stadig ville have en forretning – så det gjorde han. Han indgik en aftale med en svensk producent for at komme på fode igen, og grundlagde så i 1968 virksomheden Marmalade Films, der skulle producere hardcore kortfilm i farver.

Sexkulturens udvikling gik hurtigt og førte – som nævnt andetsteds i denne bog – i 1967 til afskaffelsen af enhver censur af det skrevne ord i Danmark. I sommeren 1969 fulgte så censuren af billedmaterialer. Det førte til en sand syndflod

K.V.N.Ø.F.S. o.s.v.
Husk postdistrikt til København
KØBENHAVN
28 JAN 1957
DANMARK 30

Box 1258, København Sundby.

Kære ven!

Tak for Deres brev.

Det glæder mig meget at høre fra Dem igen, og jeg sender hermed som lovet de 6 billeder af mine veninder og det nyeste af mig selv. Jeg håber, een eller flere falder i Deres smag, og jeg kan levere yderligere serier af hver af disse modeller. De er søde hver for sig, så jeg vil ikke råde Dem til een bestemt, men jeg er sikker på, at De vil sætte pris på et nærmere bekendtskab med dem ....

Har De specielle ønsker om fotos, så skriv det til mig. Såfremt det overhovedet kan lade sig gøre, skal jeg udvælge de billeder, De bedst kan lide.

Hver af disse serier er virkelig raffinerede og elegante. Kvaliteten er meget høj, og prisen stadig kr. lo,- for 6 stk.

Jeg glæder mig meget til at høre fra Dem igen.

Skriver De snart?

De bedste hilsener

P.S. Husk at skrive rek. på kuverter med kontanter og sæt 65 øre på.

Freddy Weiss, der var filmfotograf på mange af Oles film, arbejdede videre for filmselskabet Venus Film efter at Ole stoppede med at lave porno.

Freddy Weiss, who was the DOP on many of Ole's movies, worked for the film company Venus Film after Ole stopped making porn.

af pornoblade og -film, samt etableringen af en decideret porno-industri, der hurtigt blev domineret af navne som *Topsy* og *Color Climax*. Det var de nye spillere i den danske sexbranche.

Selvom Ege havde god forretningssans og havde været en pioner i postordre-tiden, så havde han aldrig kun gjort det for pengenes skyld. Efter hardcore vandt indpas, havde han ikke hjertet med længere. Han var gået ind i branchen for kvindernes skyld: For at møde dem, fotografere dem, lære dem at kende. Og havde de aldrig fået selskab af mænd i søgeren, ville Ege have haft det fint med det også. Han havde altid forsøgt at skabe en slags kunst med sine billeder – og den kunst var hardcore både uimodtagelig for og ligeglad med.

I 1970 udgav han to film, der var mere ambitiøse af natur: *En sommerdag* og *Pornografi – en musical*. Den første var en 20 minutter lang dokumentar om Bodil Joensen, som han lavede på opfordring af og i samarbejde med den japansk-amerikanske kunstner Shinkichi Tajiri, mens den anden var en kavalkade af ti af hans kortfilm fra midt-tresserne og frem til udgivelsen. Begge film forsøgte at udstikke en ny retning for porno. *En sommerdag* var, med Tajiris ord, et forsøg på at "lave en øm dokumentarfilm om en helt speciel person, at tage sig tid til at undersøge og give menneskelig dybde til en person, der blev mishandlet som et todimensionelt sexfænomen." Det må siges – takket være blade som *Topsy* og *Color Climax* var Bodil blevet kronet som den våde og villige dronning af dyresex, og hendes billeder smykkede i rigt mål pornoforretningernes allerskumleste baglokaler. Denne film skulle vise noget om muligt endnu mere chokerende: Mennesket bag. Vi ser Bodil på arbejde med sine dyr – i dagligstuen omgivet af familiefotos mens hun har seksuelt samkvem med dyrene. Filmen vandt Grand Prix ved den første Wet Dreams Film Festival i Amsterdam i november 1970 og blev legendarisk.

Pornografi – en musical, en kavalkade af Eges kortfilm der kun lige rundede 54 minutters spilletid, havde også klare kunstneriske

 Ole Ege

hensigter. Jazz-koryfæet Dexter Gordon, der på det tidspunkt boede i København, bidrog med en stor del af filmens soundtrack og deltog i den dekadente premiere-fest i Eges private villa. Det var en af de første film, der udviste en skamløs glæde ved sex og som ikke pakkede sit indhold ind i litterære, kulturelle eller sociologiske rationaler. Det var bare ren sex.

I 1972 fulgte Ege op på disse to film med en kommerciel produktion med titlen Bordellet. Hans hensigt var at lave en hård, kommerciel porno-spillefilm, der portrætterede sex på en munter og fornøjelig måde, men han havde aldrig instrueret eller klippet en spillefilm før og resultatet manglede fremdrift, kontinuitet og narrativ sammenhæng. Men filmen var fuld af smukke piger, der så ud til at nyde det – og det kommer man langt med! Filmen ramte også sin samtid, og gjorde det godt både ved filmfestivalen i Cannes og sin premiere i København. Og så banede den vejen for Stjernetegns-serien – en hardcore pornokomedie i 6 dele – der startede året efter med I Jomfruens tegn.

Eges ambitioner rakte videre end til bare at lave porno, og efter Bordellet ville han undersøge, hvad livet ellers havde at byde på. Han ville gerne flytte til Tahiti for at studere Gauguin og havde også lyst til at lave en samtidig Danmarksfilm i stil med Poul Henningsen. Ingen af projekterne blev åbenbart til noget, og Ege endte med at flytte til landlige, lille Ærø. Han kom først op til overfladen igen i 1992, da han vendte tilbage til København for at åbne Museum Erotica og udgive bogen Erotiske drømme – som han fulgte op med Tabu – fra forbud til frigørelse i 2009.

I skrivende stund har Ege det godt – og han har bibeholdt noget af den joie de vivre, der karakteriserede det frigjorte Danmarks grundlæggere. For dem var sex noget, der skulle fejres.

Bordellet

Ole Ege

by Jack Stevenson

The release in 1965 of commercial feature films like I, A Woman and underground short films like Pornoshop by Jens Jørgen Thorsen, Novi Maruni and Niels Holt prompted the Danish media to dub it "the year of porn". Religious figures and conservative politicians were appalled, but across town in a cramped little cluster of rooms on Peder Huitfeldtsstræde a slender and soft-spoken man by the name of Ole Ege was somewhat less appalled as he trained his camera on one naked woman after another and clicked away. He was doing everything he could to make that prophesy come true.

No one in Denmark would be more active in the various phases of commercial pornography than this man. Taught the basics of still photography by a friend in the mid-50s, he transformed his bedroom in his mom's house into a makeshift studio and persuaded girls he met at Copenhagen's legendary Dixi Bar to pose for what were at first only mildly risqué photos. But he had drive and determination and he loved women, and when he finally managed to get a Swedish magazine called PinUp to print an ad for his fledgling operation, he also had a business. Until the late 50s Denmark had traditionally been an importer of porn and erotica, but now Ege and a handful of competitors were selling good old Danish-made smut to the wider world, helping to right the previous trade imbalance and to glorify or smear the reputation of Danish blondes – depending on one's perspective. Move over Sweden!

In the beginning he just stuffed a bunch of b/w stills into an envelope, addressed it by hand, licked a stamp and threw it in the mail box. But gradually his operation became more sophisticated and the photos grew more explicit. And he began to diversify, eventually producing 8 mm films as well and establishing himself as something of a "Danish Harrison Marks", the legendary English porn baron whom Ege frequently visited in London. Eventually he also offered product on the 16 mm format.

By 1967 Ege had achieved success beyond his wildest dreams. He had a relatively vast income, a villa in the fancy suburb of Gentofte,

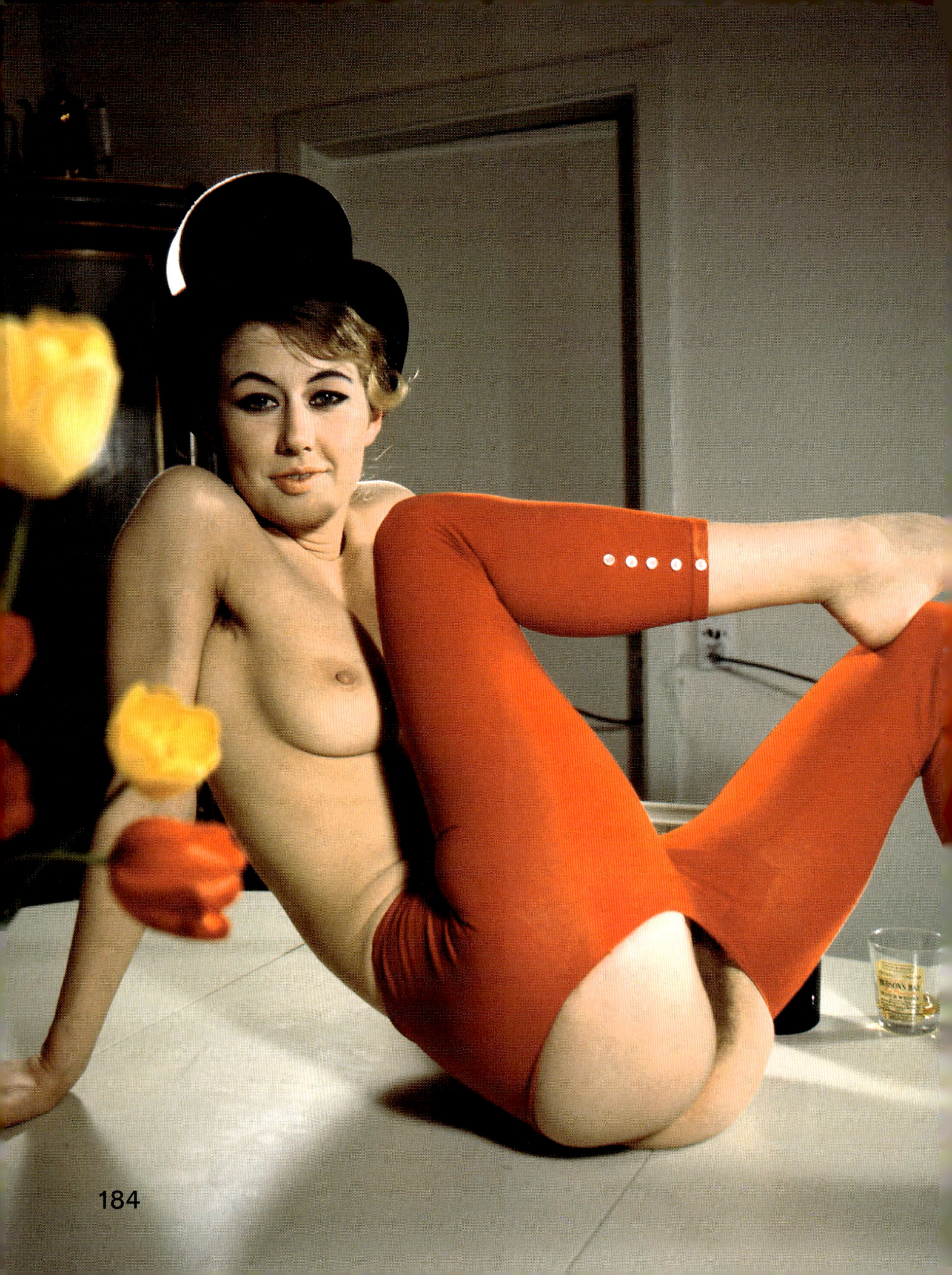

 Ole Ege

a luxury sex boutique called La Dolce Vita and a mint-condition white Mustang that he wheeled to work in everyday.

Explicit sexuality was quickly becoming more accepted in Danish society at large, but the ruling class was still a repressed and authoritarian lot who had yet to see the writing on the wall and through the mid-60s the police were aggressively harassing and busting porn producers at will. Ege had tangled with the law on many previous occasions and had always escaped with business intact, but now on one fateful January morning in 1967 police raided his production offices and carted everything away in a rented truck.

Ege and the 5 other Danish porn producers who police had also targeted were effectively out of business, at least temporarily. And the shelves of porn shops were suddenly left quite bare. But not for long as hardcore pornography from Sweden and England was smuggled in to replace the relatively innocent soft-core picture magazines that had been confiscated. This had obviously not been the intention of the raids, but now the die was cast: the era of hardcore had dawned and there was no turning back. Soft-core was no longer worth the paper it was printed on – no one would buy the stuff. Ege was forced to follow suit and "go hard" if he wanted to stay in business, and so he did, making a deal with a Swedish producer to get back on his feet, and then in 1968 founding a company called Marmalade Films for the production of explicit color film shorts. Things were evolving quickly in the realm of public sex culture, and, as noted elsewhere in this book, all censorship of the written word was abolished in Denmark in '67, and in the summer of 1969 so too was image censorship abolished. This gave rise to a flood of pornographic magazines and movies and the establishment of a proper porn "industry" which was quickly dominated by the likes of Topsy and Color Climax. They were the new lads on the block in Danish sex publishing.

CHAMPAGNE I CANNES: HJEM MED MILLIONER

Anders Sandberg var den mest tilfredse danske producent i Cannes. Her spenderer han champagne til Ole Ege, der har instrueret »Bordellet«, og Ulla Ege, der har en af hovedrollerne

Verdenspremiere på ny dansk pornofilm i Cannes – og mændene bag tjener millioner

Af JOHNNY JOHANSEN, SE og HØRs udsendte medarbejder i Cannes

Der er 15 velskabte piger med i Ole Eges film – men han prøvefilmede 150, inden han fandt de flotteste

Film-festivalen i Cannes bød på to forestillinger, hvor tilstrømningen var så enorm, at publikum måtte sidde på gulvet ude på ydergangene: »En aften i operaen« med Marx Brothers og den danske pornofilm »Bordellet«. Men medens Groucho Marx sad i æresloge, måtte den kvindelige hovedperson i den danske film, Ulla Ege, sidde blandt de mange på gulvet for overhovedet at overvære sin egen films verdens-premiere.

Der er stadig salg i dansk porno. Franskmændene og de mange opkøbere faldt for Ole Eges pikante udførelse med virkelig attraktive modeller. Adskillige gange i løbet af filmen lød klapsalverne op til aktørerne på lærredet.

Filmen – der blev vist uden for det officielle program – bli'r en dansk million-sæller. Producenten Anders Sandberg spenderede champagne til Ole Ege og hans kone Ulla, da den første million kroner var tjent hjem i kontrakter.

– Jeg er helt sikker på, at den film spiller mindst fem millioner kroner hjem. Kontrakter til mere end en million kroner er allerede underskrevet her i Cannes – og jeg forhandler fortsat med så store lande som USA og Japan, fortæller Anders Sandberg.

Det nøgne look

Det er stadig et væsentligt aktiv at have smukke, nøgne piger med, når danske film skal sælges til udlandet.

25. maj-1. juni 1972

»Snehvide«-succes

Den danske film-industri har solgt for million-beløb i Cannes – på frisind.

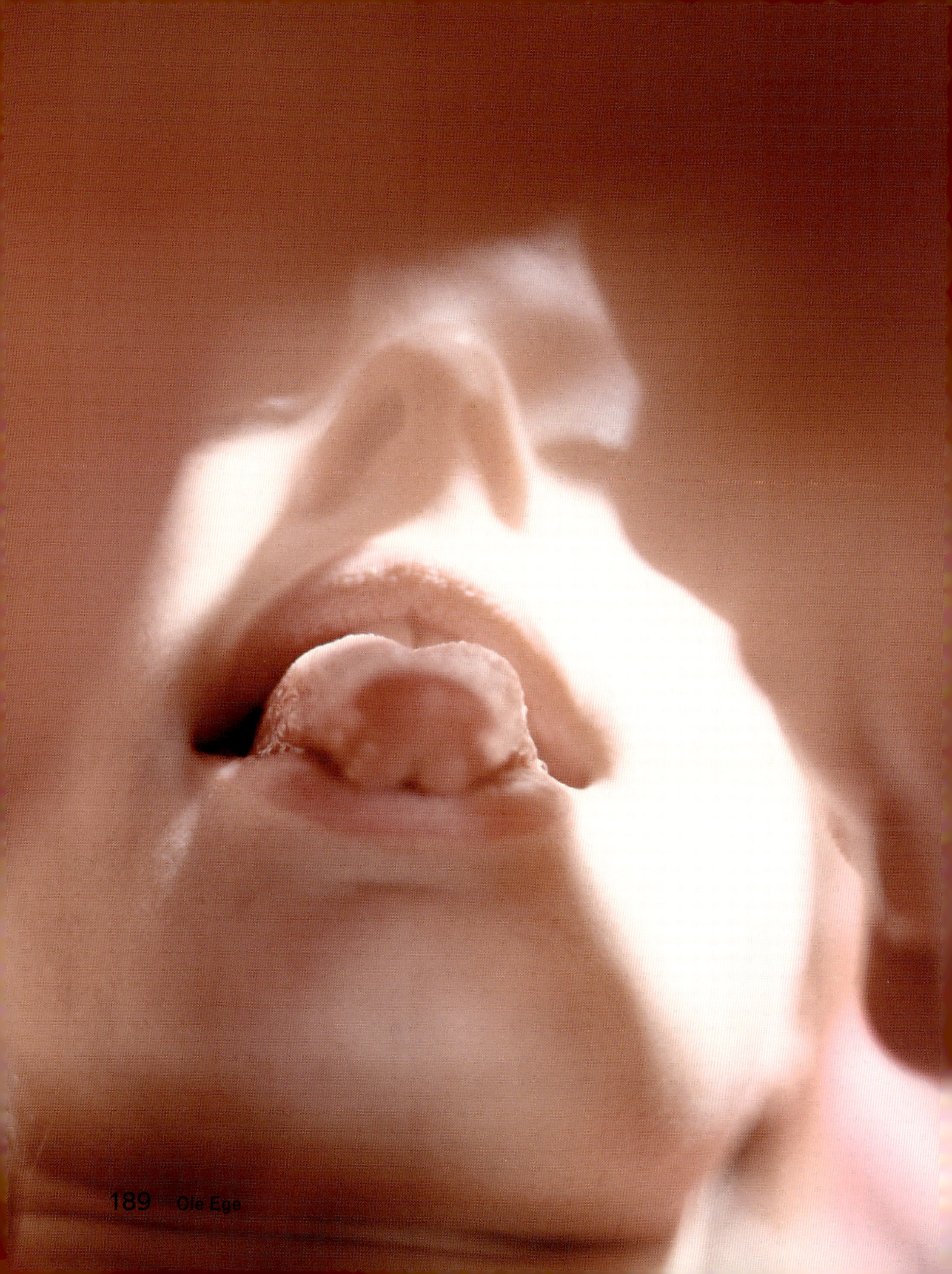

 Ole Ege

Although Ege had a proven sense for business and had been a pioneer in the early mail-order trade, he had never been in it just for the money, and after hardcore took over his heart just wasn't in it. He had been in it for the women; to meet them, to photograph them, to know them, and had they never been joined by men in the picture frame he would have been just as happy. And he had always tried to create some kind of art with his images. Hardcore was impervious to and indifferent to art.

In 1970 he released two films of a more ambitious nature: A Summer Day, and Pornography – A Musical. The first was a 20-minute documentary about Bodil Joensen he made at the behest of and in cooperation with the Japanese-American artist, Shinkichi Tajiri, and the second was a compilation of 10 of his short films that spanned from the mid-60s to present day.

Both films tried to take pornography in a new direction. A Summer Day was, in the words of Tajiri, an attempt to "make a tender documentary about a very special person, to leisurely investigate and give human depth to a person who was being abused as a two-dimensional sex phenomenon." Indeed – thanks to magazines like Topsy and Color Climax Bodil had been crowned the fuck-and-suck queen of bestiality and her images already richly adorned the kinkier back corners of porn shops. This film would show something even more shocking – her human side. We see Bodil at work with her animals, in her living room with framed photos of her family and engaged in sexual intercourse with the animals. It won the Grand Prix at the first Wet Dreams Film Festival in Amsterdam in November of 1970, and became the stuff of legend.

Pornography – A Musical, a compilation of his short films that weighed in at a sparse 54 minutes, also exhibits clear artistic intent. Jazz great Dexter Gordon, who resided in Copenhagen at that point, provided much of the soundtrack and attended the film's decadent opening bash held in Ege's own villa. It was one of the first films to demonstrate an unapologetic zest for sex and not to veil its content in the trappings of literary, cultural or sociological rationales. Sex for the sake of sex.

Ege followed up these efforts in 1972 with a commercial film entitled Bordello. His intention was to make an explicit commercial porn feature that depicted sex as a light-hearted and joyous affair, but he had never directed or edited a feature before and it lacked pace, continuity and narrative coherence. But it had nice looking gals and they seemed to enjoy the sex – good enough! And it was right for the times, enjoying a hit run at the Cannes film festival and in its Copenhagen release, and paving the way for the Zodiac series – a six-part hardcore porn comedy series – that kicked off the following year with Danish Pastries.

Ege had grander ambitions than to just grind out porn, and after Bordello he wanted to explore other areas of human experience. He wanted to move to Tahiti and study Gauguin, and he wanted to make a contemporary "Danmarks film" in the style of Poul Henningsen. Neither project apparently came to fruition and he ended up moving to the bucolic little island of Ærø. He did not resurface until 1992, returning to Copenhagen to found the Copenhagen Erotic Museum and to publish the book, Erotic Dreams, and – in 2009 – Taboo – From Prohibition to Liberation.

Still alive and well at time of writing, Ege has retained a bit of the joie de vivre that motivated the founders of liberated Denmark. To these people sex was something to celebrate.

Det offentlige rum

af Ole Lindboe

> "Man risikerer at se billeder, der viser at kvinder tager mænds lem i munden og slikker på den."

Så kraftigt advarede højesteretsdommer Jørgen Trolle politikerne i 1968 mod at frigive billedpornografien. Men stormløbet mod forbuddene var begyndt med frigivelsen af den skriftlige pornografi året før, og antallet af frække udgivelser underminerede dag for dag politiets beslaglæggelser og forbuddets mening.

Debatten var hidsig og hektisk. De kristelige og det bedre borgerskab var allerede i chok over svineriet. Og Trolle fik såmænd ret. For få år efter kunne man i butikker på Strøget netop se billeder af kvinder, der tog mænds lem i munden. Det konservative folketingsmedlem Poul Schlüter stillede i Folketinget spørgsmålet til justitsministeren: "Kan der dog ikke sættes en stopper for disse uhumske pornobutikker på Strøget i København?" Hele otte butikker på Københavns fornemste butiksgade solgte nemlig frække blade, hvor kvinderne bestemt ikke bare nøjes med at tage mændenes lem i munden. Missekatten var så at sige sluppet ud af sækken (eller ud af kjolen, om man vil). Pornografien havde sejret sig ind i danskerne bevidsthed – og i det offentlige rum. I enhver velassorteret bladkiosk kunne blade som Ugens Rapport og Express levere store bryster, kvindelig kønsbehåring ad libitum og svulmende smækre bagdele lige op i synet på folk, der blot var kommet for at købe en tipskupon eller en pakke smøger. Supermarkederne fulgte hurtigt efter. Og kvikke mundheld som, "Gir du kaffe og kage, så gir jeg frem og tilbage" vidste snart enhver hvad betød.

Den danske folkekomedie med Morten Korch og Far til Fire som garanti for de danske værdier lod sig også vælte omkuld i madrassen. Det startede med filmatiseringen af Soyas Sytten. Og så dukkede Det tossede Paradis op, med så folkekendte stjerner som Dirch Passer, Karl Stegger og Judy Gringer. Danskere i alle aldre strømmede til biograferne – selv om filmcensuren satte grænser ved de 16 år.

The sweet Life
Das süsse Leben
La dolce Vita
1972
TOURIST GUIDE
COPENHAGEN

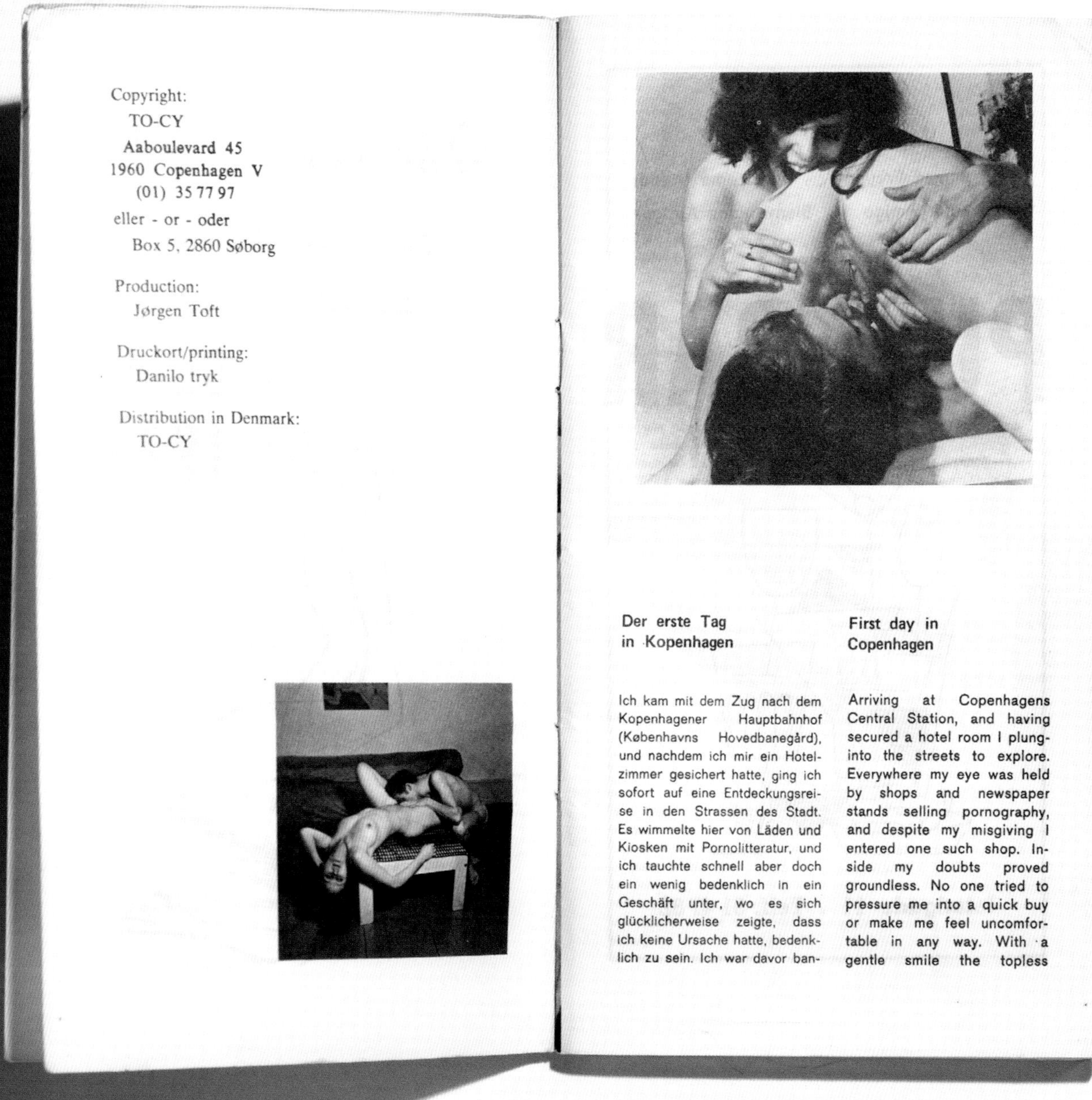

Copyright:
TO-CY
Aaboulevard 45
1960 Copenhagen V
(01) 35 77 97
eller - or - oder
Box 5, 2860 Søborg

Production:
Jørgen Toft

Druckort/printing:
Danilo tryk

Distribution in Denmark:
TO-CY

Der erste Tag in Kopenhagen

Ich kam mit dem Zug nach dem Kopenhagener Hauptbahnhof (Københavns Hovedbanegård), und nachdem ich mir ein Hotelzimmer gesichert hatte, ging ich sofort auf eine Entdeckungsreise in den Strassen des Stadt. Es wimmelte hier von Läden und Kiosken mit Pornolitteratur, und ich tauchte schnell aber doch ein wenig bedenklich in ein Geschäft unter, wo es sich glücklicherweise zeigte, dass ich keine Ursache hatte, bedenklich zu sein. Ich war davor ban-

First day in Copenhagen

Arriving at Copenhagens Central Station, and having secured a hotel room I plung- into the streets to explore. Everywhere my eye was held by shops and newspaper stands selling pornography, and despite my misgiving I entered one such shop. Inside my doubts proved groundless. No one tried to pressure me into a quick buy or make me feel uncomfortable in any way. With a gentle smile the topless

Hurtigt opstod en ny genre, de såkaldte sengekantsfilm, hvor stribevis af folkekære danske skuespillere gik med på de erotiske løjer.

Et stort højdepunkt i de år var den første sex-messe nogensinde, også på verdensplan, som fandt sted i KB-Hallen på Frederiksberg. Leo Madsen, kendt pornogrosserer, og brødrene Theander – kendt for deres mange erotiske udgivelser – var blandt initiativtagerne. Messen åbnede efter enorm presseinteresse i oktober 1969. Mere end 300 journalister fra hele verden var mødt op for at rapportere om dette særlige danske fænomen. "Syndens land", lød avisforsidernes overskrifter verden over. Og i flere timer før messen åbnede, var der lange kødannelser uden for KB-Hallen. Mere end 800 meter lang var køen på et tidspunkt, opmålte en avis det til. Og ventetiden for at komme inden for til kødets lyster var mere end tre timer. Men ventetiden satte kun ekstra gang i de herligt lumre fantasier. 80 pct. af de entusiastiske gæster var mænd, og der blev gået til den indenfor. Live shows for åbent tæppe, filmforevisninger i små rum og vaskeægte pornomodeller, der nøgne vimsede

RA BLADET — mandag den 12. juli 1971 side

HUSK AT ELSKE

TIVOLI

Kl. 9–14: 1 Kr. – Kl. 14–24: Kr. 2.50
Børn (under 12 år): Halv pris

Plænen kl. 19 og 22.30: Artistoptræden
Pantomimeteatret
Kl. 19.45: Kassander som bødker
Kl. 21.45: Harlekins millionær, ballet
Koncertsalen kl. 20, gratis adgang: MUSICAL YOUTH INTERNATIONAL
Dir. E. Downing og R. Voorhees
Taverna kl. 20–24: Dixieland – New Orleans – Dancing
Tivoli-Varietéen kl. 19.30 og 21.30: TOMMY STEELE SHOW

Torsd. 15. juli kl. 20 i Koncertsalen:
5. SYMFONIKONCERT
Dirigent: Alvaro Cassuto
Haydn: Symfoni nr. 88, G-dur
Brahms: Symfoni nr. 1, c-mol
Bill. à 5, 8 og 12 kr. tlf. 151012 kl. 12-20

Bakken
Friluftsscenen kl. 20.30
Det amerikanske luftnummer
FRANCARRO & ESTRELETA
LIZ FRANDSEN
med sit berømte potpourri »Rullen går«
HUSK: Feriefest onsdag kl. 13 prof. TRIBINI præsenterer VETERANBIL-OPTOG
Bakkekroen OVE SOPP
SMIL MED OS I ØLGOD

CIRKUSREVYEN
Søndag, mandag og tirsdag kl. 20 samt onsdag, torsdag, fredag og lørdag kl. 18.30 og 21.15
DIRCH PASSER
LILY BROBERG
POUL BUNDGAARD
DAIMI - ULF PILGAARD
BIRGIT LYSTAGER
1 uges forsalg - Hver dag fra kl. 10
ORdrup 3802
De kan også købe billetter i B.T.-Centralen og Amager Kiosk

Cirkusbygningen
BENNEWEIS
HVER DAG kl. 20
ONSD. LØRD. SØND. kl. 16 og 20
Forsalg hver dag kl. 12-18
(01) 14 44 43 - (01) 14 21 92
6 dages forsalg

DRAGØR STRANDHOTEL
Årets revy! Hidtil udsolgt!
Hverdage kl. 20 – Lørdag 18 og 21
DRAGØR REVYEN
SIGRID HORNE R. JØRGEN RYG CHRISTA RASMUSSEN BUCKHOJ HERRESTRUP m.fl.
Tlf. 53 33 53

Biografteatre

ATLANTIC AS 6212 eft. 17 Kl. 19.30
SOMMERPARADE
1 dag mandag-torsdag. F.u.16

ALEXANDRA
151601 kl. 14 og 16.15 og 19 og 21
Hverd. eftm. 2 kr. billigere pr. billet
Den franske filmkomedie i farver
SIKKEN FAR – SIKKEN SØN
(Le cinema de papa)
En film af CLAUDE BERRI
JAMEN, DER GÅR GODE FILM OM SOMMEREN.
★★★★★ Knud Schønberg, Ekstra Bladet
Udl. DAN-INA Fil

AMAGER BIO Kl. 7 - 9.15 58 20 76 f. 5
JOHN OG MARY
En film om alle unge - for alle unge med Dustin Hoffman og Mia Farrow
I morgen: MIG OG MIN LILLEBROR OG STORSMUGLERNE

BELLEVUE Teatret, hvor taget kan åbnes
OR 4096 fra kl. 5 — Kl. 7 og 9;
PETER SELLERS · GOLDIE HAWN
Der er en pige i min suppe
Kun få dage

bil-bio RØDOVRE CENTRUM
Kl. 21.15 T.o.12 70 71 31
RE-PREMIERE
-FOR FULD RACE-
SÆSONENS FORRYGENDE RACERFILM
GRAHAM HILL 2 GANGE VERDENSMESTER I FORMEL 1
GIACOMO AGOSTINI 8 DOBBELT VERDENSMESTER
FORMEL 1 RACING DRIVERS
NÅDELØSE DUELLER MELLEM RACERBANENS GIGANTER!

birkerød bio 815005 f. 17.30 19-21.10. F.u.16
BARQUERO
Lee van Cleef - vestens James Bond

BISPEBJERG BIO TA 9811 f. 6
Frederiksborgvej 86 Kl. 7 og 9
ENESTE TEATER!
Anneliese Hovmands danske porno spillefilm
ET DØGN MED ILSE
Live Show og andre stærke ting til biografpris

carlton
66 Vesterbrogade 31 95 01 fra 12. Kl. 2-4.15-7-9
PREMIERE
PORNOGRAFI
Fornyelse og variation med 22 dejlige damer
Dansk farvefilm af Ole Ege
Musik Dexter Gordon
FORB. F.B.

Ekstra Bladets

BIO LYNGBY Kl. 7-9.10 fra 6 Jernbv. 8 - 87 26 00
STEVE McQUEEN ER 'BULLITT' F.f.B.
han gør rent bord i et snavset job

camera Sdr. Boulev. 81 21 55 77 f. kl. 18
Bemærk KUN kl. 20.00
Lidt forhøjede priser
Har De set TOMMY STEELE i hans TIVOLI-SUCCES
så gense ham i hans succes – den romantiske musical
Half a Sixpence

COLOSSEUM Kl. 7 og 9 TA 505 f. 6
DANMARKS-PREMIERE
skrappere end den bedste
»DJANGO«
DE KOM FOR AT DRÆBE
ALLE FRYGTEDE DEM – DE SKØD, FØR DE SPURGTE!
HORST FRANK
GEORGE HILTON
WALTER BARNES

Dagmar
Fors. incl. søndag f. 12 tlf. 14 32 22
Kl. 13 - 15 - 17 - 19 - 21
Vi har været glade for
Milos Formans Taking Off
Mange har glædet sig over
Milos Formans Taking Off
Mange kan endnu glæde sig til
Milos Formans Taking Off
NU 8. UGE
Milos Formans Taking Off

DRIVE IN BIO
FARUM KL. 21.30
Billetsalg på stedet fra en time før
FORBUDT FOR BØRN
FARVEFILMEN efter SOYAS Novelle
Sæsonens største, sjoveste og »frækkeste« lystspil i farver
Ole Søltoft – Annie Birgit Garde – Birthe Tove
Axel Strøbye – Karl Stegger – Paul Hagen m.m.fl.
MAZURKA PÅ SENGEKANTEN

FASANBIO 340089 f. 6. Kl. 7-9.10
Paul Newman - Robert Redford
BUTCH CASSIDY and the KID

GENTOFTE GE 3350 f. 5
Kl. 7-9.10: Francois Truffaut's
SILKEHUD - F.u.16

GRAND
Baby Maker
BARBARA HERSHEY
– konstant underholdende. Pol.
Det er en fantastisk spændende film. ★★★★ Eks. Bl. 2. MÅNED

Fr.sundsvej 304 - BE 8200 f. kl. 18
husum
Kun i dag kl. 19 og 21.10. T.o.12
BANKEN sprænges KL. 11
Den bedste film nogensinde om alle tiders bankkup.
Linie 5 og 7 til døren

PREMIERE
imperial Ved Vesterport St. 11 18 21 Kl. 12-6
kl. 2 · 4.15 · 7 · 9.15
FUGLEN MED KRYSTALFJERPRAGTEN
The BIRD with the CRYSTAL PLUMAGE
TONY MUSANTE
SUZY KENDALL
EVA RENZI
Gys og spænding.... der er på højde med HITCHCOCKs bedste.

ISLEV bio P
70 45 00 fra 18 - Kun kl. 19.10 - F.u.16
Helaftensfilmen ØRNEBORGEN

KASTRUP 505507 f. 18. Kun kl. 20
John Wayne i RIO LOBO
Superfilm + 1 kr. - Fb.u.12

KINO-LYNGBY
87 09 70 - Kl. 7.10 - 9.10
CHABROL-filmen
VENINDERNE
Raffineret billedkunst og æggende spil
Svend Kragh-Jacobsen

KINOPALÆET/ASA BIO
Kl. 2 - 4.15 - 7 - 9.15
CLINT EASTWOOD
Iscenesat af mesterinstruktøren: SERGIO LEONE
EN NÆVEFULD DOLLARS
Bedemanden MÅTTE USTANDSELIG PÅ OVERARBEJDE
FORBUDT FOR BØRN

MERRY Kl. 7 - 9.15 AM 836 fra 5
JOHN WAYNE
RED RIVER

METROPOL
Tlf. 15 15 10 fra 12
Fors. sond. incl. 15 15 16
Kl. 2 - 3.30 - 5
5. UGE!
Walt Disney's OSCAR-SHOW
Præsenteret af PREBEN NEERGAARD
PREBEN KAAS & JESPER KLEIN
TECHNICOLOR
Kl. 7 og 9.15 - F.u.
3. MÅNED I KØBENHAVN
ENGLISH SUBTITLES
HVORFOR GØR DE DET
PIGEN OG TYREN
LESBISKE PIGER
SAMLEJER
ADVARSEL:

NYGADE
Kl. 2.00, 3.50, 5.40, 7.30
English subtitles - 7. U
SEX
intim massage
homofilt show
FORB. F.B.
EKSTRA: MISS WORLD

PALADS
Kl. 2 - Kl. 4.15 - Kl. 7.10
Forsalg til søndag incl.
NU KAN DE IGEN
den charmerende danske farvefilm
TRE SMÅ PIGER
frit efter WALTHER KOLLOS dejlige operette
DAIMI · SUSSE WOLD
MALENE SCHWARTZ
POUL BUNDGAARD
OVE SPROGØE
OLE SØLTOFT
BODIL UDSEN · KARL STEGGER
FLOT! FESTLIG! FOLKELIG! FORNØJELIG!

rundt og delte brochurer og smil ud, mens de viftede med yndighederne. Da messen sluttede om søndagen havde der været mere end 50.000 gæster forbi og var vendt hjem med film (Super 8), hæfter og glade oplevelser.

Halvandet år senere forsøgte de samme arrangører sig med en ny messe. Men denne gang var interessen kølnet. Kun 5.000 lystne gæster dukkede op, og messefolkene måtte lukke og slukke med et solidt underskud.

Tidens store rejsekonge, den bevidst udfordrende og provokerende Simon Spies, var naturligvis også med på at demonstrere sit frisind. Han havde i nogen tid underholdt formiddagspressen og ugeblade med sit forbrug af morgenbolledamer. Men mange mente den frække rejsekonge gik over stregen, da filmmanden Ole Ege i 1972 indbød til premiere på sin nyeste film Bordellet. Simon Spies mødte i højt humør op til afterpartyet på Husmanns Vinstue i det indre København, og da flere af gæsterne begyndte at smide tøjet, tøvede den langskæggede rejsekonge ikke med at følge trop. Og da andre lagde an til lidt gruppesex foran pressefotografernes blitzglimtende kameraer holdt Spies sig heller ikke tilbage. Og chokerede avislæsere og ugebladslæsere i ind- og udland kunne i dagene efter nærstudere billederne af en viril (sådan da) og fornøjet rejsekonge filtret ind i unge piger.

Men størst tumult i ind- og udland blev der, da filminstruktøren Jens Jørgen Thorsen proklamerede, at han ville filmatisere Jesus sexliv. Thorsen havde i 1970 med et vist held filmatiseret Henry Millers Stille dage i Clichy og nu meddelte han, at han ville søge om statsstøtte til sin Jesus-film, som angiveligt skulle indeholde saftige sexscener med Jesus.

KÆMPERAZZIA'EN DER SKAFFEDE PORNO FOR 10 MILLIONER

Leo Madsen: Hylderne er tomme, men jeg forstår ikke et klap. Hvad er porno egentlig?

Kriminaloverbetjent Børge Mortensen og politiadvokat Birger Wilcke hos Betex, hvor 300.000 blade blev forseglet bag lås og slå. Det er dyrt. (Kriminalbetjent Jørn Sørensen til højre).

Men hvad er porno? spørger både politi og sexforhandlere efter kæmperazzia'en i København, Gentofte, Gladsaxe og Helsingør

Et halvt hundrede politifolk og lige så mange sex-forlag, lagre og forretninger med over en million sex-blade, do. -billeder og -foto-serier til en salgsværdi af omkring 10 millioner

porno og snyder skattevæsenet, sagde en anden forhandler og importør af sexartikler, men vi har store forretninger med mange ansatte, der

tige. Hvad er meningen. Vor omsætning er på mange tusind hver måned. Det kan man ikke pludselig stoppe. I hvert fald, i andre brancher kan man altid få myndighederne til at sige, hvad der er tilladt og hvad ikke.

Konkurrence

— Det er spekulation, siger politiet. De herrer tjener næsten 95 procent på deres ting. De sælger et blad til 18 kroner, fordi folk ikke

konkurrere om kvalitet og dejlige damer — ikke smuds. Det er ikke et spørgsmål, der kan behandles tilfældigt. Salget skal være frit for interesserede — og de er mange. Så kan vi lade være at udstille, så børn og ældre tager skade. Sex er også af det gode. Det er voksne mennesker, vi henvender os til. Også de, der selv har fået børn.

Bliver dyrt

— Det hele er Freddy om igen.

Porno
P1
IN COLOR

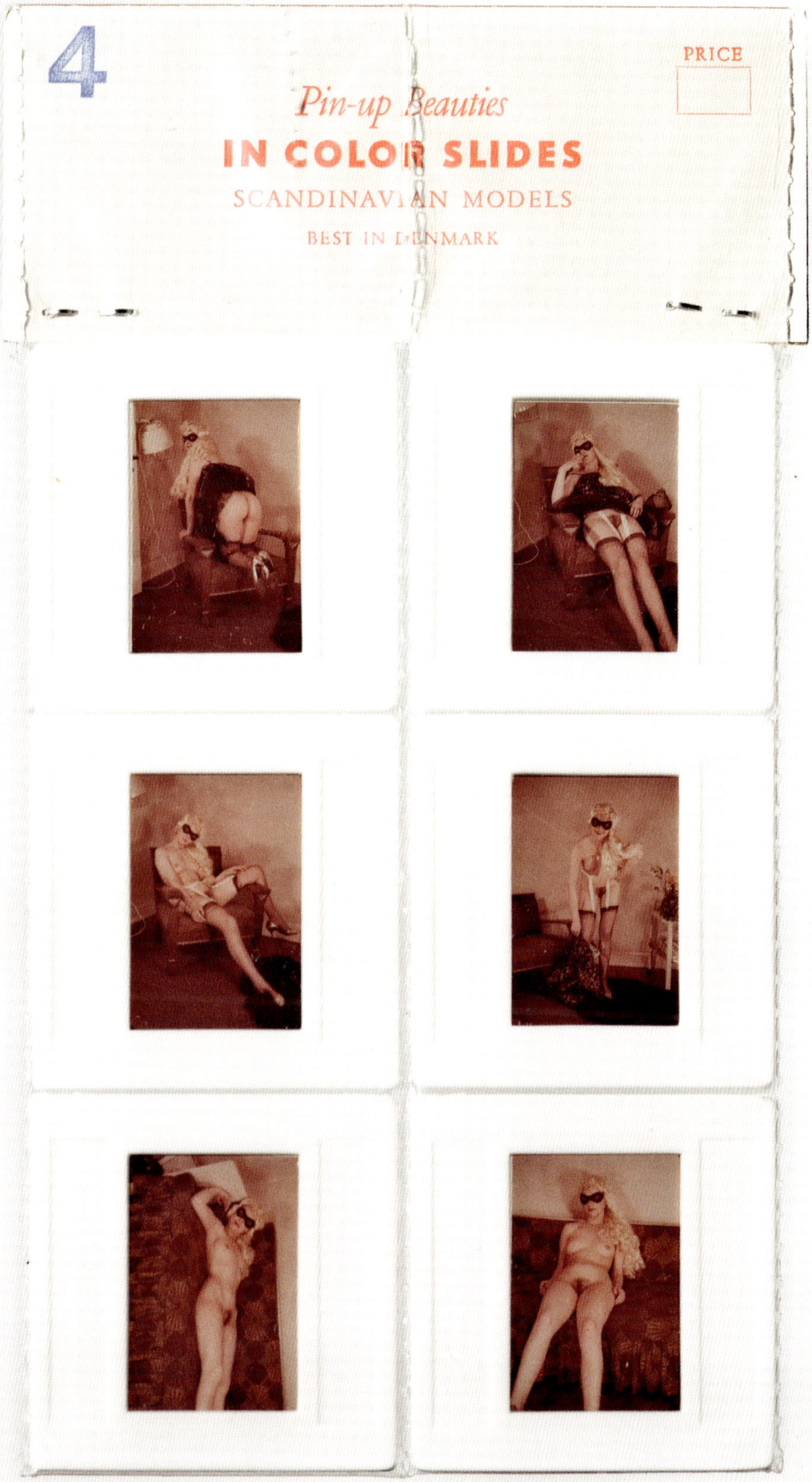
4
PRICE
Pin-up Beauties
IN COLOR SLIDES
SCANDINAVIAN MODELS
BEST IN DENMARK

Manuskriptet udkom som bog i 1975. En sand medietyfon brød løs, allerede ved nyheden. Selveste paven tog afstand fra det ukristelige projekt og den engelske dronning udtalte sin klare afsky, selv om der ikke eksisterede den mindste filmstrimmel. Filmen blev først til noget i 1992, under titlen Jesus Vender Tilbage, men nogen succes blev den langtfra. Gassen var gået af ballonen. Men Thorsen havde inden da fået reklame for alle pengene.

Der var ingen tvivl om, at vi levede midt i en sextid. Og Danmark fik sine første store sexprofeter, som vi hurtigt kom på fornavn med: Inge og Sten. De var psykologer og blev brevkassebestyrere på en af landets største aviser, Ekstra Bladet, med en ugentlig spalte om sexlivets udfoldelser. Deres motto var: "Lykken er at vide, hvad der er normalt – og det normale har vide rammer". Og de to brevkasseredaktører slog et særligt slag for kvinders ret til orgasme. Hver mandag, hvor sexbrevkassen blev trykt, solgte avisen mange tusinde ekstra eksemplarer. Inge og Sten udsendte desuden en bestsellerbog, Kærlighedens ABZ, som blev trykt i flere hundrede tusinde eksemplarer og kom til at stå i mange danske hjem.

Ekstra Bladet var i det hele taget i første front, når det gjaldt det seksuelle frisind. Avisen lancerede det, der skulle blive et begreb i dansk dagspresse, nemlig Side 9-pigen. Her var det især ganske almindelige piger alias "naboens datter", som fik lov til at fremvise deres nøgne yndigheder. Og overalt i skurvogne og på mekanikerværksteder kunne man se Side 9-pigen vise sine ynder.

Pornoen var kommet ind i hverdagen. På mange danske gadehjørner stod eksempelvis automater – der tidligere havde forsynet publikum med cigaretter og slik – nu velforsynede med frække blade. Og udlændinge kunne endda i Københavns Lufthavn finde tilsvarende automater og således hjemkøbe sig en karakteristisk souvenir fra selveste "Syndens land".

SI
kunne
ers friste
til sex
stengulv i en
rant i det indre
avn oplevede
mon Spies på
en, der stadig lever
prøveægteskab med
kunne slet ikke
n, da de lække
kende i sex-filmen
attakerede ham
okket på dansegulvet
ulle Simon Spies
blive gift med Inger
han sikkert betragte
n som sin polterabend
hidtil bedste. Forman
mmet i kyndige hænder
r let at rive med, da
om med fristende op
Spies' sex-show fan
et tidspunkt, da selska
budte til premiere-fest
at være i opløsning
nen med skøn-
re er det Ulla
se Petersen
forløb af den megen omtalte
instruktøren af »Bordellet«, Ole
Han ses til venstre i samtale med

sex 69
21.-26. oktober 1969
hver dag kl. 16-24
Personer under 18 år
ingen adgang
VERDENS FØRSTE SEXMESSE
K.B. Hallen
foto og lay-out jens theander
AL FILM og FOTOGRAFERING FORB
ag hele
hånden
NEMA
kl. 11 & 14.
nye Afrika-
og emuer!
kører 10–17.
i regnvejr.
og 15
JEG KAN

NR. 15 — 1. ÅRGANG

DET

27. oktober 1970

Løssalg 2.85 incl. moms

DET BLI'R MÅNEDS-BLAD

Læs lederen side 2

DET's ILSE BLI'R STAR

men bli'r hun brugt rigtigt!

Læs side 14

LÆS OM MARGRETHE OG ANDRE SKØNHEDER... side 10

PORNO-PRÆSTEN OG PSEUDONYM-KONGEN

præsenteres i artiklen »De skrev pornoen« side 2-3

Grønlænderne må ikke læse porno

Redaktøren for landsdelens eneste avis udøver statscensur Læs side 9

Sex in public

by Ole Lindboe

"You risk seeing images of women inserting male members in their mouths and licking on them."

So forcefully did Supreme Court Justice Jørgen Trolle warn politicians against repealing the ban on pornographic imagery in 1968. But the attack on bans had begun the year before when censorship on the written word was lifted, and the sheer number of saucy publications undermined both police sequestrations and the good sense of having the ban in place at all.

The debate was furious and hectic. The church and the upper class were already taken aback by all this filth. And Trolle was proven right. A few years later, you would be able to see pictures of women inserting male members in their mouths on the main Copenhagen shopping street. Conservative MP Poul Schlüter asked the Attorney General: "Can we not put a stop to these filthy porn peddlers on the Copenhagen high street?" There were 8 shops on Copenhagen's finest shopping street that sold dirty mags, in which the women did most definitely not stop at inserting male members in their mouths. The pussycat was well and truly out of the bag – or dress, if you so prefer. Pornography had won the minds of the Danes – and their public spaces. At any well-stocked kiosk, magazines like Ugens Rapport and Express would force titties, pubes and juicy, hot asses on people who had really only come for the pools or a packet of cigarettes. And supermarkets would soon follow suit. In no time, everybody knew the true meaning of phrases like "Have me over for tea – I'll bring the roll".

The Danish popular comedy, with Morten Korch and Father of Four as the guardians of Danish values, also took a tumble. It began with the screen version of Soya's Seventeen. Then, Crazy Paradise appeared with beloved stars like Dirch Passer, Karl Stegger and Judy Gringer. Danes of all ages besieged movie theatres – despite the fact that the movies were rated 16⁺. A new genre quickly appeared – the so-called Bedside-movies – where popular Danish actors took part in the erotic shenanigans.

A major high point during these years was the world's first ever sex fair, which took place in KB-Hallen on Frederiksberg. Leo Madsen, the known porn merchant, and the Theander brothers – who were known for their many erotic publications – were among the organizers. The fair opened to enormous press coverage in October 1969.

More than 300 journalists from all over the world had come to report on this distinctly Danish phenomenon. "Land of Sin", headlines read the world over. And in the hours before the fair opened, the lines were forming rapidly outside the KB-Hallen. At one point, the line was more than 800 metres long, according to one newspaper's measurements. And the wait to experience these carnal pleasures was more than three hours. But the wait only augmented the deliciously lewd phantasies. 80% of the enthusiastic visitors were men, and they got to see some real action. No-holds-barred live shows, showings in small rooms and true-to-life porn models who paraded around naked, handing out leaflets and smiles while strutting their stuff. When the fair closed on Sunday, more than 50,000 visitors had come and gone – with films (Super 8), magazines and good experiences.

18 months later, the same organizers put together a new fair. But this time interest had waned. Only 5,000 lusty visitors appeared and the organizers had to close the fair at a substantial loss.

The king of travel at the time, the deliberately rebellious and provocative Simon Spies, was also more than ready to show his free spirit. For some time, he had been entertaining the tabloids and weeklies with his "morning ladies". But many felt the naughty travel king crossed the line when filmmaker Ole Ege premiered his latest film Bordello in 1972. Simon Spies attended the afterparty at Husmanns Vinstue in downtown Copenhagen in high spirits, and the bearded travel king did not hesitate to follow suit when some of the guests began to disrobe. When an orgy began in front of the photographers' flashing cameras, Spies also joined in. In the following days, shocked readers of newspapers and weeklies at home and abroad were able to study pictures of a virile (well, sort of) and happy travel king entangled in young women.

rolling BALLS
A TOPSY PRODUCTION
SEX
GANZ IN FARBEN • FULL COLOUR
GIANT
RAPID STREAMS
SEXUAL INSTRUCTION
SEX
COLOUR
Z
SEX ORGIE
Lesbian Love
FULL COLOR • GANZ IN FARBEN
COLOR 8
COLOR 7
SPERMA
COLOR CLIMAX
PORNOGRAPHY IN COLOR
COLOR QUARTET
FULL COLOR
ANAL·SEX
FULL COLOR GANZ IN FARBEN
B SEX
Clover-sex
Satisfaction
LOLA 14 ÅR
mr.
8½
sex
POLYGAM

COLOR MIX
4
PRIVATE
PRIVATE
EXTASE
PRIVATE
PRIVATE
PRIVATE
COLOR CLIMAX
PRIVATE
Strip poker

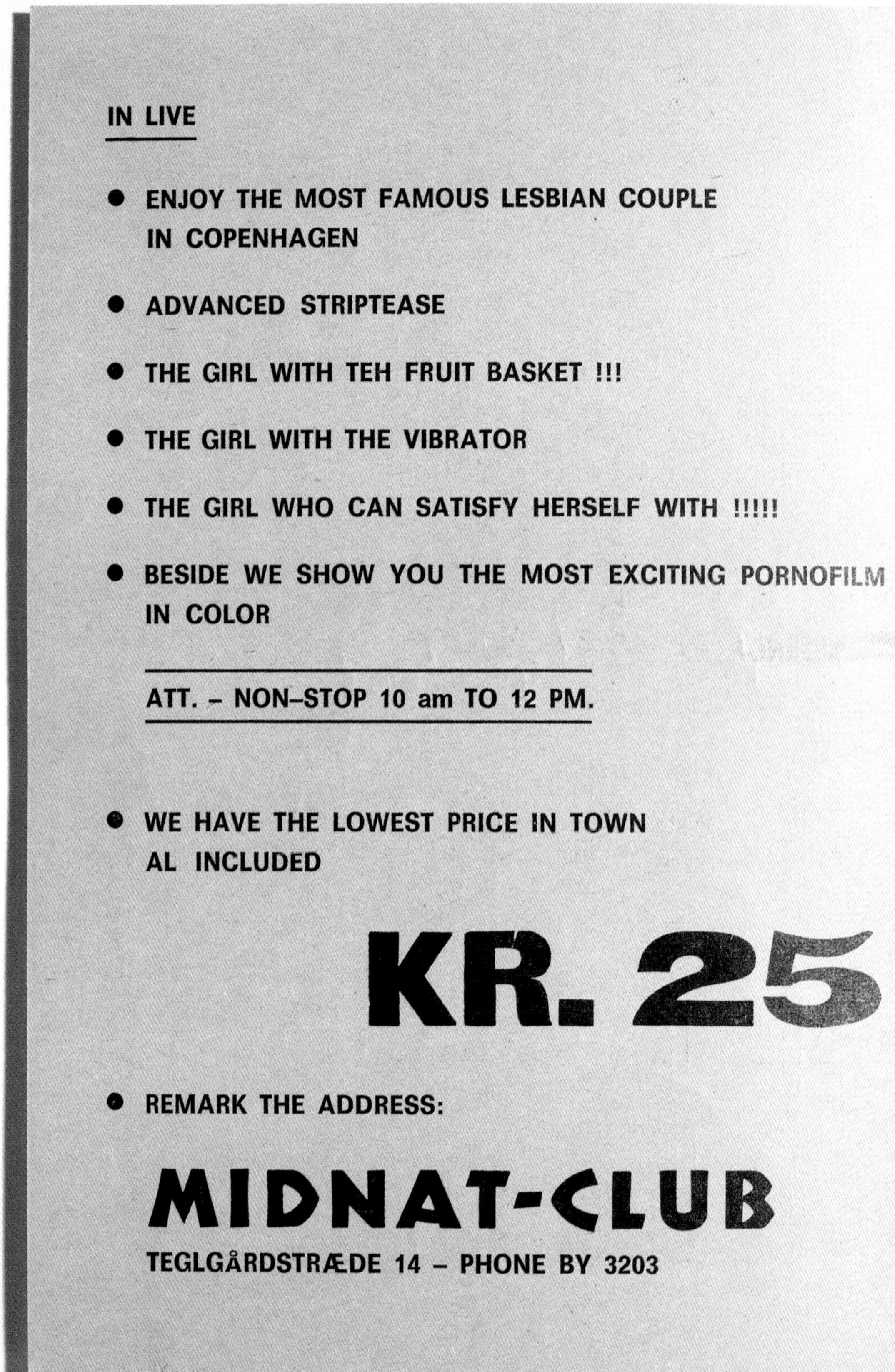

IN LIVE

- ENJOY THE MOST FAMOUS LESBIAN COUPLE IN COPENHAGEN
- ADVANCED STRIPTEASE
- THE GIRL WITH TEH FRUIT BASKET !!!
- THE GIRL WITH THE VIBRATOR
- THE GIRL WHO CAN SATISFY HERSELF WITH !!!!!
- BESIDE WE SHOW YOU THE MOST EXCITING PORNOFILM IN COLOR

ATT. – NON–STOP 10 am TO 12 PM.

- WE HAVE THE LOWEST PRICE IN TOWN AL INCLUDED

KR. 25

- REMARK THE ADDRESS:

MIDNAT-CLUB

TEGLGÅRDSTRÆDE 14 – PHONE BY 3203

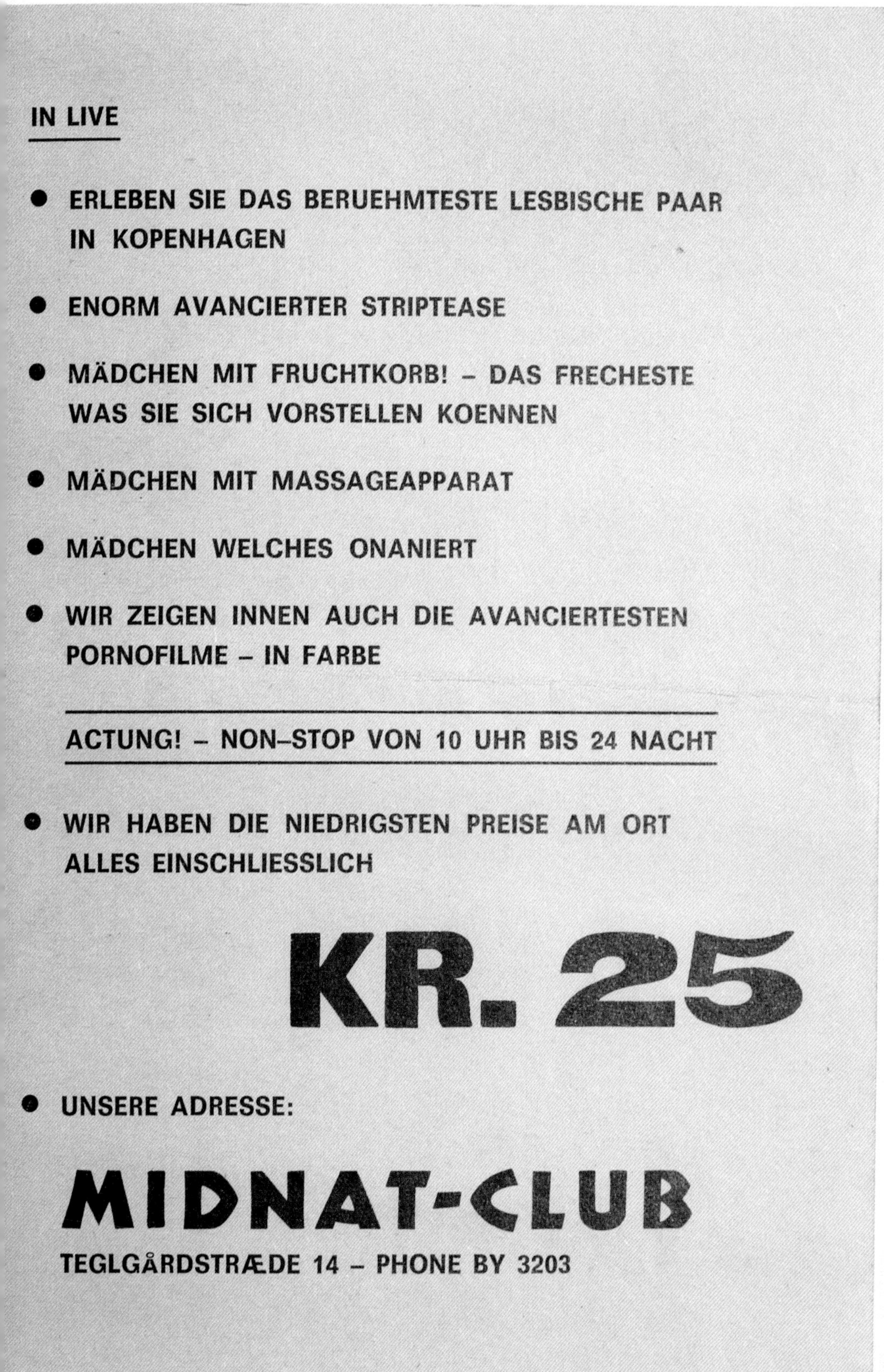

IN LIVE

- ERLEBEN SIE DAS BERUEHMTESTE LESBISCHE PAAR IN KOPENHAGEN
- ENORM AVANCIERTER STRIPTEASE
- MÄDCHEN MIT FRUCHTKORB! – DAS FRECHESTE WAS SIE SICH VORSTELLEN KOENNEN
- MÄDCHEN MIT MASSAGEAPPARAT
- MÄDCHEN WELCHES ONANIERT
- WIR ZEIGEN INNEN AUCH DIE AVANCIERTESTEN PORNOFILME – IN FARBE

ACTUNG! – NON–STOP VON 10 UHR BIS 24 NACHT

- WIR HABEN DIE NIEDRIGSTEN PREISE AM ORT ALLES EINSCHLIESSLICH

KR. 25

- UNSERE ADRESSE:

MIDNAT-CLUB

TEGLGÅRDSTRÆDE 14 – PHONE BY 3203

CLUB TABU

Vesterbrogade 17
Denmark

1620 Copenhagen V
(01) 31 86 40

Til
redaktionen. Politiken
red. Erik Nørgård,
Rådhuspladsen
V.

København, den 27.4.1970

maritime

CLUB TABU, verdens første sejlende sex-club siden Cleopatras husbåd, inviterer hermed alle medlemmer af pressen til et helt specielt pressemøde til søs. De er meget velkommen ombord på yachten M/S ATLANTIS, der har afgangssted fra Nordre Toldbod, København, fredag den 1. maj kl. 13.3o. Vi sejler punktligt.

Vore unge, charmerende værtinder vil sørge for, at Deres 3-timers-trip bliver en behagelig oplevelse m.h.t. forfriskninger og special-underholdning, og de unge damer har lovet at sørge for, at De kommer tilbage så betids, at De kan være på den rigtige side af Deres deadline - hvis De ellers har så megen energi i behold, at De kan arbejde.

Derfor - gå ikke glip af det mest intime og raffinerede sex siden figenbladets fald. Husk - propellerne sættes i gang for Deres skyld førstkommende fredag den 1. maj kl. 13.3o.

Bliv endelig ikke agterudsejlet.

Med venlig hilsen
CLUB TABU

But the greatest international uproar would follow when director Jens Jørgen Thorsen announced that he would make a movie out of Jesus' sex life. In 1970 Thorsen had made a screen version of Henry Miller's Quiet Days in Clichy with relative success. Now he made it known that he intended to apply for a grant for his Jesus movie, which would purportedly contain raunchy sex scenes with Jesus.

The screenplay was published in 1975, and a media storm broke out at the mere news of this. Even the pope distanced himself from this ungodly project and the Queen of England professed her utter disgust – notwithstanding the fact that not a strip of film existed. The movie was only realized in 1992 as The Return, but was not successful by any means. Its time had passed. But Thorsen had already gotten more publicity than money could buy.

There was little doubt that we were living in the Age of Sex. And Denmark got its first great sex prophets, who we were soon calling by their first names: Inge and Sten. They were psychologists and became letters editors and weekly columnists on sex at one of the biggest national newspapers, Ekstra Bladet, Their motto was "It's good to know what's normal – and normal is a lot of things". The two letters editors particularly championed the woman's right to orgasm. Every Monday, when the sex letters ran, the paper sold thousands of extra copies. Inge and Sten also published the bestseller ABZ of Love, which was printed in hundreds of thousands of copies and would adorn many Danish homes.

Ekstra Bladet was generally ahead when it came to sexual liberation. The newspaper launched what would become a Danish newspaper term – the Page 9 Girl. More often than not, these were regular girls – the girl next door – who were given the chance to show off their naked beauty. And their beauties would be on show – in every construction site trailer and garage across the land.

Porn had become commonplace. For instance, many Danish street corners had vending machines – formerly full of cigarettes and candy – packed to bursting point with dirty magazines. Foreigners would even be able to find such vending machines in Copenhagen Airport and thus take home a characteristic souvenir from the "Land of Sin".

KRONIK

Billedpornografi-paragraffens afskaffelse

Af KNUD THESTRUP

Justitsminister Knud Thestrup redegør for sit synspunkt vedrørende billedpornografien. Han fremhæver, at interessen for skriftlig pornografi er faldet stærkt siden frigivelsen heraf, men at pornobølgen for billeder samtidig er stigende, hvilket han tager som udtryk for nyfigen interesse for det forbudne. Da hverken sociologisk eller lægelig sagkundskab anser billedpornografi for skadelig, går han ind for bortfald af straffelovsparagraffen herom. Vort dårlige omdømme i udlandet har vi i forvejen, så det tror ministeren ikke bliver værre – bl. a. fordi vinduesudstillinger skal forbydes.

Center
Pornographic MOVIE CLUB
Week-end sex
P
JH 42 399
CZ 98 720

SHOP
SEX
FILM SHOW
FILM SHOW
FILM SHOW

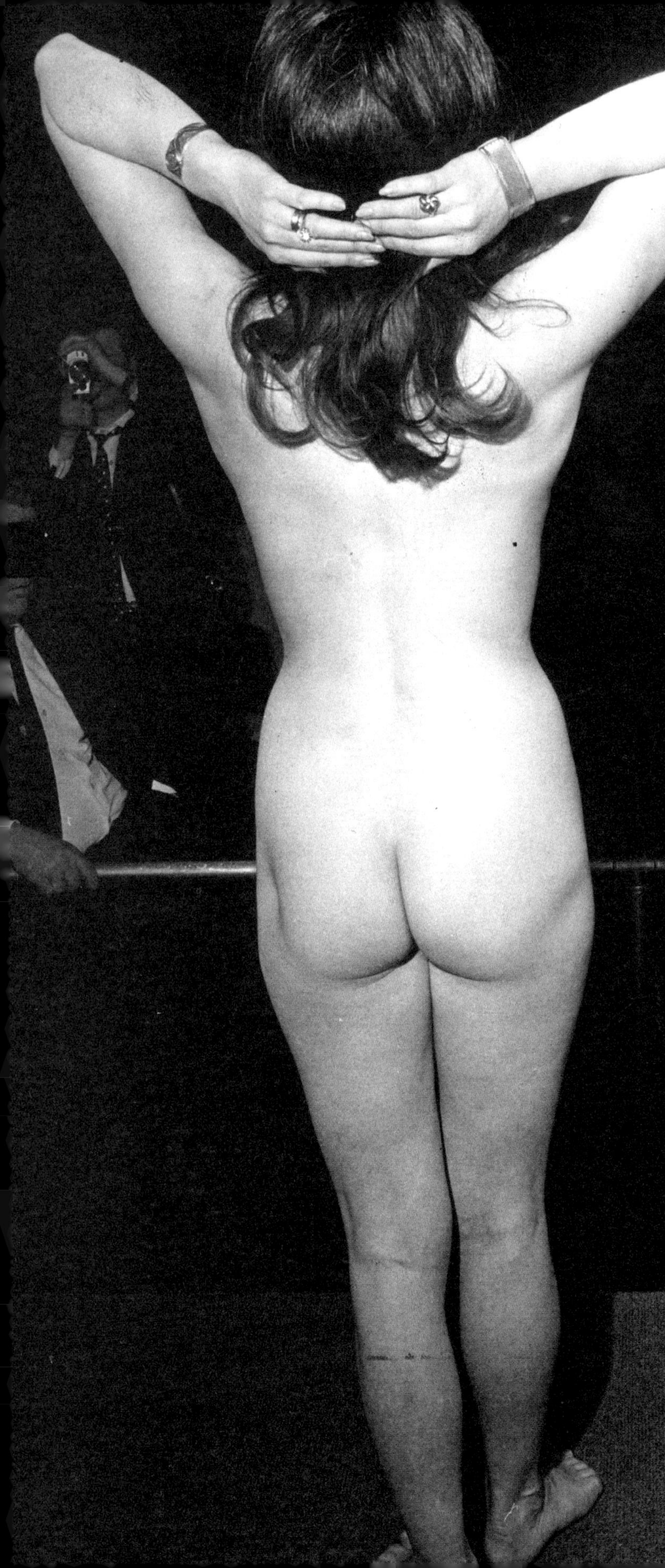
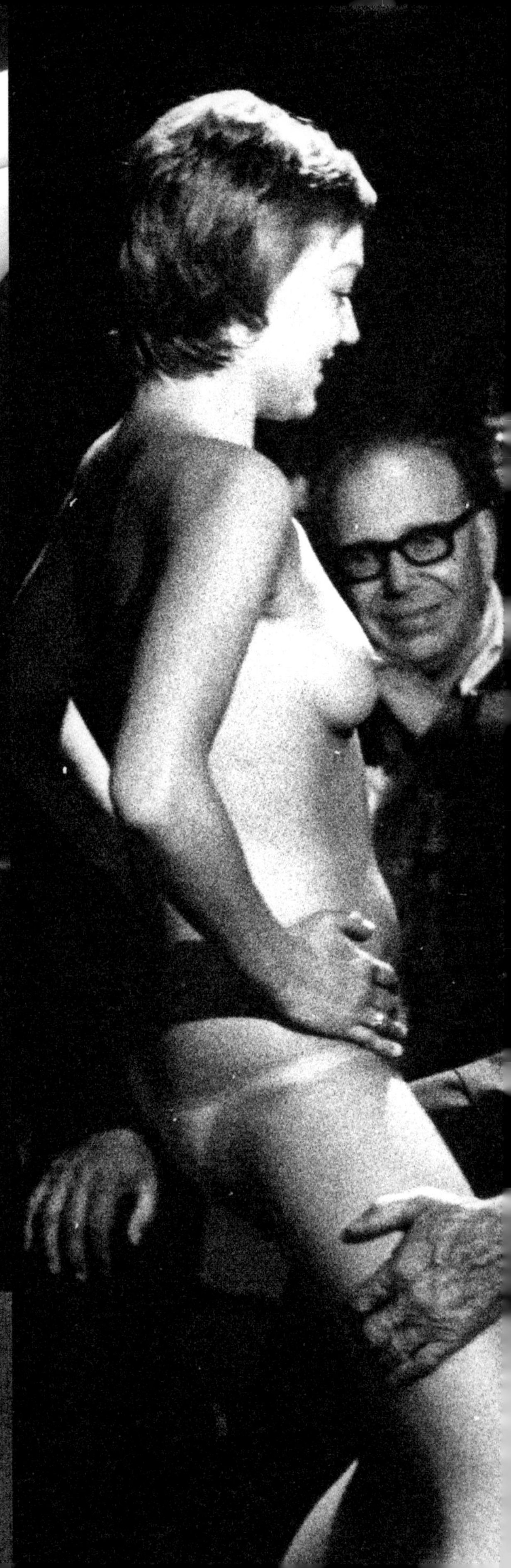

French SEX
FEAVER
LESBIAN
HASH SEX
HASH SEX
CARL MADSEN
Crescendo

SIDSTE NYE !/!
ANAL SEX
FIK DE SET !
LIVE
SHOW

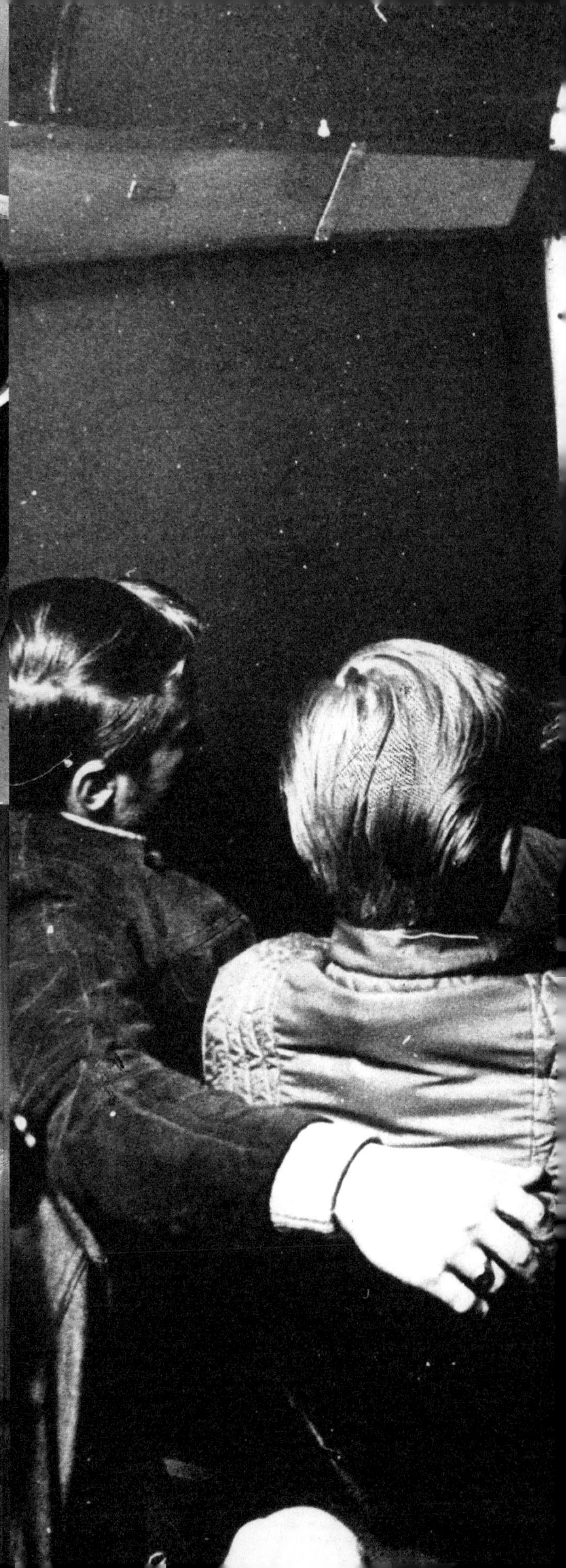

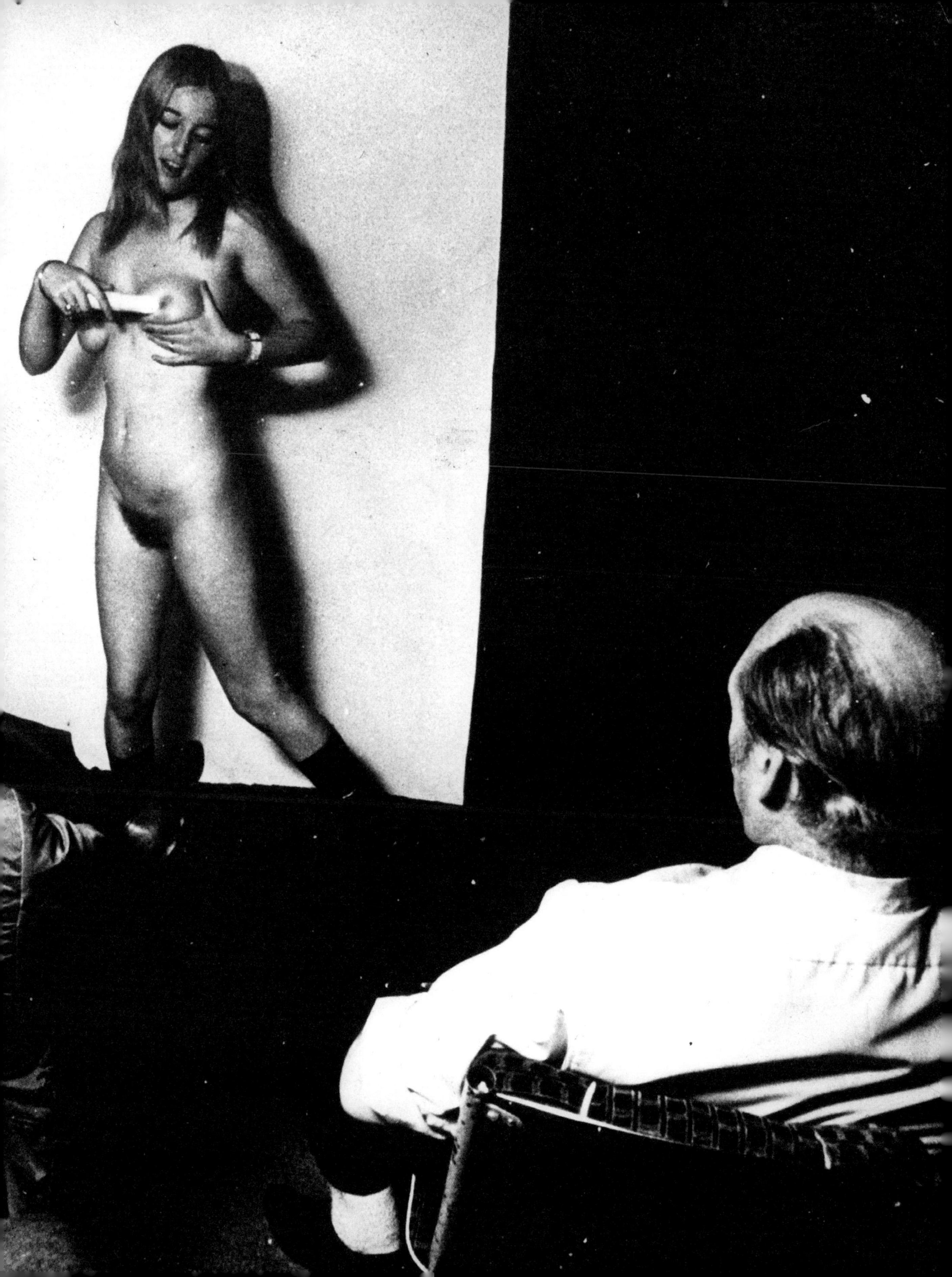

Kai

af Søren E. Jensen

Der er næppe tvivl om, at da folketinget i 1969 vedtog justitsminister Knud Thestrups forslag om at legalisere billedpornografien, var det med forhåbningen om at afkriminalisere et område, som mange danskere i praksis allerede anså som lovligt.

Men man var for sent ude. Den kønslige moral havde i forvejen været udsat for et skred, da kvinderne for alvor kom på arbejdsmarkedet fra slutningen af 50'erne. Hvordan dette indtog ændrede på den daglige adfærd på jobbet er der mig bekendt aldrig blevet forsket i, men et fingerpeg kan være, at julefrokosten notorisk opstår i 60'erne, og herfra er der ikke langt til en tese om, at der blev gået godt til den i duplikatorrummet, specielt efter at p-pillen kom på markedet i 1966. I det lys virkede et kornet billede af en nøgen dame helt uskyldigt.

Til gengæld medførte frigivelsen af billedpornografien en voldsom eksponering af Danmark som helhed og København i særdeleshed. Lumre mænd fra specielt Japan og USA strømmede til hovedstaden med et eneste formål: De ville se hud! Det kunne også godt lade sig gøre, men kun i form af de kornede billeder.

Her var det, at den kreative del af Vesterbros underverden øjnede en fidus, blandt dem chaufførerne hos Codan Bilen på Halmtorvet, "Røde" Kai Bo Rasmussen og Stig "Snotten" Emmerik Poulsen: Hvis turisterne var kommet til København for at se hud, ville de sandsynligvis også betale for at se rigtig hud i kød og blod. Det ville turisterne hellere end gerne, skulle det vise sig. Faktisk gik det så let, at man i begyndelsen kunne lave liveshow helt uden modeller. Løftet alene var tilstrækkeligt til at lokke turisterne ned i en skummel kælder formedelst en halvtredser i entre. Når kælderen så var fyldt, skred Snotten, Røde Kai og de andre på druk, mens japanerne og amerikanerne ventede på den model, der aldrig dukkede op.

Det var en god fidus, specielt fordi sexturisterne fandt det for flovt at klage over fupnummeret, men allerede i 1970 fik Britta og Ivan den Grusomme en endnu bedre idé, da de i en nedlagt cigarforretning i Eskildsgade begyndte

SMIRNOFF

Den berømte Hawaii Bio, hvor Kai arbejdede I start-70'erne, er nok den pornobutik i verden der har eksisteret længst. Den åbnede før pornoens frigivelse og lukkede først I 2009.

The famous Hawaii Bio where Kai worked in the early 70s was probably the longest-running porn shop in the world. It opened before the legalization of porn and did not close until 2009.

at lave egentlige liveshows med samleje og det hele, hvilket vil sige lesbisk sex og kvindelig onani (mandlig onani blev – og bliver – af en eller anden grund ikke betragtet som seværdig).

– What? tænkte Røde Kai, da han første gang hørte om liveshowet, eller rettere; han tænkte "Hvad Søren?" for sådan sagde man endnu i 1970, men ikke desto mindre havde han dårligt tænkt tanken til ende, før han blev booker for Britta og Ivan den Grusomme. Dén virksomhed var med det samme en langt bedre forretning end de mange fakeshows i cykelkældrene. Også fordi Røde Kai hurtigt fik andre kunder, nemlig alle dem der begyndte at åbne illegale liveshows rundt om i København, deriblandt Snotten som blev indehaver af en klub i Guldbergsgade.

Kai tjente med andre ord styrtende med penge og havde derfor i 1971 råd til at købe Britta ud af klubben Keyhole. Hun havde netop åbnet klubben, men fandt hurtigt ud af, at hun ikke havde modet til at drive den, fordi den havde adresse på selveste Istedgade. Brittas frygt var, at Keyhole ikke bare lå godt men alt for godt placeret lige midt i det rødeste røde redlight district, hvor alle sexturister instinktivt søgte hen. Men det betød også, at kvarteret var under skærpet opsyn fra politiets side, og alligevel skulle det i første omgang vise sig, at Brittas bekymring var ubegrundet, da ordensmagten endnu ikke havde helt overblik over, hvor fri pornografien var blevet. Så Røde Kais liveshow midt på Istedgade blev på stedet Københavns førende og udkonkurrerede i løbet af ingen tid de andre klubber, som havde en mere artig beliggenhed.

Nu var Kai pornokonge, men han sad kun på tronen i et halvt års tid; så skød der andre klubber op i nabolaget, og det ville være synd at sige,

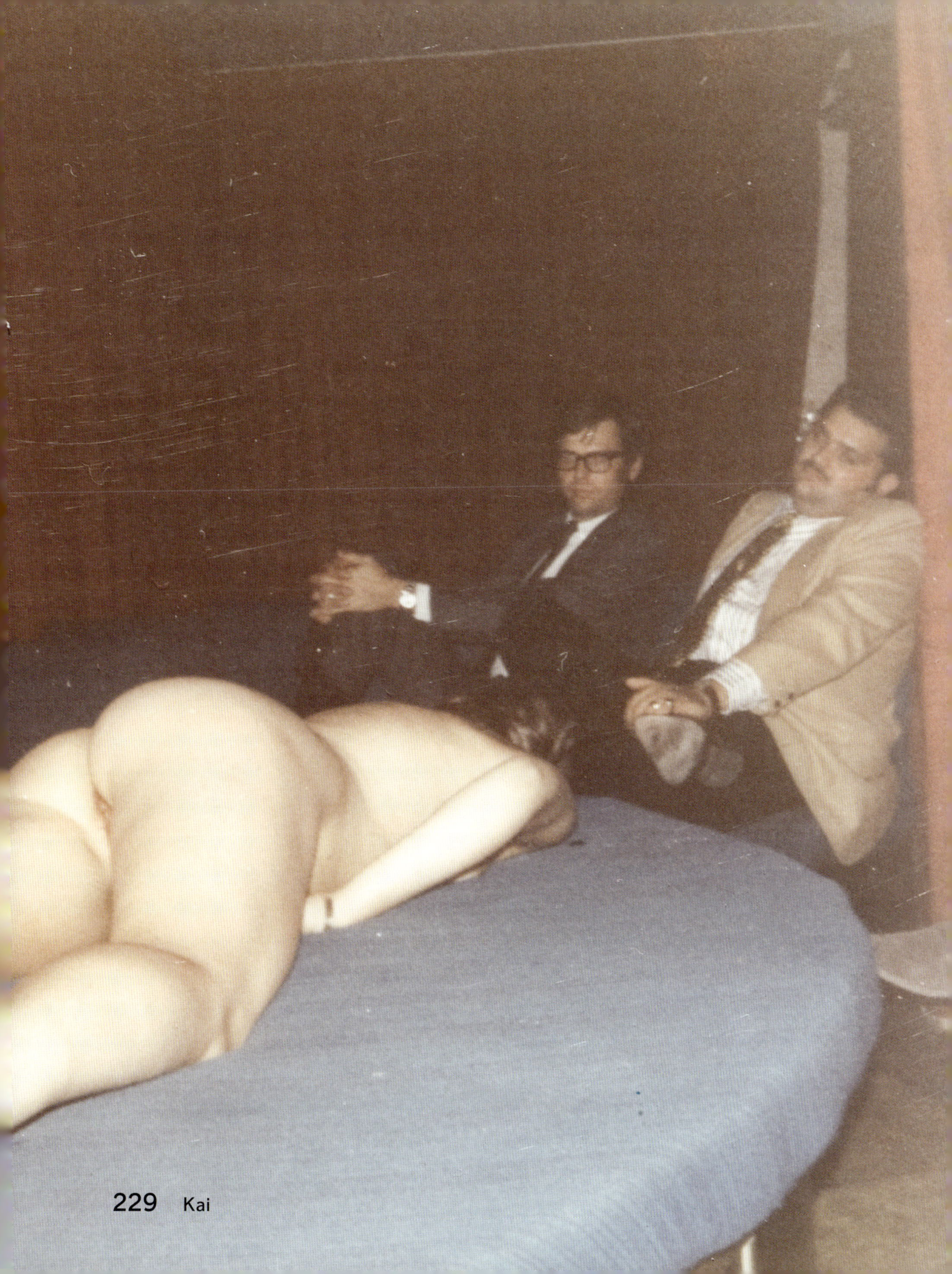

229 Kai

at der herskede konsensus blandt de mange nye liveshowindehavere om, hvordan man skulle drive en klub. Enkelte – som Niels Colov, der åbnede den langvarige succes, Club 34 – gjorde det ordentligt, men andre klubber mindede mest om de cykelkældre, hvor Røde Kai og Snotten havde foretaget de indledende eksperimenter få år tidligere. Blot gik man nu hårdere til værks og nøjedes ikke med at inddrive en halvtredser i entre, kunderne blev også rullet for resten af pengene, når de var kommet ned i kældrene.

Det var en værre ballade. Det rygtedes hurtigt blandt sexturisterne, at det var decideret farligt at færdes på Vesterbro med det resultat, at de mange liveshowindehavere begyndte at slås – ofte korportligt – om de få kunder, som faren til trods ikke kunne styre lysten. På den baggrund havde politiet let spil: De fik læst på paragrafferne og fandt ud af, at lov nr. 224 af 1969 kun gav tilladelse til at formidle billedpornografi; liveshows med levende mennesker var der bestemt ikke tale om, så med såvel lov som

stav i hånd stormede de klubberne og smadrede alt inventar. Allerede i slutningen af 1972 var pornoæraen på Vesterbro reelt forbi, bortset fra enkelte kiosker, hvoraf de stædigste findes endnu. Tilbage sad pornobaronerne med en masse penge, som de havde tjent i løbet af de få måneder, sexfesten varede, og de penge skulle gerne have ben at gå på. Det fik de også, da mange ex-liveshowindehavere – også Snotten – investerede pengene i morfinbase, som ramte Vesterbro i 1973. På den måde havde furien fra Fyn, alias Kristeligt Folkepartis Inge Krogh, mere end ret, når hun hævdede, at pornografien førte til fordærv, for historisk set går der notorisk en lige linje fra den bløde pornografi til den hårde narkotika, og måske – det passer jo også ind i nutidens nypuritanisme – er der virkelig en pointe i, at man skal sove med hænderne over dynen, hvis det ikke skal gå en ilde.

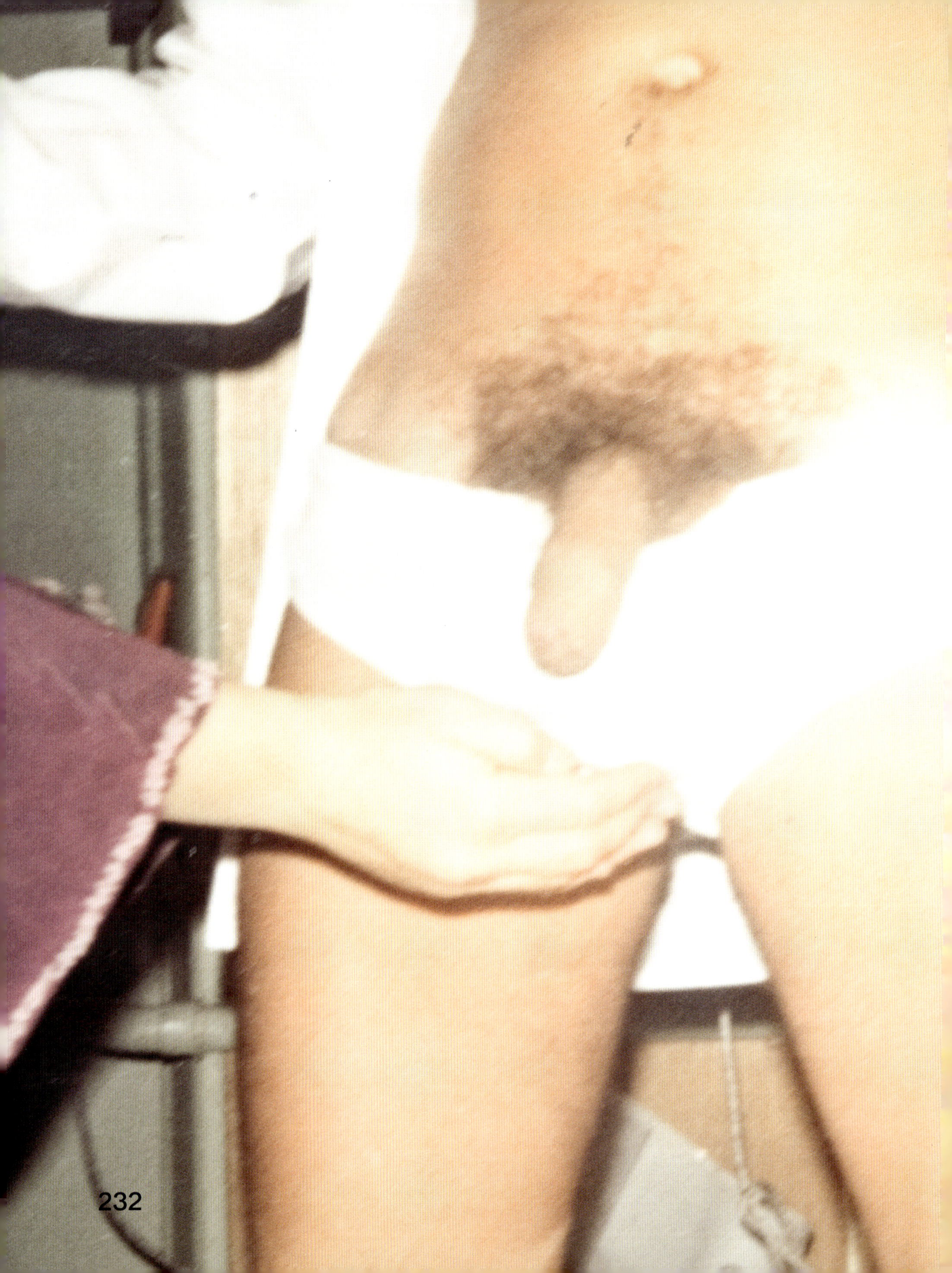

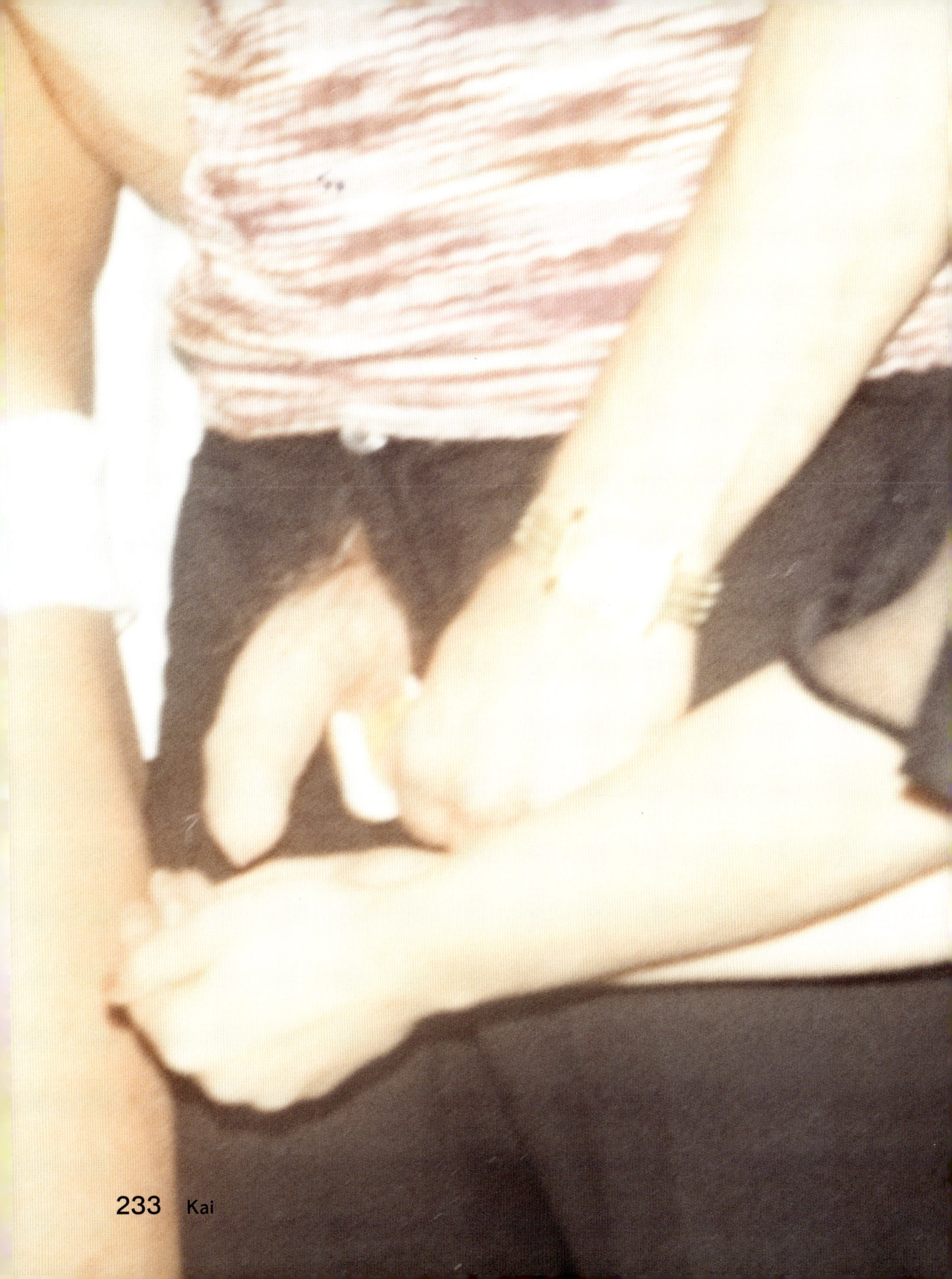

 Kai

Kai

by Søren E. Jensen

When Danish Parliament passed Attorney General Knud Thestrup's bill to legalize pornographic imagery in 1969, there is little doubt that it did so hoping to decriminalize something that was for almost all intents and purposes seen as legal by most Danes.

But it was too late. Sexual mores had already shifted considerably when women started to join the labour force in great numbers in the late 50s. How this affected day-to-day working relations has – to the best of my knowledge – never been the subject of scientific study, but the appearance of the office Christmas do in the 60s might give us an idea. This lends itself easily to a hypothesis that the copying room started to see a lot of action, particularly after the birth control pill became available in 1966. Seen in this light, a grainy photo of a naked woman seemed innocent enough.

But the legalization of pornographic imagery did lead to massive exposure of Denmark as such and, most of all, Copenhagen. Sleazy men from particularly Japan and USA flocked to the capital with a singular purpose: They wanted to see some skin! And that was indeed possible, but only in the shape of grainy pictures.

At this point, the creative minds of the Vesterbro underworld had a bright idea, among them the drivers at Halmtorvet's Codan Biler, "Red" Kai Bo Rasmussen and Stig "The Nose" Emmerik Poulsen. If the tourists had come to Copenhagen to see some skin, they would probably also pay to see some real skin – in the flesh. As it happens, they would be more than happy to. So happy, in fact, that live shows could be set up completely without models in the beginning. The mere promise was enough to lure tourists into a seedy basement at 50 kroner admission charge. Once the basement was packed, The Nose, Red and the others would go off on a bender while the Japanese and Americans waited in vain for their model.

It was a good scam, particularly because the sex tourists were too embarrassed to complain. But already in 1970, the idea was improved upon by Britta and Ivan the Cruel when they started to

put on real live shows in a closed cigar shop in Eskildsgade, complete with intercourse and everything – everything being lesbian sex and female masturbation (male masturbation was not considered an attraction, and probably never will be).

Red Kai went "What?!" when he first heard about the live shows (or rather he probably went "I beg your pardon?" as you still did back then), but had hardly gotten trough asking himself this question before he became a booker for Britta and Ivan the Cruel. This setup immediately did a lot better than the many fake shows in abandoned bike basements. In part because Red Kai quickly drummed up other customers – namely those who started to stage illegal live shows all over Copenhagen, among them The Nose who became the proprietor of a club in Guldbergsgade.

In other words, Kai was making money hand over foot and in 1971 could afford to buy Britta out of the Keyhole club. She had just opened it, but quickly realized that she lacked the courage to run it, seeing as it was located in Istedgade itself. Britta feared that Keyhole's location was not just good, but too good – in the middle of the most deeply red of Red Light districts and the instinctive goal for all sex tourists. But this also meant that the district was under increased police surveillance, though Britta's concerns would prove unfounded at first, since the police had not yet realized how free pornography had

237 Kai

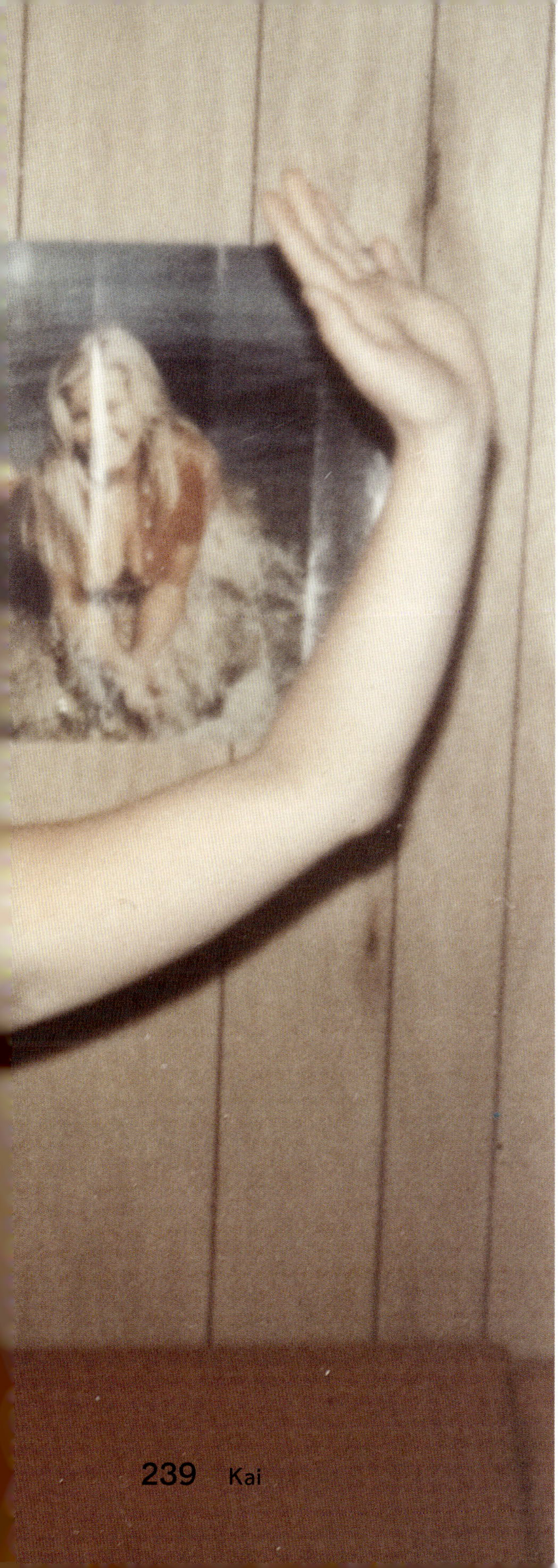

truly become. So Red Kai's live show in the middle of Istedgade instantly became the most popular in all of Copenhagen and blew the competition – with their more decent locations – completely out of the water in no time at all.

Now Kai was a porn king, but he only got to enjoy his throne for six months before new clubs appeared in the neighbourhood. It would be more than a slight exaggeration to say that the club owners were in agreement on how to run a club. Some – like Niels Colov who opened the long-running Club 34 – did it right, while other clubs bore a closer resemblance to the bike basements in which Red Kai and The Nose had conducted their initial experiments just a few years before. Only now things were rougher, so you didn't stop at the 50 kroner admission charge – you also robbed the customers of the rest of their money once they were in the basement.

It was a mess. Rumours spread among sex tourists that it was downright dangerous to walk around Vesterbro, meaning that the many live show owners started fighting – often literally – over the few customers whose lust made them brave the danger. This made it all the easier for the police. They studied the legislation closely and discovered that Law #224 of 1969 only permitted the showing of pornographic imagery whereas live shows with real people were certainly not allowed – so they raided the clubs armed with law and nightsticks and destroyed everything inside. Already towards the end of 1972, the Vesterbro porn era was close to over, with the exception of some kiosks (the most stubborn of which are still around). The porn barons were left with a lot of money that they had made in the heady few months that made up this sex party – and that money had to go somewhere. And so they did, when many of the former live show owners – including The Nose – invested their takings in the morphine base that hit Vesterbro in 1973. An so the Funen Fury, aka Inge Krogh of the Christian People's Party, was more than right when she claimed that pornography corrupts. Historically, there is indeed a straight line from soft pornography to hard drugs, and maybe – as befits today's new puritanism – it really is true that you should sleep with your hands above the covers to stay out of trouble.

Week-end sex
NYHED!!
FØRSTE DANSKE SEXUGEBLAD
UDKOMMER HVER FREDAG
SPÆNDENDE FORTSAT ROMAN - EROTISK NOVELLE (ILLUSTRERET)
DRISTIG STRIPSERIE - KONKURRENCE - LÆSERBREVE
PORNOGRAFISK TEGNESERIE - KONTAKTANNONCER - M.M.

Sex i weekenden

af Ole Lindboe

I USA var Hugh Hefner den store ukronede sexkonge. Med sit Playboy kom han til at revolutionere synet på sex i Guds eget land. Hefner gjorde det med stil og elegance. Det tætteste vi i Danmark kommer på en lignende figur, er Leo Madsen. Han satte en særlig standard for en hel branche i de gyldne år og hans forretningsimperium blev i en periode et af de største i branchen, omend han netop aldrig kom nærmere den elegance, der prægede det store amerikanske Playboy.

Også Leo Madsen startede i det beskedne. I årene før pornografiens frigivelse solgte han fra sit lille trykkeri på Vesterbro pikante sort-hvide erotiske billeder. Han havde i 1964 købt et mindre trykkeri på Gasværksvej, og han startede med at trykke bladet Weekend, med bl.a. noveller af den norske forfatter Sigurd Waale, der var kendt for sine lystigt-erotiske fortællinger.

Men så opstod ideen om at udgive et erotisk ugeblad ved navn Week-end Sex. I 1966 udkom første nummer af Week-end Sex, og det var ikke imponerende. Stribevis af sort-hvide fotoserier med halvafklædte par som kyssede og nussede lidt med hinanden – dog ikke samlejebilleder – små dristige noveller og frække vittigheder. Og endelig en brevkasse med eksempelvis raske råd til unge fyre, hvis største problem var for hurtig sædafgang. Endelig havde man fra andre blade sakset nogle tegninger af yppige blondiner, der fortalte vitser om nærgående mænd. Det første nummer blev trykt i et par tusinde eksemplarer, men fandt hurtig afsætning hos de mange små bladkiosker, som i forvejen havde et repertoire af frække nudistblade under disken, og gerne ville have nyt pikant materiale.

Leo Madsen havde sikker sans for de seksuelle hverdagsdrømme: Den utro husmor, der gerne inviterede vinduespudseren eller postbuddet inden for. Sex på kontoret med den frække sekretær. Og naboens frække og forsømte kone, der let lod sig overtale til et hurtigt put i formiddagstimerne. Men hans største og mest succesrige opfindelse var indførelsen af gratis sexannoncer. I begyndelsen var det mest mænd, som annoncerede efter sexlystne kvinder

Repræsentanten 2. kunne overtale kundens hustru til "hvad som helst"

RESUME: Mark kommer til landet for at blive hjulpet af eksperter. Han er impotent. Men han ringer til et »forkert nummer«, som dog viste sig at skulle blive en yderst lykkelig fejltagelse. Pigerne tog ham under behandling . . .

Han var hvid i hovedet da han bøjede sig over dem. Men han tøvede af en eller anden grund med at slå! ! Han elskede lige pludseligt sin kone mere end han troede.

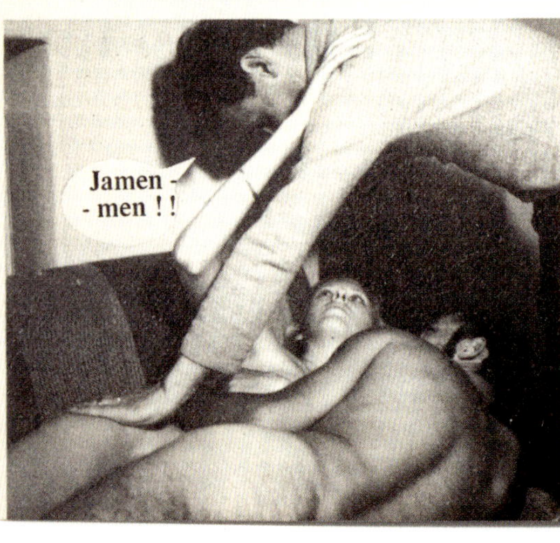

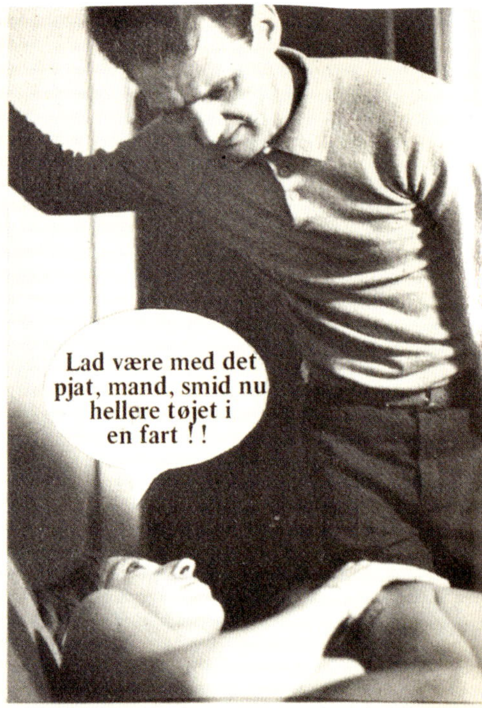

Hun burde have set rædselslagen ud, mente han, da han langsomt rejste sig igen. Hun smilede blot så usigeligt kærligt til ham, - med eet længtes han vildt og heftigt efter hende, - han kiggede på den anden mand

Tøvende, men straks efter hurtigt tog han sit tøj af, og fjernede grimassen fra sit ansigt. Han var dybt forbavset over reaktionen, han var ikke rasende, men kun ved at sprænges af liderlighed! ! !

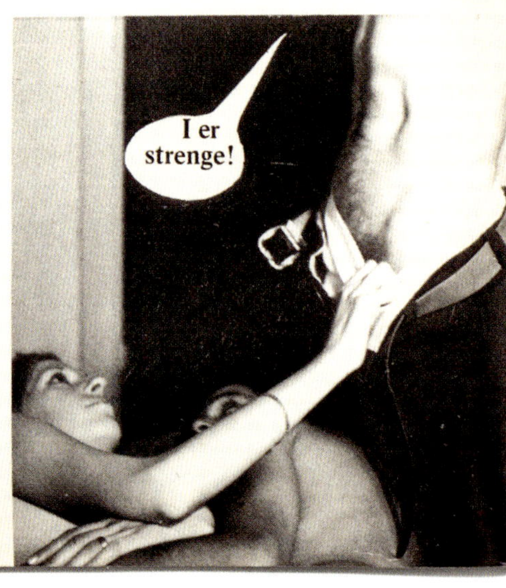

Han var for liderlig til at blive sur, og var forøvrigt en fornuftig mand. Og det hele virkede pirrende fornyende på hans følelser - - - hans kone var blevet en ny pige for ham.
Han gav sig pludseligt til at le højt imens pikken voksede op, - skinsyge er idioti, mumlede han, og de andre blev et øjeblik i tvivl om hvorvidt han lavede skæg med dem.
Hun tabte vejret da de to pikhoveder borede sig mod hinanden mellem hendes læber - hendes tunge fløj fra pik til pik . . .

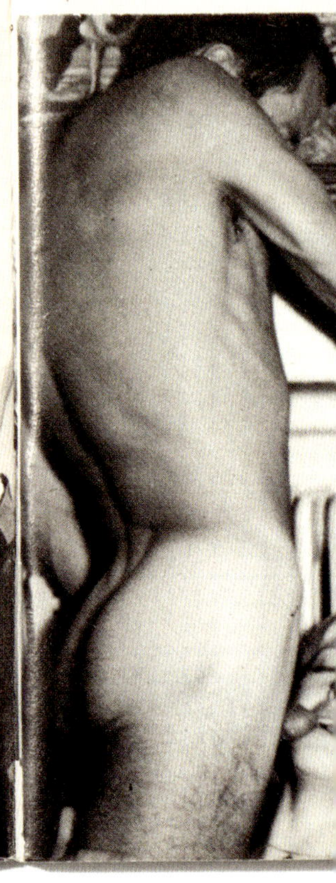

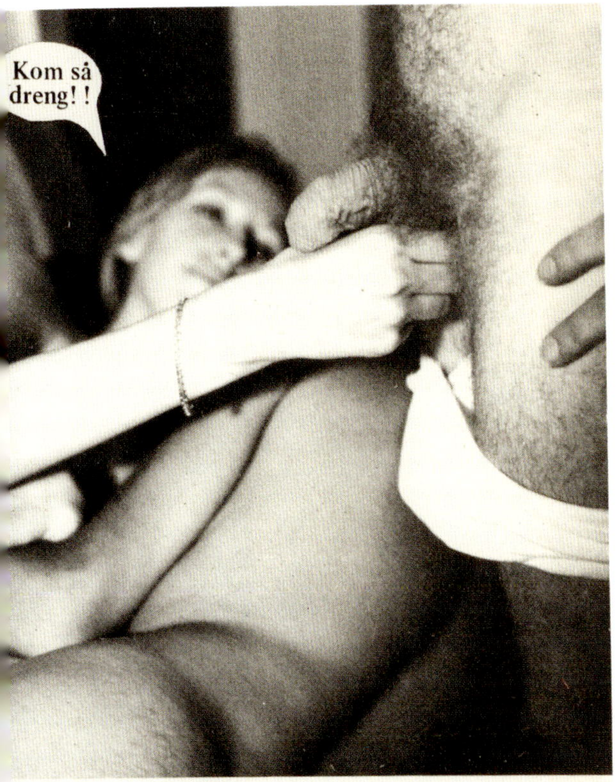

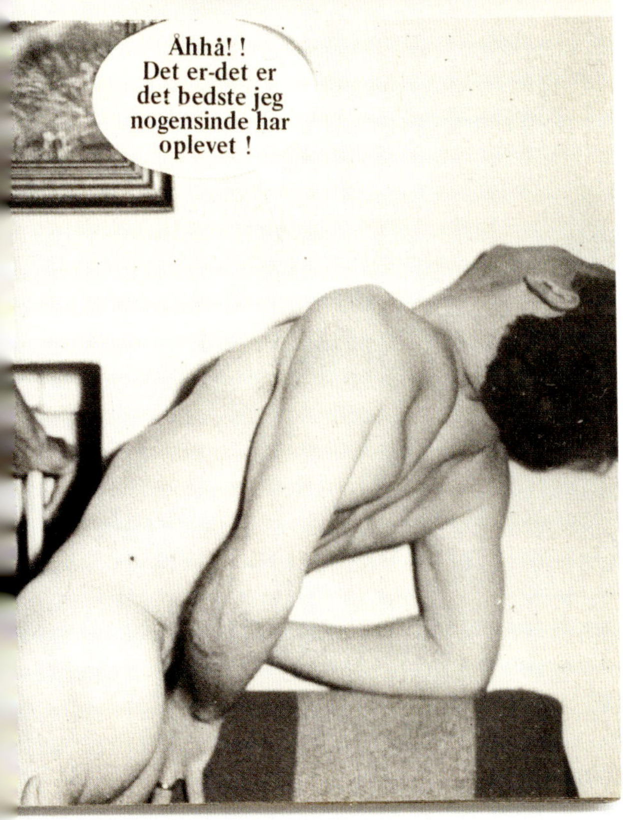

– og medsendte man billede af sig selv eller sit rejste lem, kom man hurtigere i spalterne. Senere dukkede der enkelte kvindeannoncer op (i starten var de indimellem falske). Og hver gang en kvinde annoncerede fik postvæsenet travlt. En enkelt annonce fra en kvinde, der savnede mandligt selskab i sengen, kunne nemt indkassere 400–500 svar fra hjælpsomme mænd.

Men Leo Madsen havde en sær idé, han kunne ikke lide farver. Porno skulle være i sorthvid, det var mest autentisk, mente han. Han kunne dog ikke holde princippet, for da hans konkurrenter scorede store salgstal på at trykke i farver, måtte også han overgive sig og Week-end Sex begyndte at udkomme i farver. Men allerede da var Week-end Sex en totalsucces. I 1971 rundede oplaget 35.000 ugentlige eksemplarer og efterfølgende begyndte bladet at udkomme i Tyskland, Holland og Sverige. Millionerne rullede ind på Leo Madsens konto.

I øvrigt leverede han andre af sine hæfter til udlandet. I 1970 besøgte en delegation fra Japan hans forretning for at købe 60.000 hæfter. De havde kun én betingelse. De mest frække steder måtte – af hensyn til de japanske myndigheder – skjules, dog ikke mere, end at man kunne ane, hvad der var nedenunder, hvis bladet

Week-end sex®
ET UGEBLAD, DER SKABER DEBAT! 4.Årg. 41
JUSTITSMINISTERENS
DOBBELTMORAL

R3-L3. 1.12.67. 18.

Åbent brev til justitsministeren

Hr. justitsminister.

Vi udgiver et ugeblad, der hedder »WEEK-END SEX«. – Dette ugeblad dækker et meget stort behov hos mange mennesker, og er måske medvirkende til, at der begås færre seksualforbrydelser her i landet.

For nogle måneder siden gik flertallet i folketinget – og dermed FLERTALLET AF DANMARKS BEFOLKNING ind for en total ophævelse af pornografiparagraffen – man var her absolut indstillet på OGSÅ at give BILLEDER FRI – som følge heraf blev flere TIDLIGERE BESLAGLAGTE BLADE for et et par dage siden FRIGIVET, men samtidig blev de sidste tre numre af »WEEK-END SEX«, hvis billedstof ikke på nogen måde kan siges at være mere utugtigt end det nu frigivne, BESLAGLAGT.

Hvorfor Hr. justitsminister? - og til glæde for hvem?

I dag udkommer et nyt nummer af »WEEK-END SEX«, og vi beder Dem, hr. justitsminister, foranledige at dette og fremtidige numre i al fald ikke bliver beslaglagt

inden domstolen har færdigbehandlet de verserende sager og dermed givet klare retningslinier.

Week-end sex
VESTERFÆLLEDVEJ 6, V

Leo Madsen
Redaktør

blev holdt op imod lyset. Det sagde Leo Madsen OK til, og det tog et hold af hans medarbejdere fire hele lange arbejdsdage at male sorte klatter henover alle kønsdele. Hvorefter japanerne – efter at have betalt ekstra – kunne rejse fornøjede hjem med deres sending.

Leo Madsen selv var en mystisk person. Succesen gjorde ham mere sær. Han drak alt for meget og spillede jævnligt hasard. Det irriterede ham, at hans blad blev anset for plat og vulgært og han skrev ofte selv lederne i sit blad. Her gik han til angreb på småborgerlighed og mangel på frisind. Han kritiserede den, efter hans mening, forkvaklede seksualopdragelse og slog til lyd for – i lighed med hvad Inge og Sten gjorde i Ekstra Bladet – at kvinder skulle have ret til et frit seksualliv.

Han gav i en årrække støtte til forskellige formål, bl.a. Mosaisk Trossamfund og til det venstreorienterede Hovedbladet. Han var i øvrigt selv af jødisk afstamning og så var hans stedfar den berømte kommunistiske advokat og forfatter Carl Madsen, som han havde et meget anstrengt forhold til. Og Carl Madsen var ikke just stolt over stedsønnens metier.

De sidste år i Leo Madsens liv var ikke nemme. Trods sine mange millioner kedede han sig gudsjammerligt, og han var blevet mere og mere paranoid. Han var kommet lidt for tæt på de kriminelle miljøer på Vesterbro, bl.a. den store bolighaj og "gangsterkonge" Svend Thevis, som han indimellem handlede med. Svend Thevis interesserede sig ikke synderligt for porno, men ejede en stor del af de ejendomme der husede pornobutikkerne i København.

Leo Madsen døde under en udlandsrejse i Paris, i 1976. Nogen siger, det var selvmord, andre hævder, han blev likvideret af sine fjender i den københavnske underverden. Men inden da nåede han at opleve at hans imperium vaklede. Det røg eksempelvis ind i alvorlige vanskeligheder, da oliekrisen i begyndelsen af 1970'erne medførte færre turister til Danmark. Eller måske var danskerne bare blevet mætte af alt for meget sex. Desuden var konkurrencen hård, især da Aller-koncernen med blade som Ugens Rapport scorede høje salgstal. Week-end Sex virkede da pludselig gammeldags og støvet.

Da bladet omsider blev overtaget af en konkurrent raslede oplaget ned til omkring 5.000 ugentlige eksemplarer, og måtte omsider lukke.

Festen var slut, både for Madsen og hans bladimperium.

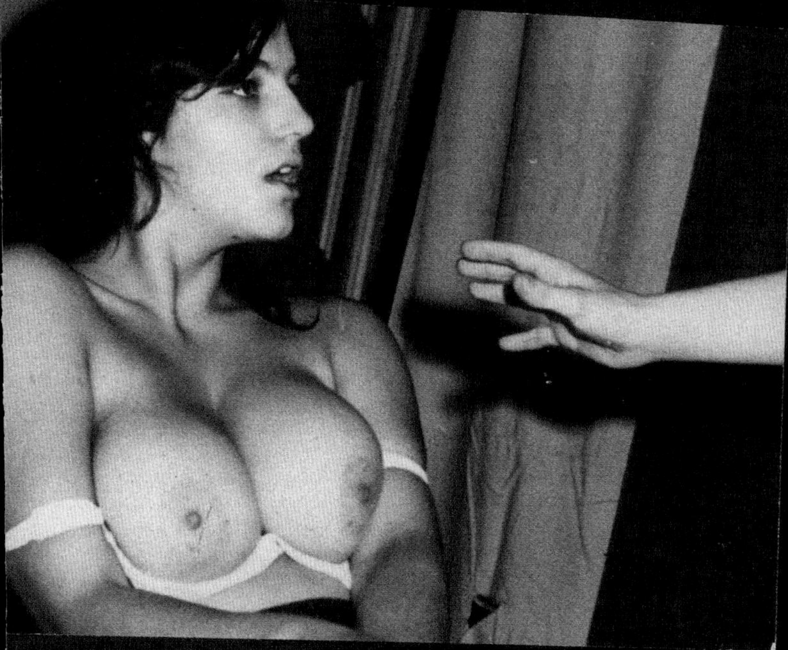

Under den store porno-razzia i 1968, hvor politiet beslaglagde for 10 millioner kr. ulovlig porno, slap Leo Madsen fri. Han havde fået et tip og nåede at sende 10 hyrevogne af sted til Sverige med hele lageret. Næste dag poserede han i Ekstra Bladet foran sine tomme hylder med billedteksten "hvad er porno egentlig".

Leo Madsen escaped the great 1968 porn raid, in which police impounded 10 million kroner worth of illegal porn. He had been tipped off and managed to send 10 taxis off to Sweden carrying his entire stock. The next day he posed in front of his empty shelves for Ekstra Bladet, above the caption "What is porn, really?"

rig mand søger
vinde el. ægtepar.
)0

Ung mand, mu-
de til alt indenfor
rdnet. Diskretion
mrk. DK 7605

ıar, 20/22, høje,
øger modent pars
ıtim hygge og evt.
% renlighed og
tlf. svar. Billet

JÆLLAND: Vi
ge piger til vore
/i er mellem 17 og
il en bid mad og
r film, danser og
vi som lysten nu
enlighed, diskreti-
optræden. Billet

IELE LANDET:
76 år, uafhængig
ınk pige eller me-
ɔar i alderen 20 til
vor langsom, føl-
væsentligste, lidt
, god musik, tæt
ge og andre sex-
normal, men med
hus, hvor vi kan
hagelige omgivel-
også være hos
n og renlighed en
oto, husk svarku-
. Billet mrk. DK

FYN/HELE LANDET: Slank mand, midt i trediverne, med stor lyst til alle former for sex som slikning, analsex, tisselege, søger sød kvinde at forkæle, alder underordnet. Diskretion og reel behandling garanteres. Alle henvendelser vil blive besvaret og evt. billede returneret. Billet mrk. DK 7612

r 3 s 15 ak 18.9.68, 1

Danmark bliver centrum for milliard-spekulation, når pornoen gives fri, mener Leo Madsen

■ **Udenlandske forretningsfolk i gangsterstil vil tjene milliarder på pornoeksport fra Danmark, hvis vi nu ophæver loven om porno, siger Danmarks pornoproducent nr. 1 – Leo Madsen. – Han vil selv holde op med at lave pornoen. Han har fundet ud af, at spekulationen i porno er forkastelig. – Det er syge mennesker, der udnyttes.**

■ Derfor advarer han mod følgerne af ophævelse af pornoloven - selvom han går ind for ophævelsen. - Vi må blot sikre os, det sker på den rigtige måde, at monopoltilsynet fastlægger priserne på porno, siger Leo Madsen. Ellers skal staten overtage pornoproduktionen. Men det får man den sikkert aldrig til.

- Det lyder måske utopisk, at staten skal overtage pornoproduktionen eller at monopoltilsynet skal fastlægge priserne på porno, men en af delene er blot nødvendig, hvis man skal undgå at udenlandske forretningsmænd strømmer til landet og starter gigantiske pornoindustrier, som de vil tjene milliarder på. De har hele verden som marked.

Dumping-priser?

- Hvad med om De solgte porno til dumping-priser og gjorde spekulationen umulig?

FORTSÆTTES NÆSTE SIDE 3

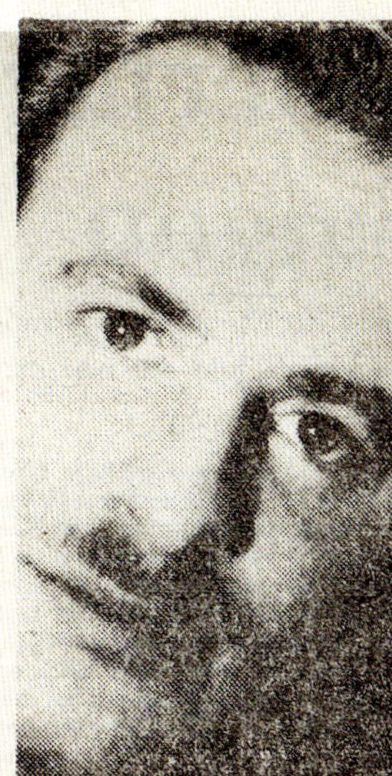

Leo Madsen

Week-end sex
ET UGEBLAD, DER SKABER KONTAKT! 10. Årg. 13
TØR DU?
16/80
Week-end sex

 Sex i weekenden

Week-end sex
Antikvariatet
Elmegade 10 . N
01-39 15 45
Pris: 5,00
Retur: 2,00
11

Sex on the weekend

by Ole Lindboe

In America, Hugh Hefner was the unofficial king of sex. His Playboy Magazine would revolutionize the perception of sex in God's own country. Hefner did everything with style and class. The closest thing to Hefner we have in Denmark is Leo Madsen. He set the industry standard in the Golden Age of porn and his business empire was one of the biggest going for a while – even if he never approached the level of elegance that characterized the great American Playboy.

Leo Madsen also came from humble beginnings. In the years before the legalization of pornography, he sold daring b/w prints from his small printing office on Vesterbro. He had purchased a small printing office on Gasværksvej in 1964 and initially printed the magazine Weekend, which among other things included short stories by the Norwegian author Sigurd Waale, who was known for his humorous, erotic tales.

But then the idea of publishing an erotic weekly entitled Week-end Sex arose. The first issue of Week-end Sex appeared in 1966, and was not impressive. Lots of b/w photo series of semi-nude couples kissing and cuddling (no pictures of intercourse, mind), racy short stories and dirty jokes. And, finally, a letters page with sound advice to young men whose biggest problem was premature ejaculation. To top it all off, drawings of voluptuous blondes with jokes about impertinent men had been copied from other magazines. The first issue ran to a few thousand copies, but were quickly picked up by the many small newsstands that already carried a repertoire of racy nudist mags under the counter but were looking to spice things up.

Leo Madsen had a perfect understanding of everyday sexual fantasies: The cheating housewife who was happy to let in the window cleaner or mailman. Sex in the office with the hot secretary. And the neighbours' beautiful and neglected wife, who was easily talked into a quick fuck before noon. But his greatest and most successful invention was the introduction of free sex ads. In the beginning, it was mostly men looking for sex-craving women – and if they attached a photo of themselves or their erect members, their ad

was more likely to make the pages. Later, one or two ads by women appeared (sometimes fake, at first). And every time a woman put in an ad, the postal service would be busy. An ad sent in by a woman looking for some male company in the sack would easily get 4–500 replies from eager-to-please gentlemen.

But Leo Madsen did have an idiosyncrasy – he didn't like colour. Porn had to be b/w – that was more authentic, Leo thought. But when his competitors started to rake in the money from colour magazines, he had to abandon his principles and publish Week-end Sex in colour too. At that point, Week-end Sex was already a huge success. In 1971, the weekly impression exceeded 35,000 copies and at this time distribution of the magazine also started in Germany, the Netherlands and Sweden. Leo Madsen was making millions.

He also sold other magazines to foreign buyers. In 1970 he was visited by a Japanese delegation wanting to buy 60,000 magazines. On one condition: The dirtiest pictures had to be covered up – to get past Japanese authorities – but not so much that a reader wouldn't be able to see the image if he held it up to the light. Leo Madsen *approved, and it took a team of his employees four whole days to cover all genitalia with black blots. Having done so, the Japanese – who had paid extra for this service – were pleased to take their shipment home.*

Leo Madsen himself was an odd character. And his success only made him odder. He drank way too much and gambled regularly. He was annoyed that his magazine was considered corny and lewd and often wrote editorials that attacked petit bourgeois mentalities and narrow-mindedness. He criticized the – in his opinion – warped sexual mores and argued – like Inge and Sten in Ekstra Bladet – that women had a right to a free sex life.

For a number of years, he supported different causes, including the Mosaic community and the left-wing publication Hovedbladet. He was of Jewish descent himself, and his stepfather was the famous communist attorney and author Carl Madsen. Relations between the two were very strained, and Carl Madsen was not exactly proud of his stepson's chosen trade.

Leo Madsen's final years were not easy. Despite his millions, he was bored out of his skull and becoming increasingly paranoid. He had

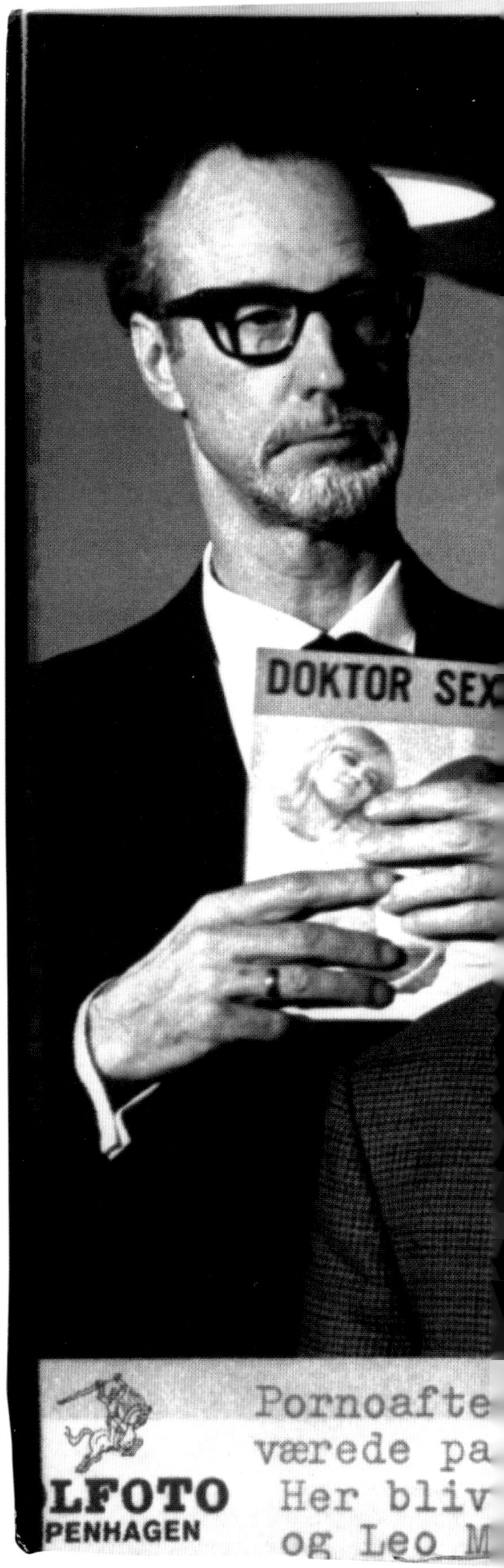

Århus Universitet. Efter diskusionen, over-
t aftenens første forestilling af pornofilm.
verlæge Wagner Schmidt, (med Doktor Sex!)
n interviewet efter forestillingen. (friis)

mini-annoncer

EFTER LUKKETID TRÆKKER MAN SEX I AUTOMATERNE

BOULEVARD ANTIKVARIATERNE
Amagerbrogade 9 & Sønderboulevard 77

Gummipenis

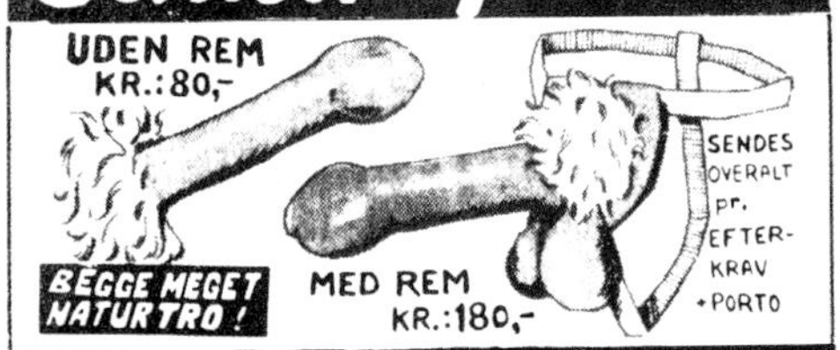

DAG & NAT KIOSKEN
Istedgade 31, 1650-København V

RIGHOLDIGE BROCHURER samt VIRKELIG STÆRKE PRØVER
sendes overalt pr. efterkrav + porto for kr. 20,-
POSTBOX 1828, LYON GADES POSTKONTOR, 2300-KBHVN S

NONNESKOLEN 1–2

NONNERNES PERVERSE SEXUALLIV OG INTIME AFSTRAFFEL-SES METODER

2 stærke magasiner

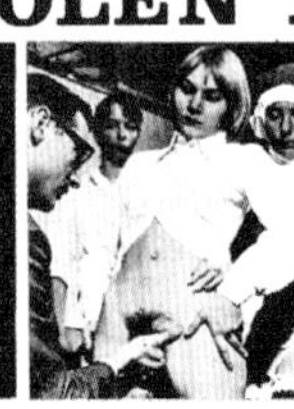

Sendes overalt pr. efterkrav+porto.
Pris pr.stk. kr.10,-

sophisticated
Istedgade 29, 1650-København V

TRE MEGET STÆRKE PORNO-MAGASINER

COLOR LOVE
1 – 2 – 3

Pris pr. stk. kr. 20,-
Sendes overalt pr. efterkrav + porto.

Boulevard Antikvariatet
Amagerbrogade 9
2300-KØBENHAVN S.

5 PIGER MED
KÆMPE BRYSTER

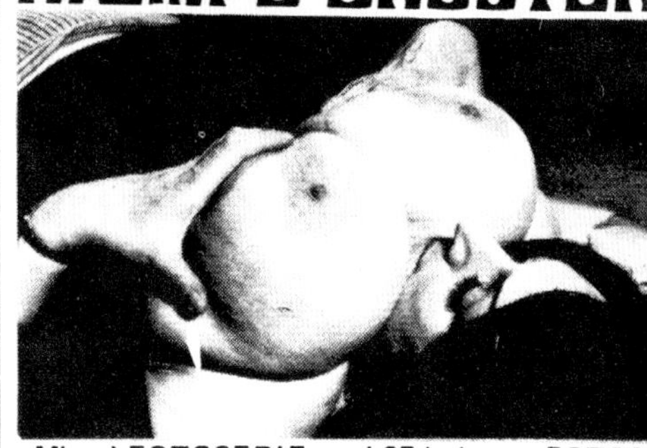

Mixed FOTOSERIE med 25 helt nye FOTOS
KR. 50,- *(Sendes overalt pr. efterkrav+porto)*

DAG og NAT KIOSKEN
Nørrebrogade 63, 2200-KØBENHAVN N.

PRIVAT FOTO-ALBUM

EN VINDUES KIGGERS HEMMELIGE OPTAGELSER !!!

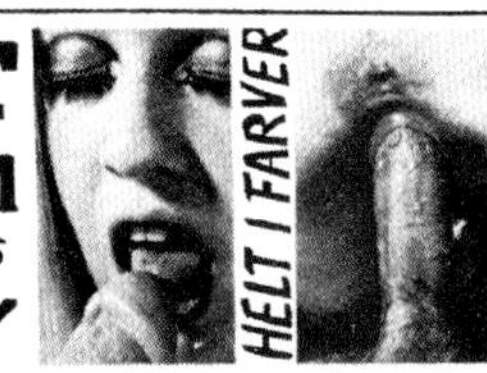

Pris kr. 30,- Sendes overalt pr. efterkrav+porto.
S. P. C., Vesterfælledvej 6, 1750-København V.

HUSK *DAG og NAT KIOSKERNE*
Istedgade 7 & 31. Åbent til 3 nat(også helligdage)

(KUN POSTORDRE)

FORLANG GRATIS BROCHURE OVER ALLE VORE PORNO-FILM

De stærkeste farvefilm: Nr. 58. **»ALT ER TILLADT«** (2 piger & 1 mand). & Nr. 60: **»TREKANTSORGIE«** (1 pige & 2 mænd). SENDES OVERALT pr. efterkrav + porto. (8 mm & super 8). Pris pr. stk. kr.: 350,–
Dag og Nat Kiosken, Istedgade 7, 1650-Kbn V

2

259 Sex on the weekend

Mange mænds drøm:
En skøn trekant med to liderli-ge kvinder. Find dem gennem en annonce i Week-end sex

Svend Thevis, "gangsterkongen af København", var ikke synderlig interesseret I porno. Han så flere penge I narkoen, men ejede dog næsten alle de ejendomme I København hvor der var pornobutikker, inkl. Leo Madsens butikker.

Svend Thevis, the Copenhagen gangster king, had no real interest in porn. He considered drugs more profitable, but still owned almost all the Copenhagen buildings that housed porn shops, including Leo Madsen's.

gotten a little too close with the Vesterbro criminals, including the great slumlord and gangster king Svend Thevis who he occasionally dealt with. Svend Thevis was not particularly interested in porn, but owned many of the properties that housed the Copenhagen porn shops.

Leo Madsen died during a trip to Paris in 1976. Some say he committed suicide, while others maintain that his enemies in the Copenhagen underworld had him taken out. But before that, he saw his empire crumble. For instance, it was hit hard when the 70s oil crisis caused tourism in Denmark to drop. Or maybe the Danes were just tired of all that sex. Competition was also fierce, particularly because the Aller publishing house's Ugens Rapport was selling well. Week-end Sex suddenly appeared out-dated and stale.

When a competitor finally took over the magazine, the print run plummeted to about 5,000 copies each week and eventually had to be stopped completely.

The party was over, both for Madsen and his magazine empire.

Week-end sex
ET UGEBLAD, DER SKABER DEBAT! 4. Årg. 22
SEXMISBRUG
LOU LOU's
erotiske erindringer
KRØBLINGENS
sexuel-forbrydelser
PÅ EVENTYR I
HERBERTSTRASSE
GRATIS KONTAKTANNONCER

Week-end sex®
ET UGEBLAD, DER SKABER KONTAKT! 5. Årg. 3
Når VOLD besejrer
KÆRLIGHED

Bodil

af Torben Andersen

Bodil Joensen kom fra et gudfrygtigt middelklassehjem, men i 1970 blev hun med et slag Danmarks første pornostjerne og kendt i hele verden som uhæmmet dyre-elsker.

> "En kvinde må ikke stille sig hen for et dyr til kønslig omgang; det er en skændsel".

Sådan står der i Tredje Mosebog. Bodil Joensen voksede op med Biblen, da hendes mor var dybt troende. Men trods – eller måske på grund af – de mange moralske formaninger, hun måtte lægge ører til, foretog Bodil det forbudte: Hun havde sex med dyr, og hun gjorde det til sin levevej.

Bodil blev født i Hundige i 1944. Faderen var skibsfører, og hjemmet var i begyndelsen stabilt. Men middelklasseidyllen krakelerede, og forældrene blev skilt, da hun var 12 år. Herefter flyttede moderen og børnene rastløst fra sted til sted. Bodil faldt aldrig til i folkeskolen. Hun nåede at blive indskrevet på otte forskellige skoler, inden hun stoppede skolegangen efter 7. klasse for at komme i huset. Men hun havde tilsyneladende slet ingen evner for hverken rengøring eller madlavning, så det eksperiment blev hurtigt overstået. Bodil boede flere gange på landet og fik adskillige kæledyr.

I 1962 boede Bodil alene på en primitiv gård ved Gelstrup i Odsherred. Hun ville være landmand og tjente til dagen og vejen ved at sælge smågrise. Rygtet om Bodil, som i lokalsamfundet blev kaldt "gede-pigen", nåede i løbet af 1963 frem til hovedstadspressen. En ung, smuk pige, der det meste af tiden levede alene på sin gård med en broget dyreflok, var en god historie. Hun forklarede tålmodigt de arriverende journalister, at hun i modsætning til mange andre unge piger ikke interesserede sig for The Beatles. Selv om hun havde et fjernsyn, så optog de levende billeder hende ikke særlig meget. Og en kæreste var hun da bestemt ikke interesseret i at få. Hun havde kun lyst til at være sammen med sine 75 dyr, som i 1964 bestod af geder, søer, kaniner, hunde og en hest.

HER ARBEJDER VI
MED FØLELSE!

HER ARBEJDER VI
MED FØLELSE !

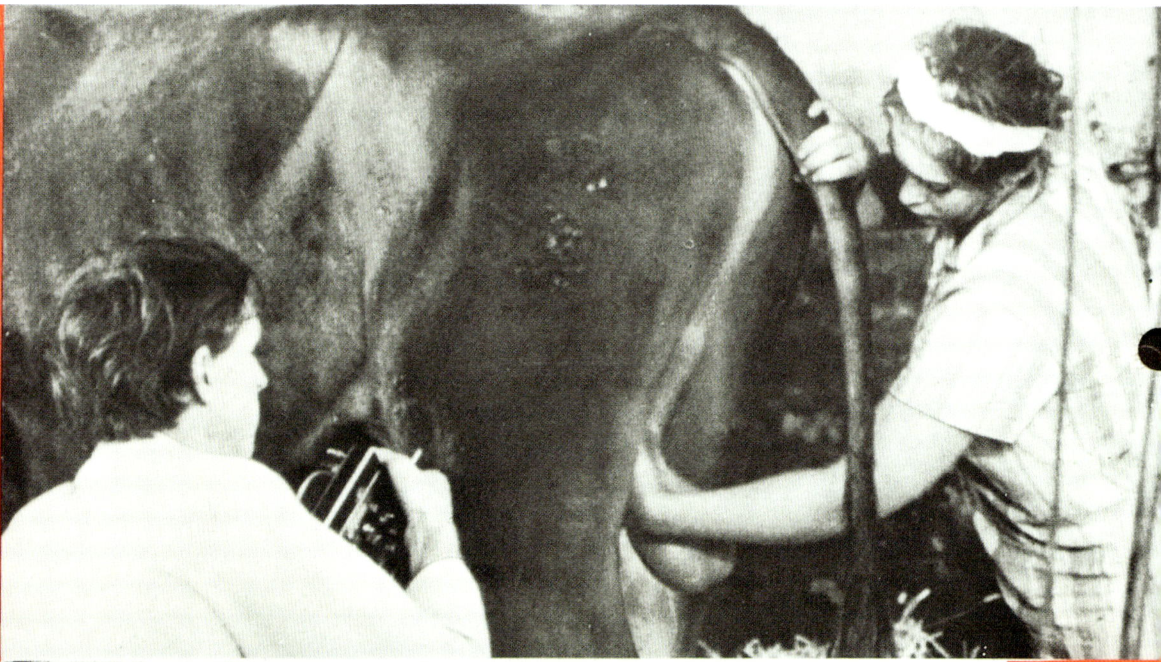

Bodil fortalte alle journalisterne, som besøgte hende, at hun ønskede at starte sin egen ornecentral. Hun købte i 1965 sine første orner og en lastbil. På bagklappen af grisebilen stod "Odsherreds Sædcentral". I begyndelsen havde Bodil bare syv-otte kunder, og hun måtte sætte prisen ned i forhold til andre ornecentraler. Det blev en stor succes. I sommeren 1966 havde hun 22 orner, og kundekartoteket indeholdt navne på 400 landmænd. Hun imponerede landmændene med sin gejst og ihærdighed. Bodil fortsatte med at vække opsigt. I 1966 deltog hun i tv-udsendelsen

Ung Sommer fra Rørvig Havn. Her fortalte hun om sit usædvanlige arbejde og blev for alvor kendt som "ornepigen". I dagene efter programmet strømmede det ind med frierbreve til den kække kvinde fra Odsherred, men Bodil afviste de håbefulde mænd. Hun skulle aldrig giftes.

– Så skal jeg jo stå og vaske mandens skjorter og lave hans mad, mens han kører ud med mine orner. Aldrig i livet, lød det selvbevidst fra Bodil. Men den flotte, ugifte kvinde blev ikke modtaget med begejstring overalt i lokalsamfundet. Især landmændenes koner så sig efterhånden sure

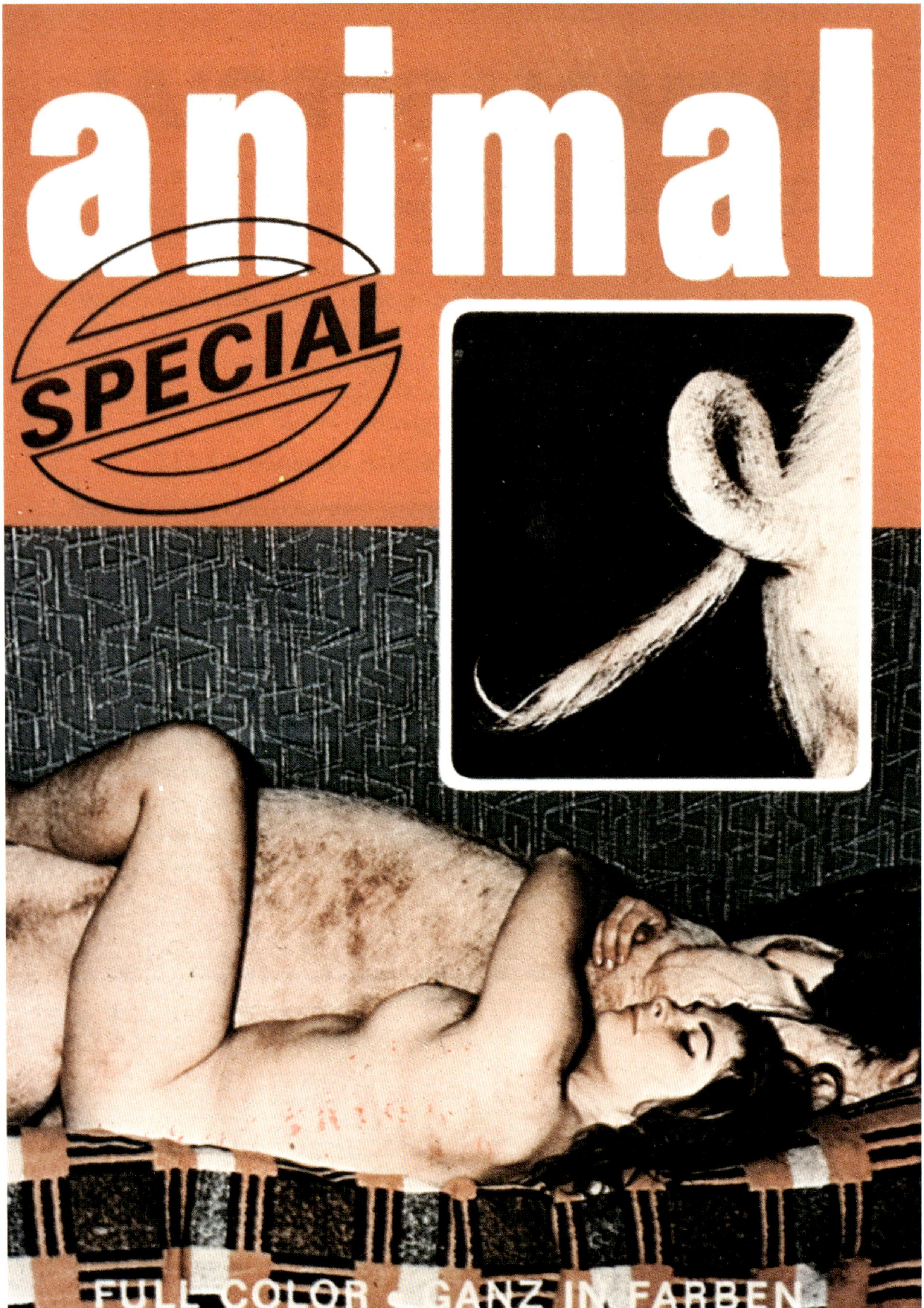
animal
SPECIAL
FULL COLOR • GANZ IN FARBEN

på den populære og attraktive sædleverandør. Rygterne tog til. Man påstod, at hun holdt stævnemøder med landmændene efter mørkets frembrud. Bodil hævdede senere, at konerne hadede hende, fordi ni ud af ti af landmænd ønskede at have sex med hende. Efterhånden takkede flere og flere af hendes kunder nej til hendes orner. Og det ramte hende hårdt økonomisk. Hvis hun ville beholde sine dyr, var det nødvendigt at tjene nogle hurtige penge.

I 1969 tog Bodil derfor kontakt til det københavnske pornomiljø. Bodil blev fotograferet til en række pornoblade, men konkurrencen imellem kvinderne var benhård, og hun tilbød derfor også at optræde i sodomi-bladet Animal Orgy, som blev udgivet af pornokøbmændene Jens og Peter Theander. Og det var som sodomist, Bodil hurtigt blev en kendt skikkelse i det hårde porno-miljø.

Men Bodil var desperat efter endnu flere penge. Hun ringede derfor til filmmanden Ole Ege. Han havde gennem flere år produceret erotiske film med et kunstnerisk anstrøg, men han mente ikke, hun kunne bruges. Bevares, Bodil var skam pæn, særligt hendes ansigt var attraktivt med de skinnende blå øjne, men ifølge film-æstetikeren var hun lidt for firskåren og grov til hans kunstfilm. Men sammen med den japansk-amerikanske billedhugger Shinkichi Tajiri producerede Ole Ege i 1970 filmen A Summer Day, som skildrede ornepigens liv på gården i Odsherred. Filmen var uden tale, da båndoptageren ikke virkede, men med Beethovens Pastorale som lyrisk kontrast til de knaldhårde sex-scener fik filmen en helt særlig status blandt tidens mange dokumentarprogrammer om porno. Ved den store pornofestival i Amsterdam, Wet Dream Festival, i sommeren 1970 vandt Ole Eges film en hovedpris.

Bodil fra Odsherred var med ét slag blevet berømt – også uden for landets grænser. Men hendes tid som feteret stjerne blev kort.

Ornepigen Bodil indspillede flere pornofilm i Odsherred, hvor naboerne med stille undren bemærkede, hvordan turistbusser med japanere, udstyret med det nyeste kameragrej, trillede ind i landsbyen Høve. Her kunne de forevige den gådefulde og grænseløse kvinde sammen med hingsten Dreamlight, hunden Lassie og tyren Sofus.

Flere "dokumentarfilm" om hende blev kastet på markedet, og filmen Animal Lover fik hurtigt kult-status i USA. De forargede stod i kø, men Bodil fik også opbakning. Sexologen Sten Hegeler udtalte, at sodomi ikke bør være noget problem. Selv fortalte Bodil, at hun dyrkede sex med sine dyr, fordi hun holdt mere af dem end af mennesker. Og hun havde selv et bud på, hvorfor det forholdt sig sådan. Hun var som 12-årig blevet seksuelt forulempet af en voksen mand i ventesalen på en togstation. Under afhøringen på politistationen provokerede en betjent Bodil til at gentage de sjofle ord, manden havde benyttet. Disse ord gjorde imidlertid den religiøse mor rasende, og hun gennembankede datteren, da de kom hjem. Bodil fandt herefter trøst i sin hund, som en dag slikkede hende i skridtet. Siden denne oplevelse stolede hun mere på sine dyr end på andre mennesker.

Bodil udnyttede, at hun var blevet et kendt navn til at optræde i en række live-shows på Vesterbro i København. Til tonerne af Je t'aime og Der sidder en vovse i et vindue optrådte hun i forskellige sexklubber sammen med Lassie. Sodomi-showene vakte stor opsigt, og efter pres fra dyreværnsorganisationer forbød justitsministeren live-shows med dyr.

Porno-bagmændene mistede efterhånden interessen for Bodil. Men hun havde kroniske pengesorger. Hun havde i 1972 fået en datter med sin mand, der i øvrigt medvirkede i flere af hendes film. Hun begyndte derfor at trække på Vesterbrogade i København. Hun indrettede en massageklinik i nr. 111, hvor hun med et stort smil tog imod kunder, som kendte hendes præferencer. Hun fik for eksempel besøg af en mand, som ønskede at blive behandlet som en hund. Han fik halsbånd på, og så promenerede hun ned ad Vesterbrogade med ham i snor. Manden kravlede nøgen på alle fire, og lettede ben ved lygtepælene.

Bodil gik mere og mere i opløsning af druk, og hun evnede ikke at passe sine dyr i Odsherred. I 1982 mistede hun retten til at have med dyr at gøre. Den store dyre-elsker måtte end ikke eje en kanariefugl.

Bodil døde i 1985, 40 år gammel, ensom og glemt.

Bodil

by Torben Andersen

Bodil Joensen came from a God-fearing, middle-class background, but in 1970 became Denmark's first porn star overnight and known throughout the world as an unbridled animal lover.

> *"And if a woman approach unto any beast, and lie down thereto, thou shalt kill the woman."*

Thus says Leviticus. Bodil Joensen was raised on the Bible, since her mother was a deeply devout woman. But despite – or maybe because of – the many admonitions of morality she had to listen to, Bodil did the forbidden: She had sex with animals, and made it her livelihood.

Bodil was born in Hundige in 1944. Her father was a first mate, and the home was stable at first. But the middle class dream ended and her parents divorced when Bodil was 12. From this point on, the mother and children moved frequently. Bodil never did fit in at school. She was enrolled into eight different schools before she dropped out at age 13 to become a housemaid. But seemingly having no aptitude for either cleaning or cooking, that experiment was quickly abandoned. Bodil lived in the countryside on more than one occasion and acquired many pets.

In 1962, Bodil was living alone on a primitive farm near Gelstrup in Odsherred. She wanted to become a farmer and earned a living selling piglets. Rumors of Bodil, who was known locally as the Goat Girl, reached the Copenhagen press during 1963. A young, beautiful girl who essentially lived alone on a farm with a motley bunch of animals was a good story. She patiently explained to arriving journalists that unlike other young girls at the time she was not into the Beatles. While she did own a television set, moving pictures did little for her. And she definitely did not want a boyfriend. All she wanted was to be surrounded by her 75 animals, which in 1964 included goats, pigs, rabbits, dogs and a horse. Bodil told all the visiting journalists that she wanted to establish her own pig insemination company. In 1965, she bought her first boars and a truck. The tailgate read "Odsherred Sperm Central". At first, she

Gælder det gode avlsdyr!
benyt
Odsherreds
Sædcentral
v/Bodil Joensen
Dreamlight.
DÆKKER
ODSHERRED
TLF.
(03) HERRESTRUP 45 91 42

only had 7–8 clients, and she had to give discounts to make the sales. But she was successful. In the summer of 1966, she had 22 boars and her client roster contained the names of 400 farmers. She impressed them with her pluck and perseverance.

Bodil continued to attract attention. In 1966, she appeared on television as part of the Ung Sommer broadcast from Rørvig Havn. She spoke of her unusual job and became known as the Boar Girl. Following the broadcast, the feisty Odsherred girl was swamped with marriage proposals. But Bodil turned away all hopefuls. She was never getting married. "Then I'd have to wash his shirts and cook for him, while he takes out my boars. No way!", exclaimed the confident Bodil. But the pretty, single girl was not universally beloved in the small community. By and by, the farmers' wives in particular started to give the popular and attractive inseminator the evil eye. Rumors increased. It was said that she had affairs with the farmers after dark. Bodil later claimed that the wives hated her because nine out of ten farmers wanted to have sex with her. Eventually, more and more clients turned down her boars. And she was hit hard financially.

If Bodil wanted to keep her animals, she needed fast money. So in 1969, she contacted the Copenhagen porn environment. Bodil was photographed for a number of porn magazines, but competition between women was cutthroat, so she also offered to appear in the sodomy magazine Animal Orgy published by porn merchants Jens and Peter Theander. And it was as a sodomist that Bodil would quickly become a hardcore porn celebrity.

But Bodil was desperate for more money, so she gave filmmaker Ole Ege a call. Ege had been making artsy erotic movies for several years, but he didn't think Bodil was right for him. To be sure, Bodil was pretty enough – particularly her face with the shiny, blue eyes – but the movie aesthete found her too square and coarse for his art films.

But together with the Japanese-American sculptor Shinkichi Tajiri, Ole Ege produced the 1970 film A Summer Day, which depicted the Boar Girl's life on her Odsherred farm. It was a silent movie (since the tape recorder didn't work), but using Beethoven's Pastoral as a lyrical contrast to the extreme sex scenes gave the film its

special status among the period's many documentaries on porn. In the summer of 1970, Ege's film took home the Grand Prix at Wet Dreams Festival, the big porn festival in Amsterdam. Bodil from Odsherred had become an instant celebrity – even outside Denmark. But her time as a much-vaunted celebrity was to be short.

Bodil the Boar Girl made more porn movies in Odsherred, where the neighbors must have wondered quietly as busloads of Japanese rolled into the village of Høve with state-of-the-art camera equipment. Here, they would be able to capture the inscrutable and unbridled woman with Dreamlight the stallion, Lassie the dog and Sofus the bull.

More Bodil "documentaries" were made and the film Animal Lover gained a cult following in USA. People were lining up to condemn Bodil,

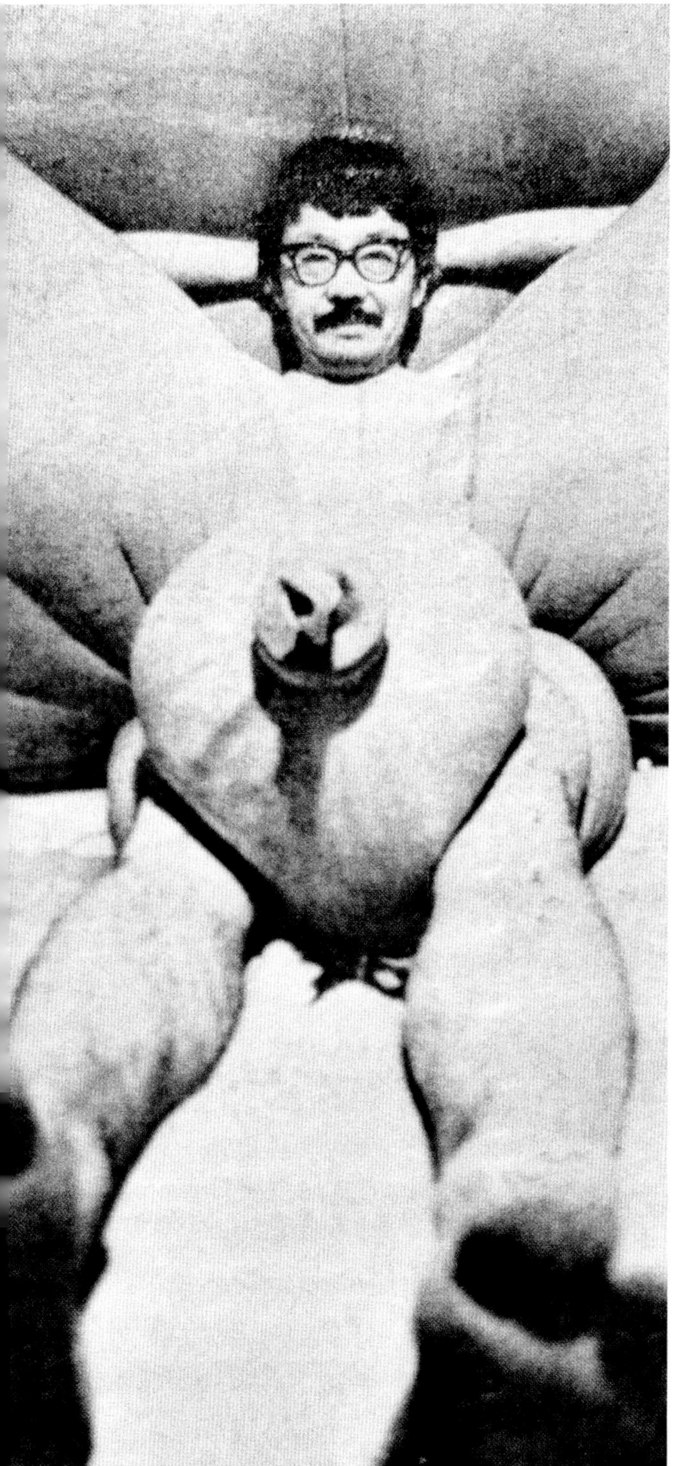

but she had her supporters, too. The sex therapist Sten Hegeler maintained that sodomy was fine. Bodil explained that she had sex with her animals because she liked them better than people. And she also ventured a guess as to why that was. As a 12-year-old, she had been sexually molested by a grown man in a train station waiting room. During her deposition at the police station, a police officer had goaded her into repeating the lewd words the man had used. This affront infuriated Bodil's religious mother, who beat her vigorously when they got home. Bodil subsequently sought comfort with her dog, which had licked her groin one day. This experience made Bodil trust animals more than people.

Bodil exploited her fame by appearing in a series of live shows on Vesterbro in Copenhagen. To the tunes of Je t'aime and Der sidder en vovse i et vindue (How much is that doggy in the window), she appeared together with Lassie in a number of sex clubs. The sodomy shows caused an uproar and following pressure from animal rights groups, the Danish Attorney General outlawed live shows with animals.

The porn peddlers eventually lost interest in Bodil. But she always had money trouble. In 1972, she had had a daughter with her husband – who incidentally appeared in several of her films. So she started soliciting on Vesterbrogade in Copenhagen. She established a "massage parlor" in no. 111, where she greeted John Does who knew her preferences with a huge smile. One of her regulars was a man who wished to be treated like a dog. Once he had been collared, she would walk him down Vesterbrogade on a leash. Completely naked, he would crawl on all fours and relieve himself at lampposts.

Bodil slowly lost herself to booze and couldn't take proper care of her Odsherred animals. In 1982, she lost the right to keep animals. The great animal lover wasn't even allowed to own a canary.

Bodil died in 1985 at the age of 40, alone and forgotten.

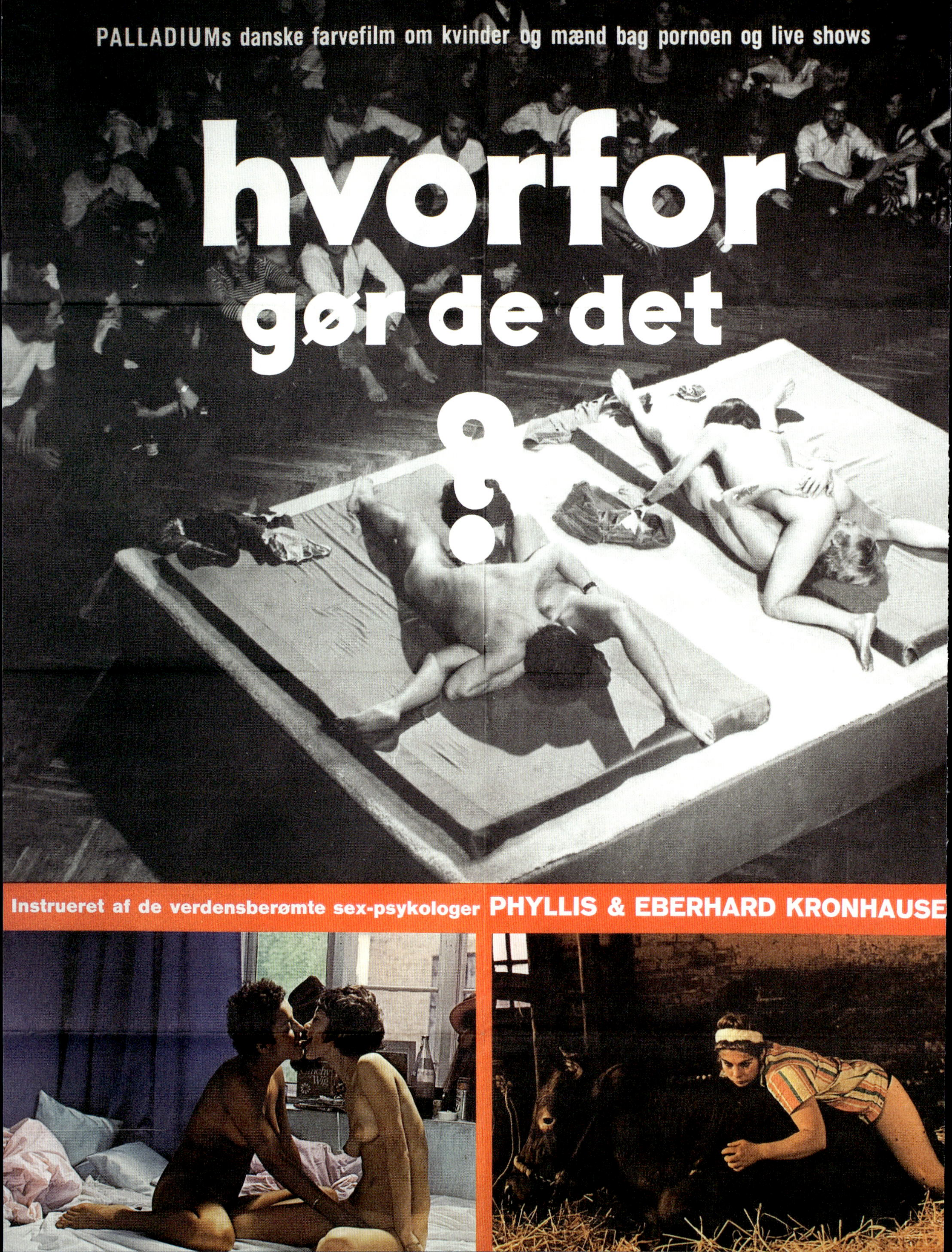
PALLADIUMs danske farvefilm om kvinder og mænd bag pornoen og live shows
hvorfor
gør de det
?
Instrueret af de verdensberømte sex-psykologer PHYLLIS & EBERHARD KRONHAUSE

Hvorfor

af Jack Stevenson

I starten af 70'erne var Danmark blevet verdens mest radikalt seksualiserede samfund og København var sprængfuld af livesex-klubber, hvor ingen tænkelig stilling eller perversion var forbudt. Gæsterne kunne selv vælge: om det skulle være Bodil, der optrådte med sin elskede collie til Je t'aime, eller det raceblandede, lesbiske par Effie og Marianne, der kælede intenst til Bridge Over Troubled Water, så skortede det ikke på uartig underholdning. Nævnes skal også de nøgne gogo-dansere på Club Green, der trillede mandlige frivillige op på scenens madras for at se, hvem der først kunne fremkalde en orgasme. København var blevet det første moderne Mekka for sexturisme, og nok ikke siden Romerriget havde en sådan dekadence virket så dagligdags.

Gift havde godt nok præket imod denne tingenes tilstand, men ingen lyttede og filmene blev mere vovede og hårde for hvert år der gik. Fra Jeg, en marki (1967) til Uden en trævl, Det kære legetøj og Jeg, en kvinde 2 (alle 1968) og videre til Sonja – 16 år (1969) og Jeg, en kvinde 3 (1970). De sidste grænser og tabuer faldt som fluer. Blandt disse film fandt man også en række dokumentarer, der forsøgte at forstå denne revolutionære tilstand af seksuel væren. Niels Vest forsøgte sig i genren (Sex en gros), og det samme gjorde Gabriel Axel (Det kære legetøj) og en lang række andre instruktører. Filmene lignede stort set alle sammen hinanden, med de samme sex-optrædener, besøg i pornobutikker, gadeinterviews og obligatoriske indblik i tilblivelsen af en rigtig pornofilm. Men én skilte sig ud. Meget, endda. Den hed Hvorfor.

Dens amerikanske instruktører, Phyllis og Eberhard Kronhausen, var begge praktiserende psykologer med speciale i menneskets seksualitet. De var et fremtrædende ægtepar, der samlede på erotisk kunst, udgav kontroversielle bøger, vidnede under blufærdighedsretssager og lavede film – og snart blev de også kendt som frontfigurer i den seksuelle revolution. Trætte af den amerikanske kulturs snerpethed og seksuelle dobbeltmoral flyttede de til Paris i 60'erne og derefter til Tyskland, hvor de i 1969 instruerede dokumentaren Freedom to love.

Eberhard W. Kronhausen, Ed. D.
født 1915 i Berlin, Tyskland.

Studeret ved University of Minnesota 1945–51. B. S. University of Minn., 1957. M. A. i psykologi, U lumbia Univ. Teachers College, 1945–56. Ed. D. i ægteskabs- og familielivsopdragelse, 1956. Psyko munity Guidance Centers, New York, 1954–58. Privat psykoanalytisk praksis, New York 1954–58. projektet »The Therapeutic Family«, delvis finansieret af forskningsbevilling M-1136 (r), National In U.S. Public Health Service, 1956–57.
Medlem af: The American Psychological Association, New York State Psychological Association, D cology, The American Academy of Psychotherapists, Council of Psychoanalytic Psychotherapists.

Phyllis C. Kronhausen, Ed. D.
født 1929 i Minnesota, U.S.A.

Studeret ved University of Minnesota, 1947–51, B.B.A. (med stor udmærkelse), University of Minn. amerikanske vicekonsul U.S. Consulate General, Bombay, Indien, 1951–53. Studeret ved Teach Univ., 1954–58. Ed. D. i ægteskabs- og familielivsopdragelse, 1958. Medleder af forskningsprojekte mily«, delvis finansieret af forskningsbevilling M-1136 (r), National Institute of Mental Health, U.S. 1956–57. Var den første psykolog, der optrådte som vidne under en pornografi-sag i staten Califo vs. Aday ved U.S. District Court of Appeal, 1958.
Medlem af: The American Psycological Association, Council of Psychoanalytic Psychotherapists.

Sammen fremlagde ægteparret forskningsresultater vedrørende familiemiljø-terapi over for alvorli på den 2. Internationale Kongres for Psykiatri, Zürich 1957. Skrevet manuskript til og instrueret k tage«, spillefilmen »Frihed til at elske« og nu »Hvorfor gør de det?

linn., 1951. Co-
Group for Com-
af forsknings-
Mental Health,

of Clinical Psy-

ssistent for den
ege, Columbia
herapeutic Fa-
Health Service,
der sagen U.S.

rrede patienter
»Psycho-Mon-

ROBERT E. PETERSEN OFFSET-BOGTRYK

Kamera:
Mikael Salomon D.F.F.
Ass.: Jesper Find

Lyd:
Preben Mortensen
Ass.: Henrik Hansen

Musik:
Ole Høyer

Sangtekst:
Paul Secon

Sang:
Matty Peters
Otto Brandenburg

Belysning:
Ove Hansen
Ass.: Leif Fick

Make-up:
Birthe Lyngsøe

Script:
Vibeke

Medvirkende:

Bodil Joensen
Effie
Marianne
Alex
Lisa
Flemming
Connie
Constance
Jytte
Keld Holm
Søren Strømberg
Dale Robinson
Tyren Sofus
m. fl.

WARUM
DIE GRENZE ZWISCHEN
PERVERS SO SCHWER

Men det eneste land, der tillod visninger af hele filmen, var Danmark.

Danmark var kommet først ind i fremtiden, og det stod klart, at det skulle være deres næste stop. Så i 1970 flyttede de til Danmark og begyndte at optage Hvorfor, en dokumentar der skulle undersøge de mennesker, der svedte sig gennem nætterne som performere i byens pornoklubber, og deres miljø og tankegang. De fokuserede på tre grupper af optrædende: 1) to heteroseksuelle, gifte par 2) det raceblandede, lesbiske par Effie og Marianne og 3) Bodil, som læseren efterhånden kender. Som filmens røde tråd organiserede psykologerne en sexoptræden i Københavns Universitets studenterforening. Den bestod af heteroseksuelt og lesbisk samleje på gummimåtter, som en stor gruppe studerende sad på gulvet og betragtede, hvorefter de blev interviewet. Disse optagelser er spredt gennem filmen.

Intet af det nævnte var særligt banebrydende for en dansk film fra 1970 eller 1971 – andre dokumentarer indeholdt tilsvarende scener, inklusive nogle med Bodil. Det, der gjorde Hvorfor anderledes var, at den så kraftfuldt talte for Kronhausens grundlæggende præmis – at offentlig sex var den uundgåelige manifestation af en højere, friere bevidsthed. Mens de konkurrerende dokumentarer forsøgte at behandle seksualitet som let underholdning eller objektiv reportage, var Hvorfor et seksualpolitisk manifest, der snarere forsøgte at ændre den sociale virkelighed. Sex som radikal gruppeterapi – og hele landet var inviteret. For individet betød det tvungen seksuel indladenhed og eksperimenteren – det betød, at éns grænser skulle flyttes. Det var alvorlige sager og ikke helt ufarligt. Parret Kronhausen skrev senere en bog, The Sex People, som en art opfølgning på filmen, hvori de forklarer at "[der] er personlige og sociale risici – store risici, endda – forbundet med at vælge en total frihed som denne". De forsøgte ikke så meget at beskrive verden, som at føre os ind i en ny.

Igen var Danmark det eneste land, der tillod en fuldstændig visning, hvilket lod danskerne fylde biograferne, så de kunne modtage en forelæsning om sig selv – om hvilket fantastisk frigjort folkefærd, de var. Nogle fandt forelæsningen lidt anstrengende. "I lange interviews", indvendte en skribent, "fortæller Kronhausen os, at det er idel lykke at være så frigjorte. De gentager pointen igen og igen med løftede pegefingre ... Det får næsten én til at længes efter de gode, gamle undertrykte dage, hvor alt var forbudt".

Set i bakspejlet stiller filmen flere spørgsmål, end den besvarer. "Er vi så frigjorte, som vi går og tror? Er pornografien blevet en naturlig, integreret del af vores liv i disse frigjorte tider, eller er vores holdning til den stort set uændret? Er vi frigjorte eller bare nysgerrige? Og er det måske kun en lille gruppe af mennesker, der er psykisk rustede til at leve seksuelt frigjorte liv?"

Disse spørgsmål blev stillet ikke af Kronhausen-parret, men af den danske instruktør Annelise Hovmand, der året efter lavede dokumentaren 24 timer med Ilse – men de kunne lige

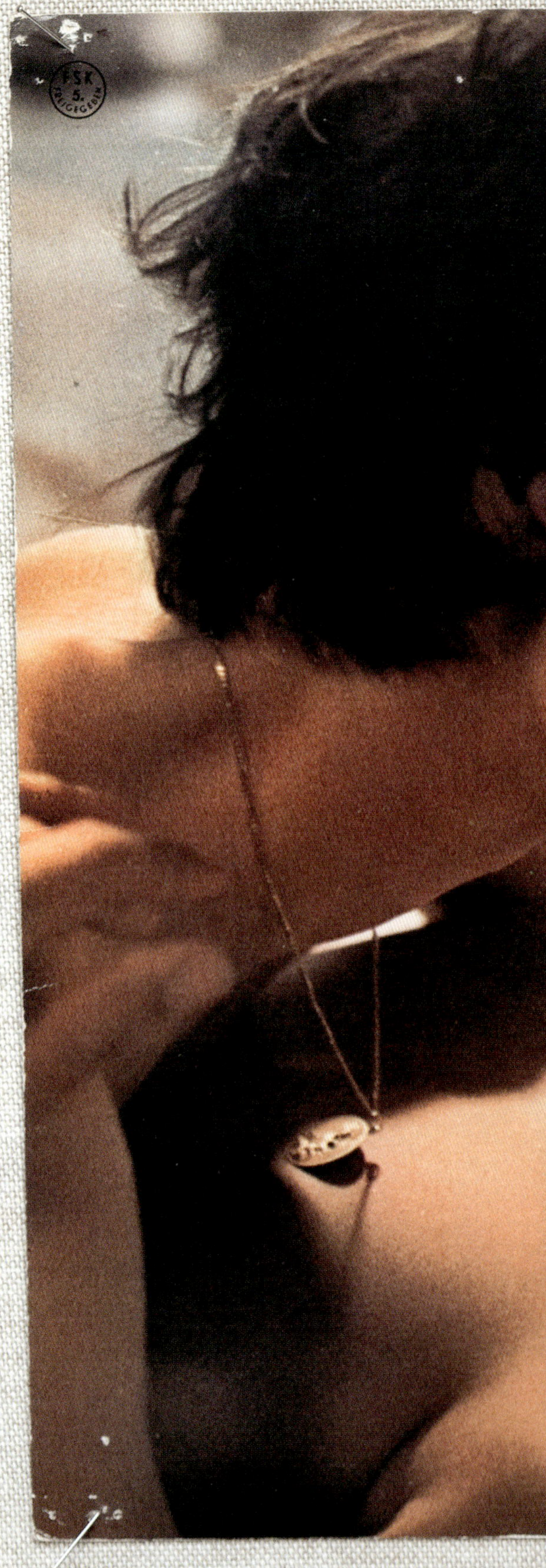

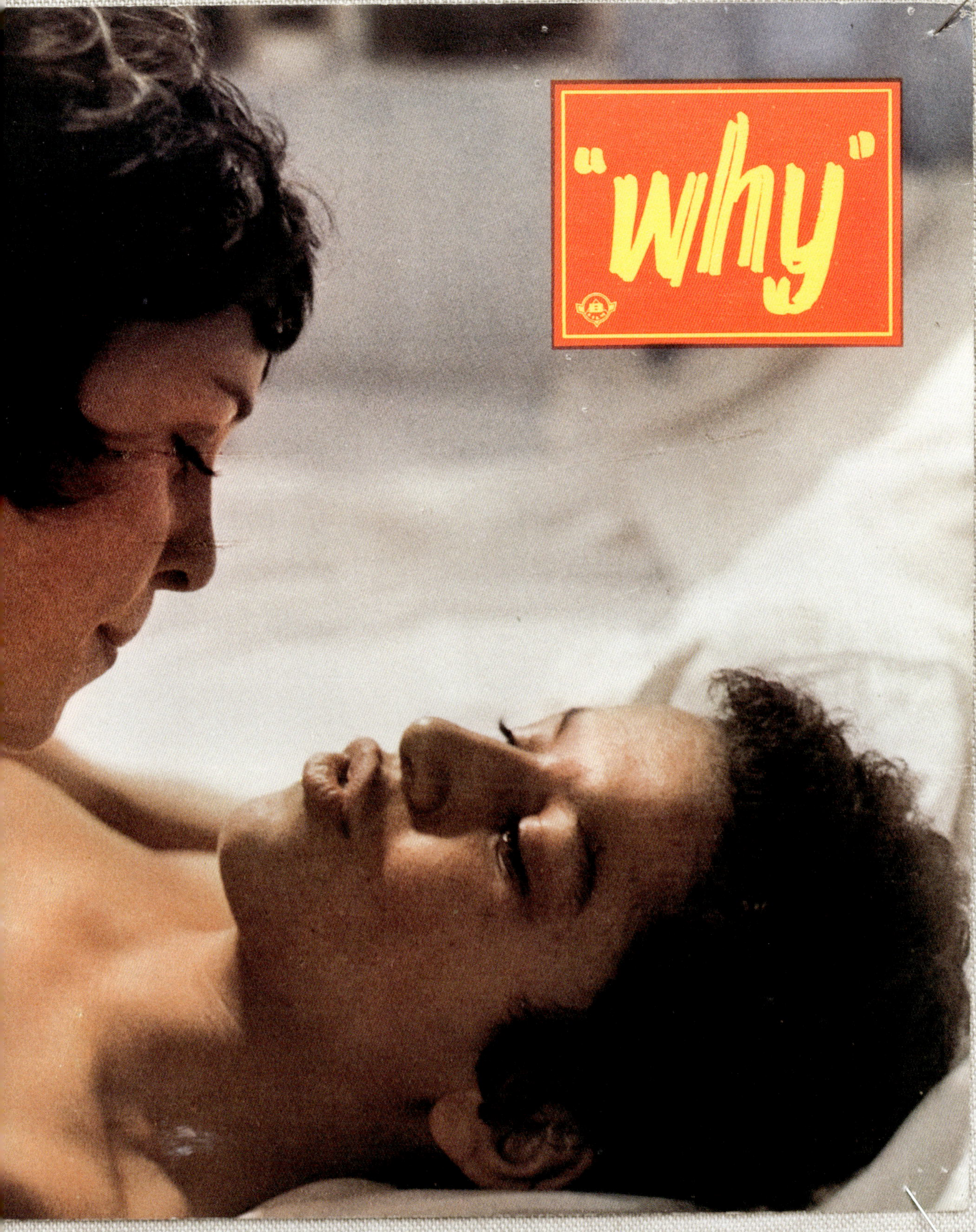
"why"

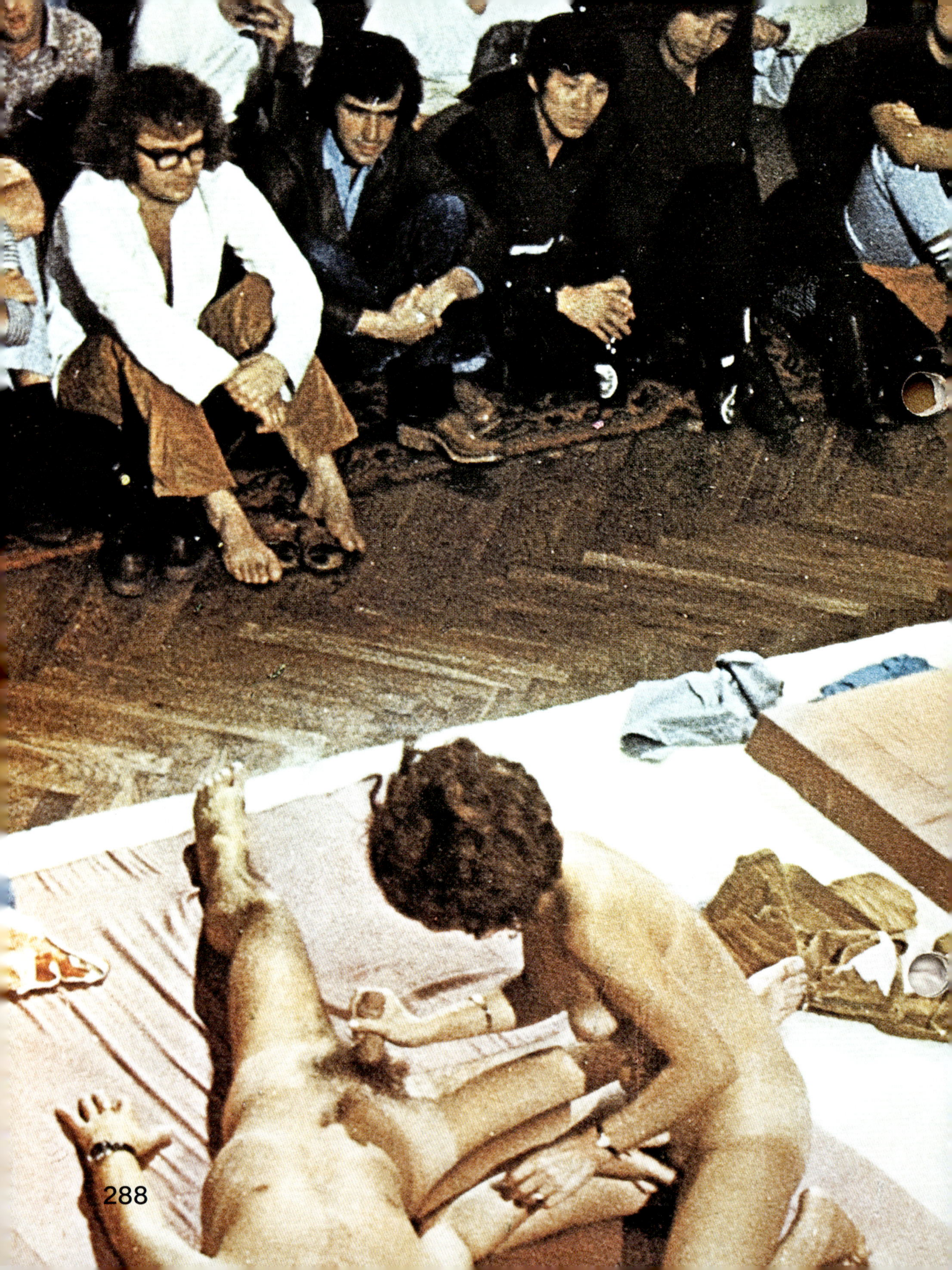

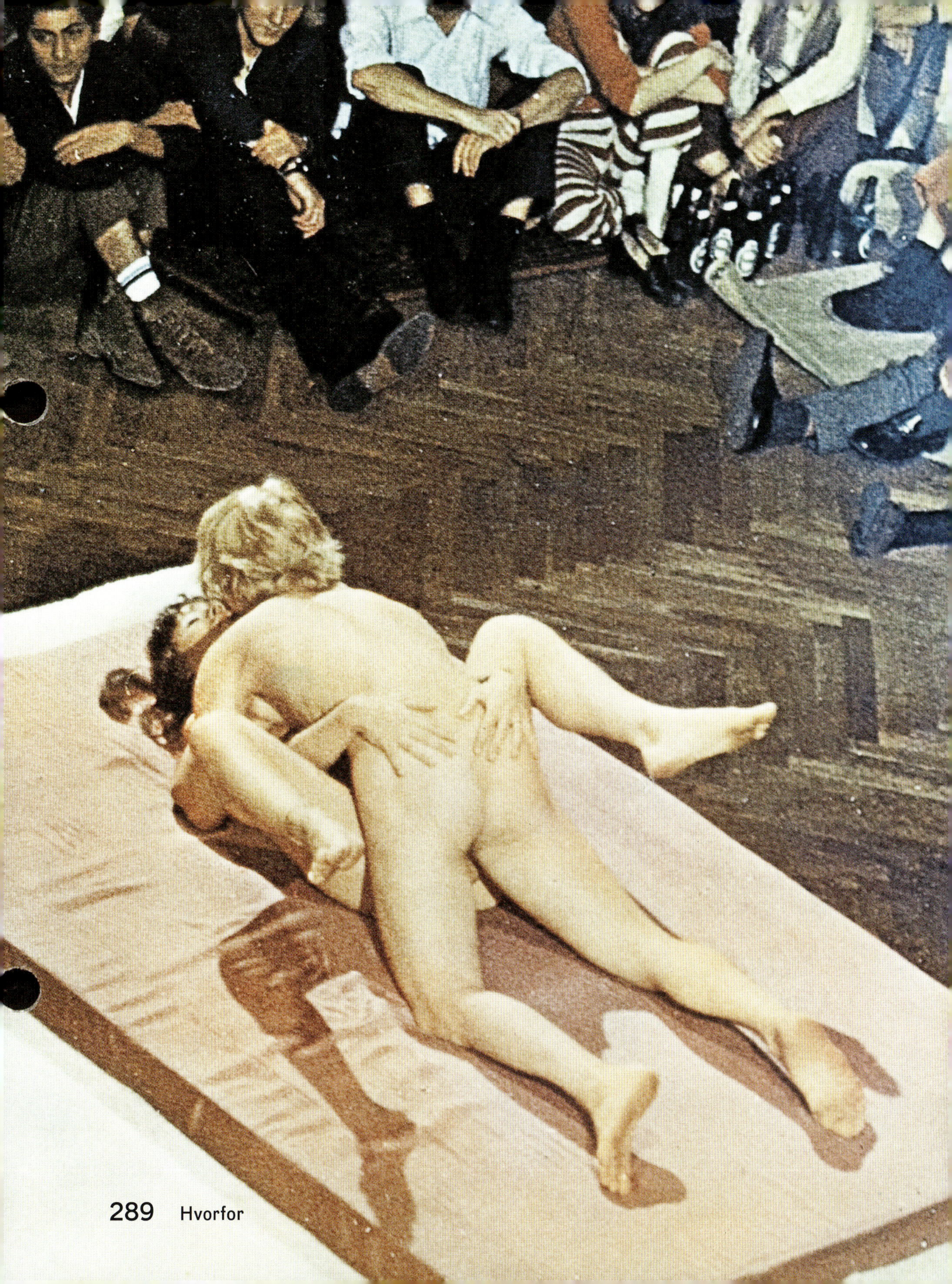

EIN FILM, WIE ES IHN NIE GAB
„why"
?
(„WARUM")
EXZESSE SEXUELLER LUST OHNE SCHAM!
BODIL JOENSEN · EFFIE · MARIANNE · ALEX · LISA · FLEMMING · CONNIE · CONSTANCE · JYTTE · KELD HOLM · SØREN STRØMBERG
REGIE: DR. PHYLLIS & EBERHARD KRONHAUSEN · PRODUKTION: PALLADIUM, JOHN HILBARD, KOPENHAGEN · KAMERA: MIKAEL SALOMON
EIN FARBFILM IN EASTMANCOLOR
VERLEIH: AB-FILM

så godt gælde Hvorfor – eller sågar hele perioden. Ved at udbrede deres radikale teorier med en næsten religiøs indædthed, var Kronhausen-parret blevet virkeliggørelsen af den "kødets profit", som Knud Leif Thomsen havde advaret så dystert imod i Gift. Disse to film repræsenterer modpolerne i den seksuelle teori der lå bag den danske seksuelle revolution. Gift er den dystre profeti og Hvorfor dens opfyldelse.

Som både dybt seriøse og filosofiske værker, var dette de mest banebrydende og radikale film fra perioden – og alligevel er det ikke dem, folk husker. Der skal man have fat i de 14 film, der udgør Sengekants-serien og Stjernetegns-serien – henholdsvis soft- og hardcore – og som blev udgivet mellem 1970 og 1978. Disse film var ufatteligt populære og etablerede den danske "glad porno"-genre, samtidig med at de indlemmede Ole Søltoft, Birte Tove, Viva Rau og selv Louise Frevert og Gotha Andersen i dansk populærfilms hall of fame. Men i virkeligheden var de bare opkog over folkekomedierne – og de havde endda mange af de kendte og folkekære skuespillere med i ikke seksuelt aktive roller. Det var en bitter pille at sluge for den gruppe af rebelske instruktører, der først i 60'erne – med den franske nouvelle vague i ryggen – ville drive en pæl gennem den forhadte folkekomedies hjerte og lave ærlige, spontane film, der fremstillede sex realistisk. Men i stedet var cirklen sluttet. Film er trods alt forretning, og de modige filosofiske værker som Gift og Hvorfor er gået i glemmebogen, mens Sengekants- og Stjernetegns-filmene stadig lever videre på video og DVD.

Men porno-komedierne opnåede trods alt én ting – de fremmede opfattelsen af sex som noget fornøjeligt, ubekymret og optimistisk. Og det er ikke så ringe endda. Sex som noget, der ikke var gravalvorligt og gav anledning til selvransagelse og fortvivlelse. På den måde var de også en slags oprør – både mod de tidlige, svenske film med deres dystre, eksistentialistiske perspektiver og mod dokumentarer som Hvorfor, der kun kunne se sex gennem den kollektive psykologis briller. Alle disse film havde glemt dén ene ingrediens, som publikum hungrede efter: Glæden ved at nyde livet.

Why

by Jack Stevenson

By the start of the 70s Denmark had transformed into the world's most radically sexualized society and Copenhagen was overrun with live sex clubs where no position or perversion was prohibited. Visitors could take their pick: whether it was Bodil performing with her beloved collie to Je t'aime or the inter-racial lesbian couple Effie and Marianne caressing passionately to Bridge Over Troubled Water, there was no dearth of deviant delights, and not to forget the naked go-go dancers at Club Green rolling male volunteers on to the public mattress to see who could coax out an ejaculation first. Copenhagen had become the first sex-tourist Mecca of the modern era, and perhaps not since the Roman Empire had such decadence seemed so routine.

If Gift had preached the error of these ways, no one was listening and every year the movies got more daring and explicit, from I, A Nobleman ('67) to Without A Stitch, Danish Blue and I, A Woman 2 (all '68) and on to Relations – A Love Story ('69) and I, A Woman 3 ('70), the last barriers and taboos were quickly falling away. Among these films were a scattering of documentaries that attempted to understand this revolutionary state of sexual existence. Nils Vest made one (Sex Galore) as did Gabriel Axel (Danish Blue) and many others directors tried their hand in the genre as well. These films more or less all resembled each other with their rote inventory of sexual performances, visits to porn shops, on-the-street interviews and the obligatory peek at how a sex film was shot. But one was different. Very different. It was called Why.

The American directors of Why, Phyllis and Eberhard Kronhausen, were both practicing psychologists who specialized in human sexuality. They were a high profile couple, collecting erotic art, publishing controversial books, testifying at obscenity trials and making movies, and soon they became known far and wide as major figures of the sexual revolution. Weary of the prudishness and sexual hypocrisy that dominated American cultural life, they moved to Paris at some point in the 60s, and then to Germany where in 1969 they directed the documentary, Freedom to Love.

"why"

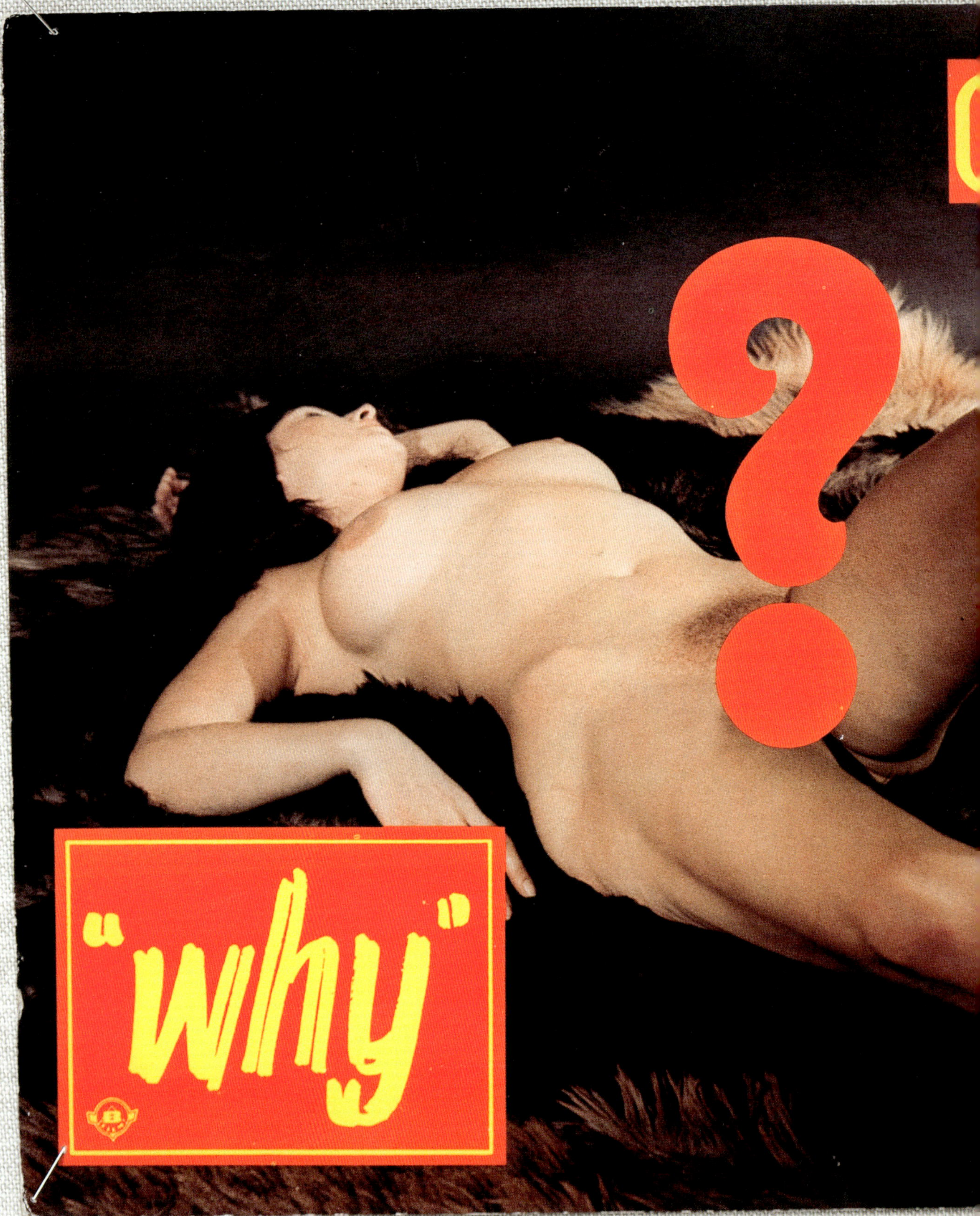
"why"

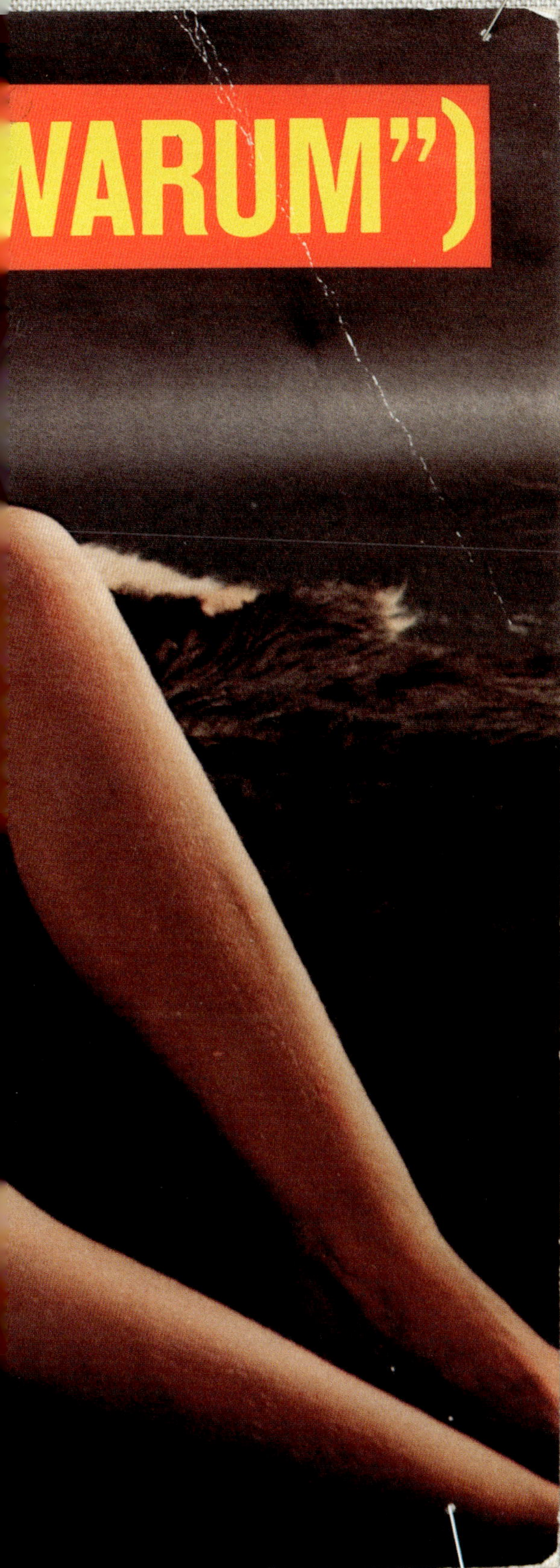

But the only country where it was permitted to screen uncut was Denmark. Denmark had entered the future first and it was clear that that was where they must go.

And so they moved there in 1970 and began shooting Why, a documentary that would explore the milieu and mindset of the public sex performers that sweated nightly in the city's porn clubs. They focused on three sets of performers: (1) two heterosexual married couples, (2) the interracial lesbian couple of Effie and Marianne, and (3) Bodil, by now no stranger to the reader of this book. As a kind of centerpiece for the film the couple organized a sexual exhibition at the Copenhagen University student union. This consisted of straight and lesbian intercourse carried out on rubber mats while a vast crowd of students sat on the floor watching, and afterwards they interviewed audience members and this footage is sprinkled throughout the film.

None of this was that radical for a Danish-produced film in 1970 or 1971, since there were a number of other documentaries that contained similar scenes, including some with Bodil. What made Why different was the passionate advocacy of the Kronhausen's basic premise that sexual activity in public was the inevitable manifestation of a higher, freer consciousness. While the competing documentaries attempted to couch sexual issues in light-hearted entertainment or deliver objective reportage, Why was a sexual-political manifesto that was attempting something closer to social engineering. Sex as radical group therapy that a whole country was being invited to join. For the individual this meant mandatory sexual indulgence and experimentation, it meant challenging one's borders. This was serious stuff and it was not without its dangers. The Kronhausens later wrote a book, The Sex People, which functioned as a kind of follow up to their film and in it they stated that "There are personal and social risks – grave risks even – if one opts for this kind of total freedom." They were not so much exploring this existing world as trying to lead us into a brave new one.

Once again Denmark was the only country where the uncut version was allowed to screen, enabling Danes to fill theaters so they could be lectured about themselves, about what a fabulously open-minded people they were. Some found the preachy tone grating. "In long

interviews," noted a writer, "the Kronhausens tell us that it is a state of happiness incarnate to be so liberated. They make the point again and again, wagging their fingers in our faces. ... It all makes one yearn for the old repressive times when everything was forbidden." In retrospect the film raises more questions than it answers. "Are we as liberated as we think? Has pornography become a natural and integrated part of our lives in these liberated times, or is our attitude to these things really unchanged? Are we liberated or just curious? And is it perhaps only a small group of people who are psychologically equipped to live a sexually liberated lifestyle?"

These questions were not asked by the Kronhausens but were posed by the Danish director Annelise Hovmand who made a documentary the following year called 24 Hours With Ilse, but they could just has well have been applied to Why. And to the whole era. Preaching their radical theories with an almost born-again zeal, the Kronhausens had morphed into the embodiments of the "profits of the flesh" that Knud Leif Thomsen had so ominously warned of in Gift. These two films represent the opposite poles of sexual theory that marked the outer parameters of the Danish sexual revolution. Gift the dark prophecy and Why the prophecy fulfilled. Both very serious and philosophical works, they were the two most pioneering and radical movies of the era and yet these are not the films people remember. Those films would be the 14 that comprise the Bedside series and the Zodiac series, soft and hardcore respectively, that ran from 1970 to 1978. These films were immensely popular, pioneered the Danish "glad porn" genre and enshrined the likes of Ole Søltoft, Birte Tove, Viva Rau and even Louise Frevert and Gotha Andersen in the hall of fame of Danish popular film culture. Yet they were just essentially reheated folk-comedies, and they even starred a lot of the well known folk comedy actors in non-sex-performing roles. They represented a defeat for that rebellious young cadre of directors in the early 60s who, with the winds of the French New Wave at their backs, were going to drive a stake through the heart of the vilified folk-comedy and make honest, spontaneous films that depicted sex with realism. But instead things had simply come full circle. Movies were after all a business, and bold philosophical declarations like Gift and Why are forgotten today while the Bedside and Zodiac series are perennial best sellers on video and DVD.

These porn comedies did achieve something, though: they advanced the notion of sex as a happy, carefree and upbeat affair – not such a small thing. Sex as something that wasn't deadly serious or cause for endless soul-searching and despair. In that respect they themselves constituted a kind of a rebellion – a rebellion against both the early Swedish films that were so often bleak and existential in outlook, and documentaries like Why that viewed sex through the prism of collective psychology. All of these films had neglected the one ingredient the public really craved; the joy of hedonism.

FØLG MED I

SEX RAPPORT

5 KR.

SOM UDKOMMER HVER FREDAG

Nr. 1 - 1971

HASH-SEX.
A TOPSY PRODUCTION

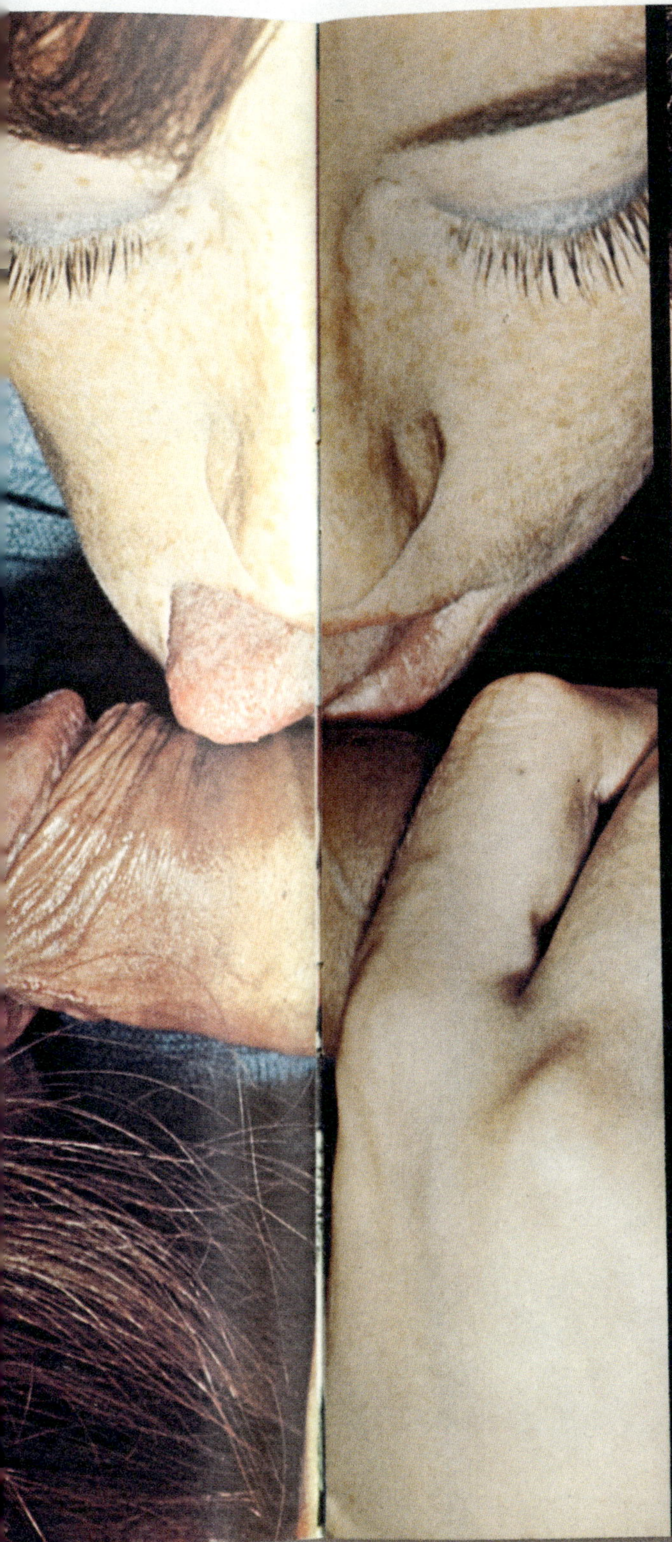

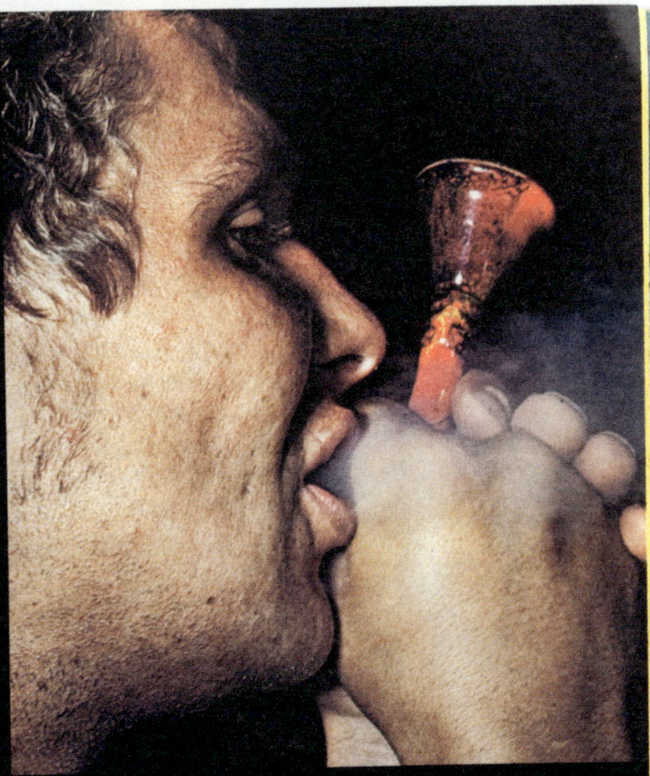

Hun en Californiens eneste bokse-manager

– At være bokse-manager er en sjov forretning, som jeg overhovedet ikke kan eller vil undvære, siger fru Grace Lundeen, som er Californiens eneste kvindelige bokse-arrangør.

Det var hendes mand, der vakte hendes interesse for boksningen. Han er selv tidligere ring-kæmper. Hun har nu set over 500 kampe, og det ligger hende stærkt på sinde, hvordan det går hendes boksere.

Grace Lundeen træner selv med dem. Instruerer dem. Giver dem gode råd, når de skal i ringen. De kan ikke undvære hende. Og omvendt.

– Jeg bliver ved med at være manager. Det er interessant, siger hun. – Jeg tror, kvinder har en helt speciel måde at tage bokserne på. Og det smitter af på arbejdet. Derfor fortsætter jeg.

Nervøs, når en mand skal i ringen? Selvfølgelig. Det er menneskeligt. Men det giver min bokser selvtillid, at han ved, jeg føler noget.

Det er vigtigt, at handskerne er bundet rigtigt, og Grace Lundeen sørger for, at forberedelserne er i orden

lægge sig på gulvet
ne nedad. De var
en stor narkotika-

lset fandt man det
på jagt efter: LSD.
aldt politiet over en
pistol, og lidt efter
r flere skydevåben

én af Detroit-poli-

WORLD COPYRIGHT BY
TOPSY FILMS
NR. 70
60 meter
200 feet
TOPSY
FILMS
8 mm
Standard
MATERIALS DELIVERED BY KODAK
PLAYBOY LOVE
ORIGINAL
NR. 66
60 meter
200 feet
ORIGINAL
ORIGINAL

PALLADIUMS STØRSTE OG FESTLIGSTE LYSTSPIL
Mazurka
på sengekanten
EFTER SOYA'S NOVELLE
OLE SØLTOFT · AXEL STRØBYE · ANNIE BIRGIT GARDE · KARL STEGGER
BIRTHE TOVE · ANNE GRETE NISSEN · PAUL HAGEN · ARTHUR JENSEN
CHRISTOFFER BRO · SØREN STRØMBERG M. M. FL.

27 topstjerner i det danske lystspil
De har ventet på om
århundredets
morsomste
svindler
Jeg-
en
Marki
GABRIEL AXEL
OVE SPROGØE
PAUL HAGEN
CARL STEGGER
BUSTER LARSEN
POUL BUNDGAARD
LISBETH LINDENBORG
ELSA PRAWITZ
LOTTE TARP
PREBEN KAAS
JOHN PRICE
o.m.fl.
Satire - Sex - Spænding
PRODUKTION: NOVARIS STUDIO
Udl.: DANSK SVENSK FILM

Theander-imperiet

af Ole Lindboe

De danske porno-købmænd i 1960'erne og 1970'erne havde ofte en kort levetid. Det var de hurtige penges branche, og med politiet i hælene handlede det ofte om at tage de penge, man kunne nå at tjene, og derefter løbe i dækning.

Leo Madsen og hans Week-end Sex var de første til at blive store, men firmaet gik i indre opløsning efter 14 år på markedet og faldt formentlig som offer for indre intriger, knas med den københavnske underverden – og ejerens egen kedsomhed ved en branche, der altid blev set på som lurvet.

Men her var det andet – og langt større – imperium, Theander-brødrene og deres firma Rodox, langt mere professionelt lagt an og klarede derfor skærene helt frem til de store udenlandske firmaer i Tyskland og Holland for alvor tog over på det europæiske marked.

Sådan så det ikke ud fra starten. De to brødre – Jens og Peter – startede i 1966 med at handle frække hæfter fra "Rådhusantikvariatet" i Studiestræde i det indre København. Det kastede ikke meget af sig, og Peter Theander måtte køre taxa om natten for at skrabe penge hjem til huslejen. Og Jens lærte sig at fotografere, for at tjene ekstra på denne måde. Politiet kom jævnligt på besøg i de første år, og beslaglagde indimellem mindre partier af nudistblade og andre blade, som ansås for utugtige.

I 1967 udsendte brødrene deres første blad Ekstase, som blev trykt i 10.000 eksemplarer. Det var en tand frækkere end andre blade på markedet og solgte godt. Theander-brødrene havde fået mod på mere og i 1968 udkom den første udgave af Color Climax, der skulle blive et af Danmarks største pornoblade. De to brødre havde en klar arbejdsfordeling. Jens fotograferede og stod for produktionen, mens Peter klarede regnskaberne. Og det gik hurtigt bedre og bedre. Ikke mindst fordi man var begyndt at eksportere blade til det øvrige Skandinavien og til især Tyskland og Holland. Rodox Trading flyttede til Strandlodsvej på Amager og indrettede her en stor produktionsbygning.

Da det gik allerbedst, solgte man mere end 4.000 film om dagen (ca. en million film om året)

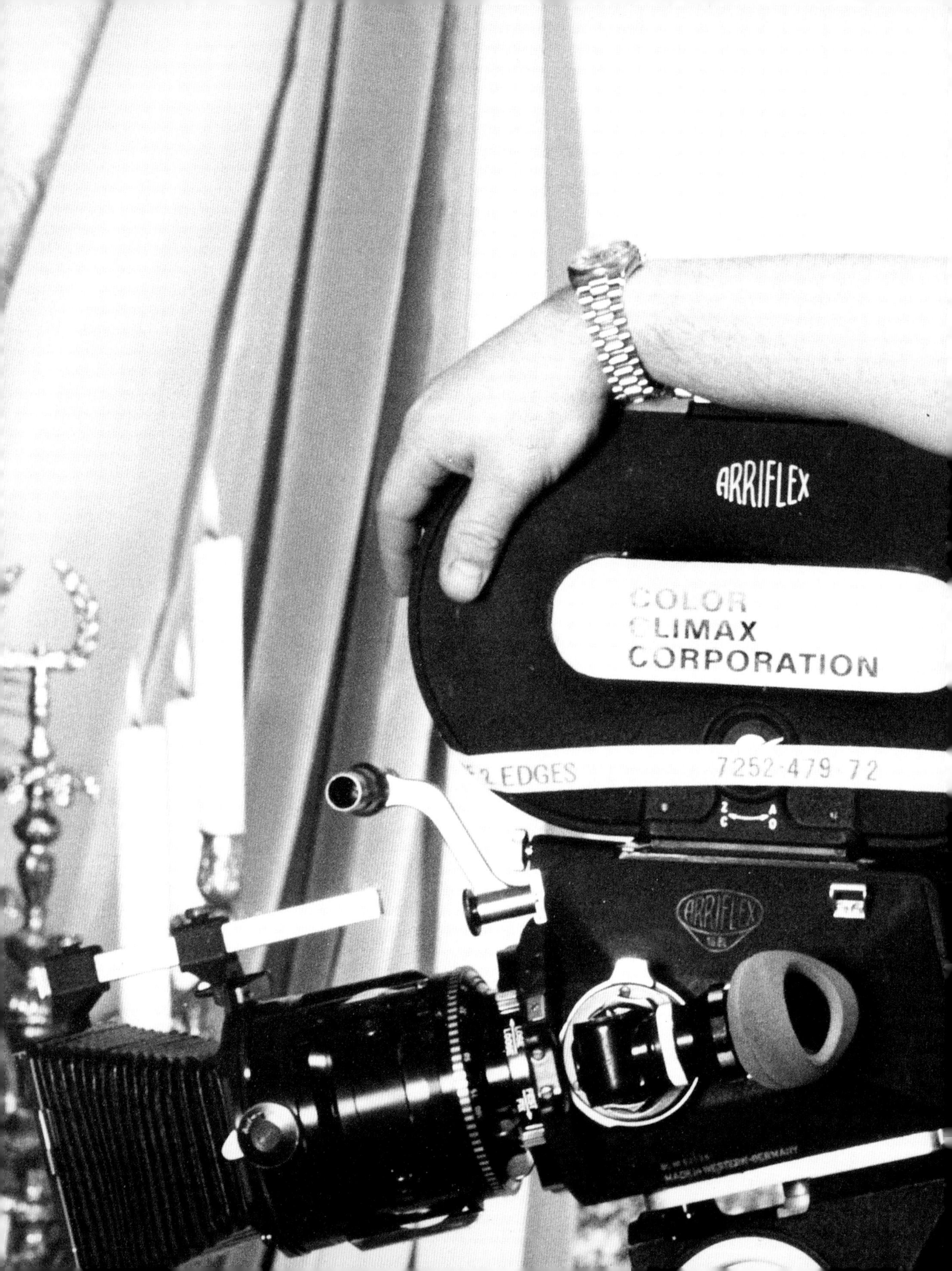
ARRIFLEX
COLOR
CLIMAX
CORPORATION
EDGES
7252-479-72
ARRIFLEX

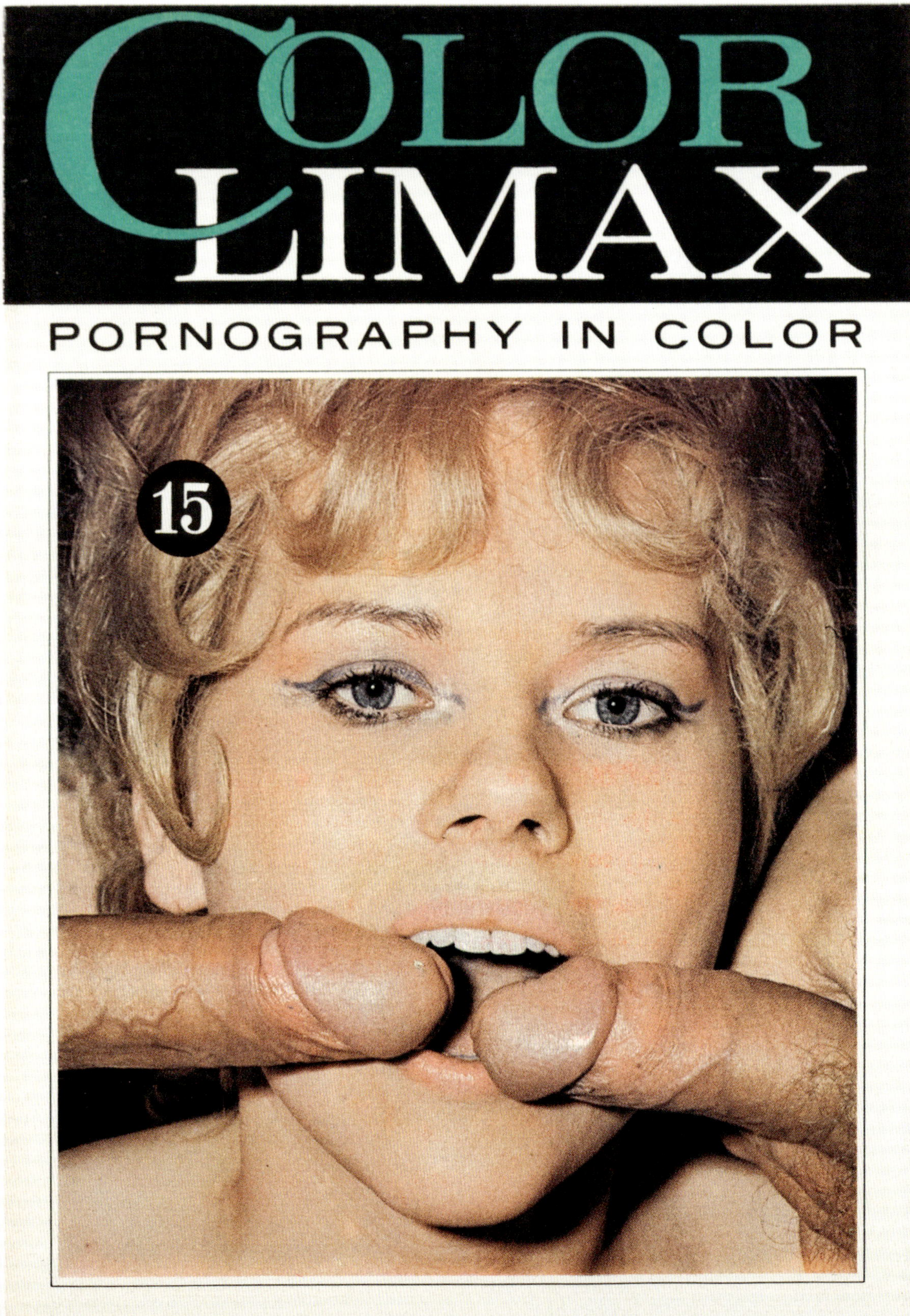
COLOR CLIMAX
PORNOGRAPHY IN COLOR
15

– og nåede i 1996, da man fejrede sit 30 års jubilæum, op på at have udsendt mere end 3.000 titler af bøger og blade, i et samlet oplag på godt 140 mio. eksemplarer. Blandt de mere dristige tiltag var, da man inviterede den amerikanske pornostjerne John Holmes (34 centimeter) på besøg i filmstudierne på Amager til nogle celebre filmoptagelser. Men ellers var brødrene kendt for at levere – ud over det almindelige "frem-og-tilbage" – de mere hardcore film, med smæk og læder og sadisme. Og i en periode også børneporno, selv om firmaet, da den offentlige mening gik stærkt imod, hævdede, at de kun havde købt sådanne slemme ting i udlandet.

I modsætning til mange andre mere flamboyante i branchen levede Theander-brødrene diskret. Ingen vilde fester, ingen coke eller andre fashionable skandaler i pressen og ingen høj

FILM NO. 650

Mit TON

With SOUND

AMBITIOUS MODEL

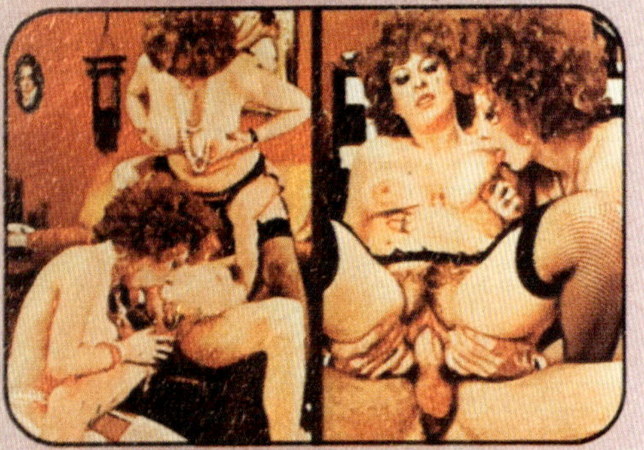

Deux jeunes Françaises se font des mamours au plumard. On sonne. C'est l'artiste peintre avec ses tableaux. Les gougnottes veulent du braquemard maintenant. Le bouquet: baisage internichons, bien français, bien cochon! Les cramouilles mouillent et les couilles bouillent. Le type goûte à la fraiche caresse des nibards se balançant . . . Un film super-bandatif!

Two young French girls are having a nice time in bed, when the artist comes to deliver a picture. While he is hanging it up, the two randy bints measure up the bulge in his pants, and when he is about to make a sketch of them, he is violently seduced by one of the girls while the other looks on, masturbating herself. But she too gets what she needs, in other words: prick. His enormous tool looks fine between the French woman's enormous tits. A real juicy fuck-film with lots of refined erotic details.

Zwei Französinnen haben es sich im Bett gemütlich gemacht, als der Kunstmaler kommt, um ein Bild abzuliefern. Während er das Bild aufhängt, mustern die beiden die Beule in seiner Hose und als er anfängt, die beiden zu zeichnen, wird er von der einen hemmungslos verführt, während sich die andere einen runterholt. Aber auch sie kommt zu ihrem Recht, bzw. ihrem Schwanz. Die grosse Stange des Künstlers macht sich übrigens ganz gut zwischen den üppigen Brüsten der einen Französin.

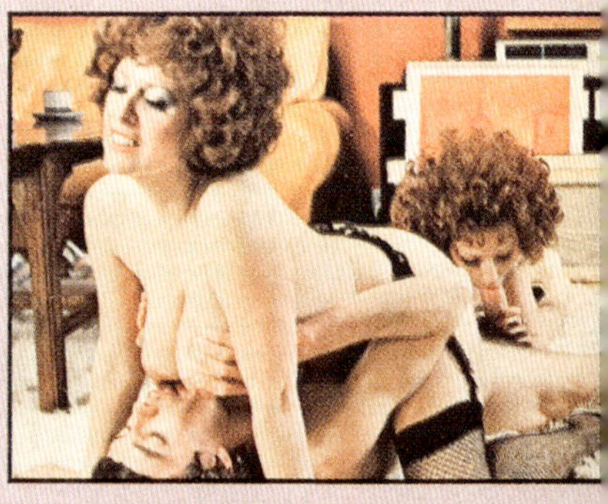

FILM NO. 649

Mit TON

PYJAMA PARTY

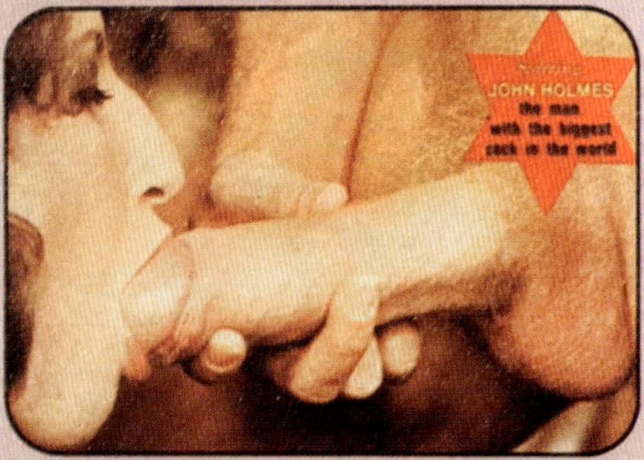

John Holmes se fait souvent inviter par ces demoiselles. Idée cocasse: cette fois, c'est une party en pyjama. Voilà une plantureuse créature qui s'amène avec son vulvard grassouillet, tout mouillé. Manteau de fourrure et toison pubienne, rien d'autre! John se paye une glissade divine entre les seins de la gosse. Puis on s'englue dans le foutre collectif!

The party does not end in an orgy, but starts as one! A succulent "doll" turns up dressed only in a fur-coat. She takes it off, revealing her gigantic tits. You may well ask why she arrives naked. The answer is, that she's heard that John Holmes is to be present - and she wants to make quite sure that she's going to get more than her share of his enormous prick! She does, and Holmes has plenty "over" for the other lovely lassies! A fantastic orgy, where every one fucks and sucks and generally has "spunking good time"!

John Holmes ist seines Riesenstabes wegen von den Mädchen ein gern gesehener Partygast. Dies ist eine besondere Party: Alle Gäste müssen in ihren Nachtgewändern erscheinen. Eine recht kräftige junge Dame erscheint im Pelz und darunter nichts. Klar, dass sich unter diesen Bedingungen schnell eine Orgie entwickelt. Alle Mädchen wollen natürlich an Holmes' Riesenschwanz ran, aber die Mollige hat Glück. John gewährt ihr einen rasanten Brustfick zwischen ihre unglaublichen Euter.

FILM NO. 648

Mit TON

BOTTOMS UP

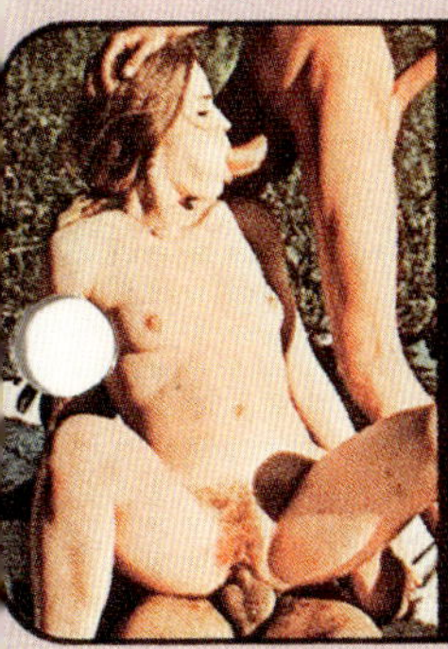

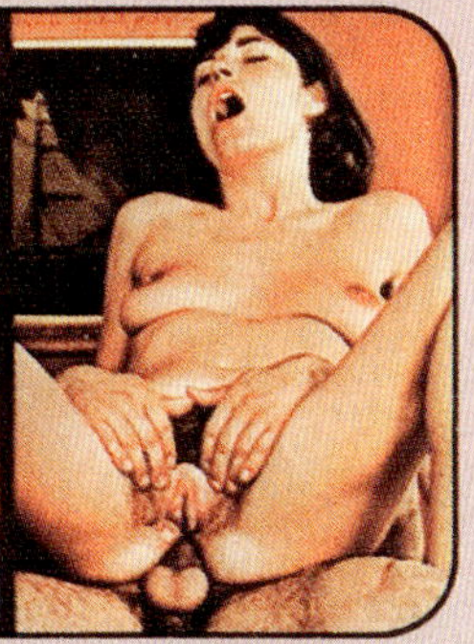

Une salope - car elle aime vraiment ça - est «enconculée», foutue en con et en cul, mais, en outre, en bec, et tout cela simultanément. Trois pines plantées en elle! Mais la camarade aura sa part. L'enculage apparait très net: on peut voir la bite cochonne coulisser par le trou qui chie . . . Si vous voulez rendre une garce heureuse, faites-en autant! Mais elle ne pourra plus s'en passer . . .

Two pretty chicks are lying on the grass sunning themselves. They are convinced that all buggerers are gay, but they have to change their opinion after meeting three young hikers! They soon start fucking and sucking, but later back at Evy's place they are fixed properly! One of the girls gets the fuck of her life, having her arse, her cunt and her mouth fucked at one time. The girls obviously enjoy the huge fat pricks for they can't seem to get enough - especially up their arse-holes! First class action and photography.

Die flotten Käfer, die da auf der Wiese liegen und sich sonnen, glauben, dass alle Arschficker Homos seien. Sie werden eines Besseren belehrt, als sie von den drei jungen Wanderern behandelt werden, die sie zufällig auf der Wiese getroffen hatten. Ohne viel Drumherum geht's gleich mit dem Lecken los und zu Hause bei Evy geht's weiter: Ein Mädchen wird gleichzeitig in Mund, Votze und Arschloch gefickt. Besonders der Arschfick kann vom Zuschauer deutlich verfolgt werden.

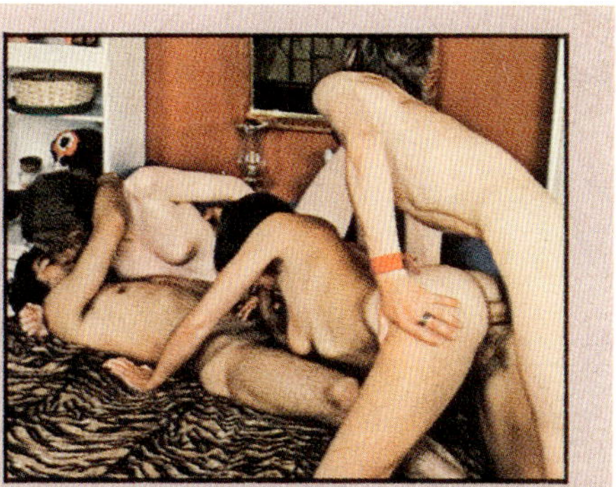

FILM NO. 647

Mit TON

DREAM LOVERS

Une brunette voluptueuse est en train de se machiner la moniche avec un bâton masturbeur. Elle rêve d'une bonne pine. Comme par magie, la réalité dépasse la fiction une nouvelle fois. Oui, ça y est: elle est pinée jusqu'à la matrice pendant qu'elle pompelarde un autre baiseur. La fin va vous laisser pantois. Une surprise vous attend! Là encore, ça pète dans les roupettes!

Dreams are wonderful. They give you the chance to get away from reality, and experience the delights that you are missing, in the subconscious. Take for example our brunette Jenny; she lies on the bed masturbating with a vibrator when all of a sudden she is transported to a state, where instead of a vibrator she has the benefit of two living pricks. Whatever anyone says to the contrary, the real thing can give more satisfaction than its synthetic counterpart! You've only got to ask Jenny!

Eine vulgäre Brünette liegt auf dem Bett und geilt sich mit einem Massagestab auf, während sie davon träumt, gebumst zu werden. Ihre Vorstellungen werden lebendig: Während sie sich den Stab in die Votze jagt, schiesst eine Polaroidkamera mit Selbstauslöser ein Bild von ihr . . . und als dieses entwickelt wird, sieht man, wie sie von ihrem Liebhaber durchgehämmert wird. Gefickt wird mit der Geschwindigkeit von Kaninchen und es ergiesst sich massenhaft Samen in . . . Doch sehen Sie selbst!

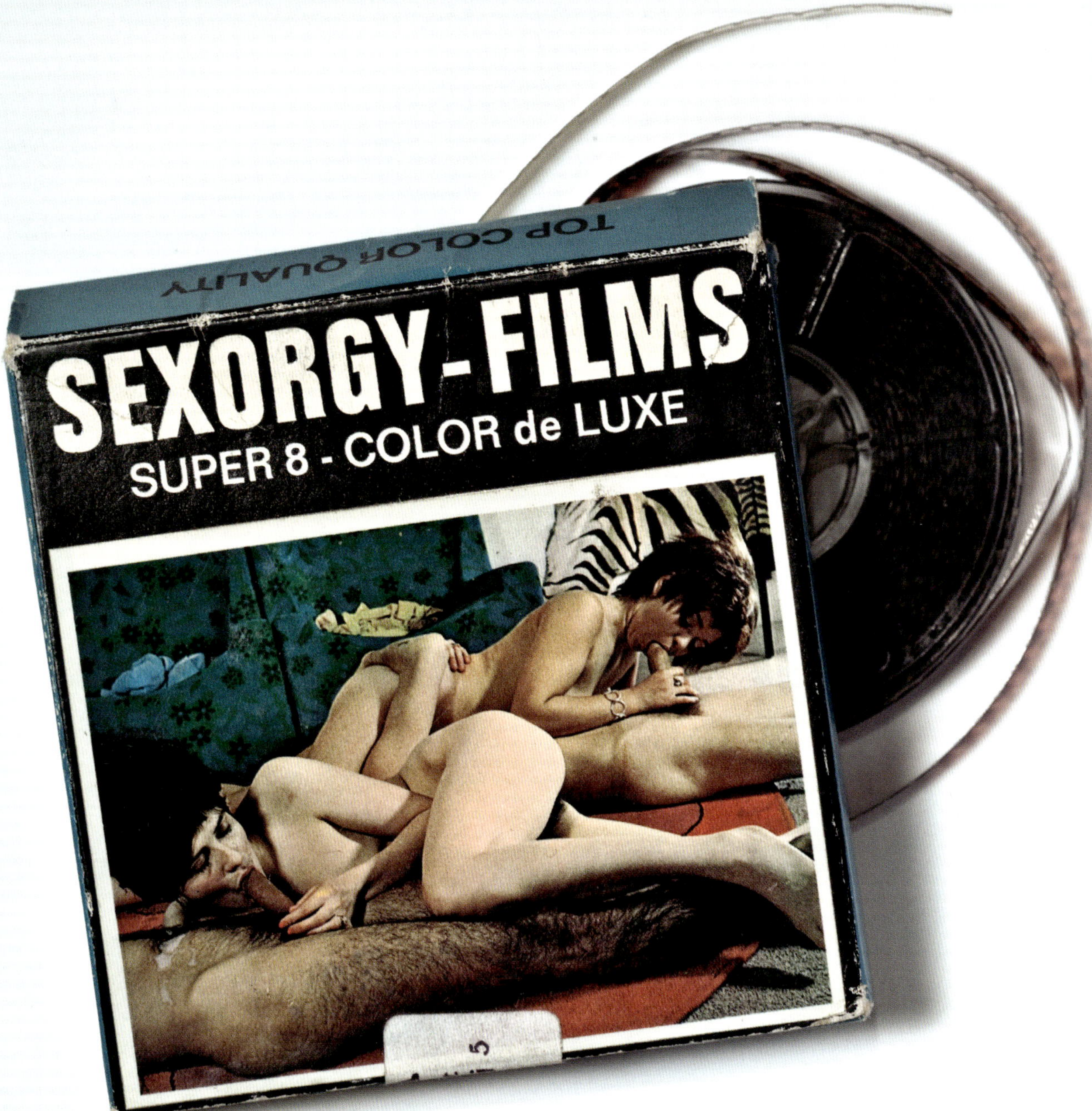

cigarføring i det københavnske natteliv. Derfor kom det dem også kraftigt på tværs, da pressen kunne fortælle, at Glistrup i forbindelse med afsløringen af sit skattecirkus, også havde haft Theander-brødrene som kunder. De valgte straks at betale hele deres gæld til skattevæsenet. I 1980'erne var den danske pornobranche stadig mere og mere trængt af tyske og hollandske producenter. Rodox flyttede dele af produktionen til England. Men festen var – for Danmarks vedkommende – ved at være forbi.

Rodox eksisterer den dag i dag, om end i en bleg udgave af fordums storhed. Man lever bl.a. af at sælge sine gamle film, som en del af den retro-bølge, der lige nu er moderne i branchen. Jens Theander døde i 2008, Peter Theander lever og bor i udlandet.

Da pornofesten i Danmark var på sit højeste var de branchens ukronede konger.

COLOR
CLIMAX
THE
BEST
KNOWN
PORNO-
GRAPHIC
FILMS IN THE WORLD
CC
FILM
NO. 1309
SEX
AVENGERS
60 M/200 FT. COLOR DE LUXE

The Theander Empire

by Ole Lindboe

The Danish porn merchants of the 60s and 70s were often short-lived. Money was fast and with the police hot on your heels, it was a case of earning what you could – as fast as you could – and running for cover.

Leo Madsen and his Week-end Sex were the first to make it big, but the company fell apart from within after 14 years in the business, probably as a result of internal intrigue and problems with the Copenhagen underworld – as well as the owner's ennui at being in a business that would always be viewed as seedy.

By comparison, the other and far bigger empire – the Theander brothers and their company Rodox – was far more professional and able to sustain itself right up until the large foreign companies from Germany and Holland took real control of the European market.

It was not always thus. The two brothers – Jens and Peter – started out in 1966, peddling saucy leaflets from Rådhusantikvariatet in downtown Copenhagen's Studiestræde. Not turning too much of a profit, Peter Theander worked night shifts as a taxi driver to make ends meet, while Jens taught himself photography to make a little extra. The police were frequent visitors during those early years and sometimes seized small batches of nudist magazines and other publications that were considered lewd.

In 1967, the brothers published their first magazine Ekstase, which ran to 10.000 copies. It was a tad dirtier than its competitors and sold well. The Theander brothers' appetite had been whetted and in 1968 published the first edition of Color Climax, which was to become one of Denmark's leading porn magazines. The two brothers had a clear division of labour. Jens was in charge of photography and distribution, while Peter handled the books. And things were quickly looking up. Not least because the brothers had started exporting magazines to the rest of Scandinavia and, in particular, Germany and the Netherlands. Rodox Trading moved to Strandlodsvej on Amager, where a large production facility was established.

At its peak, the company sold more than 4,000 movies a day (approx. 1 million movies a year) and had published more than 3,000 different movies and magazines in just over 140 million copies by the time of its 30th anniversary in 1996. Among its bolder moves was inviting American porn star John Holmes (13.4 inches) over for a star-studded shoot at the Amager studios.

Other than that – and regular porn – the brothers were mostly known as providers of more hardcore stuff with spanking, leather and sadism. And for a while even kiddy porn, although they claimed – when public opinion started to rage – that they had only purchased such filth from abroad.

Unlike their more flamboyant counterparts in the business, the Theander brothers led discrete lives. No wild parties, no coke or other

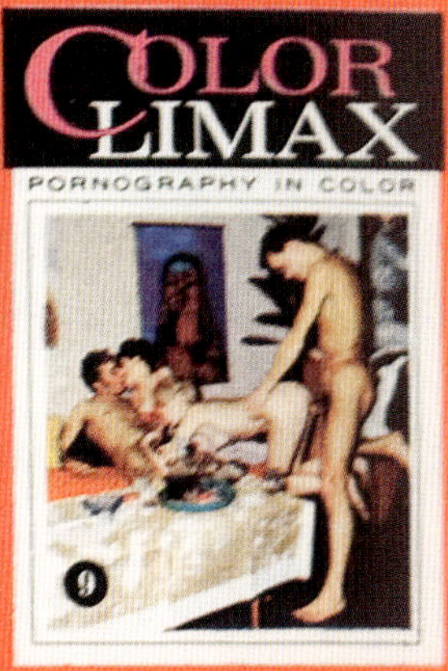

9

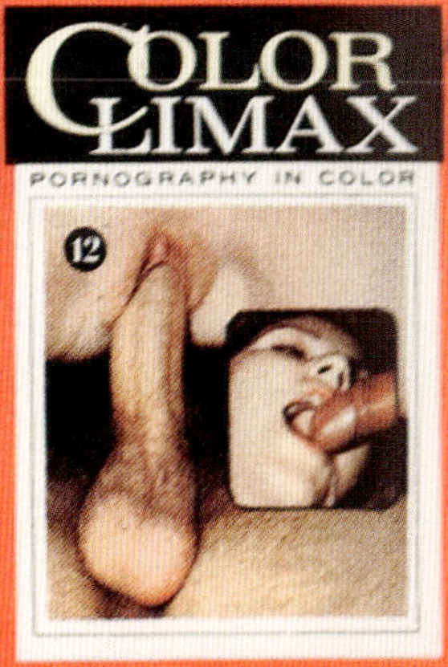

12

15

16

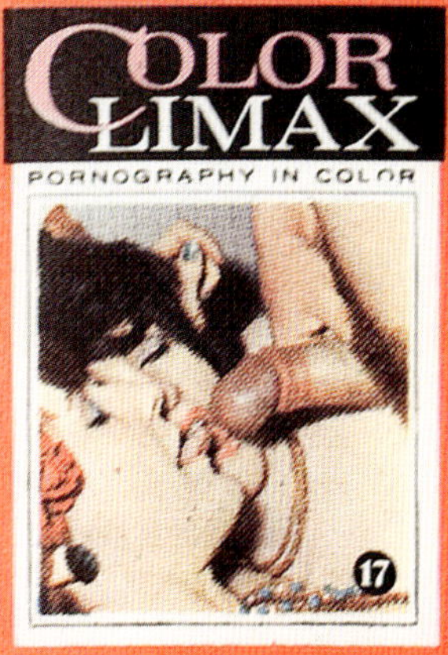

17

1

19

20

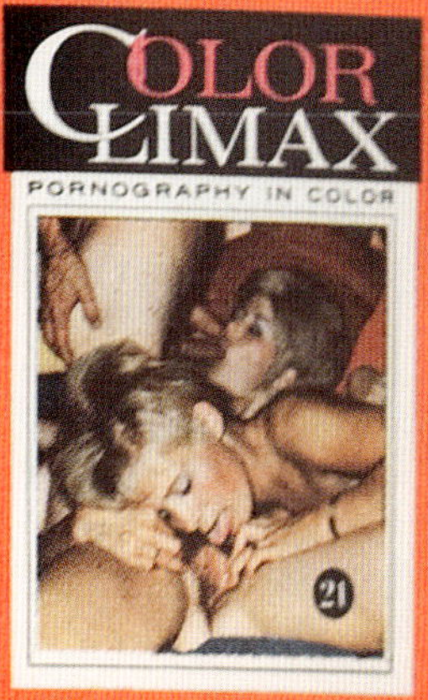

2

22

23

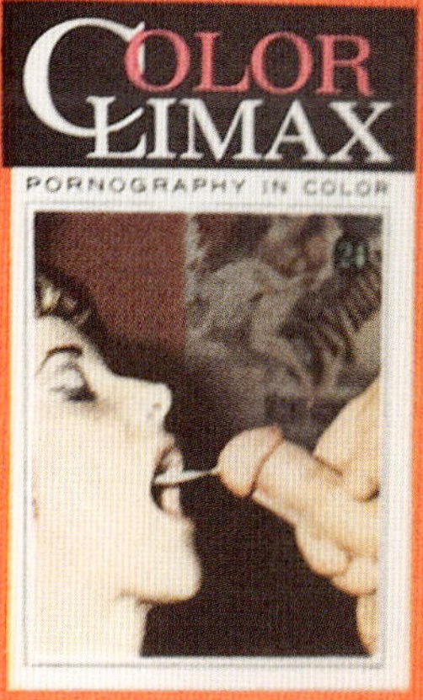

2

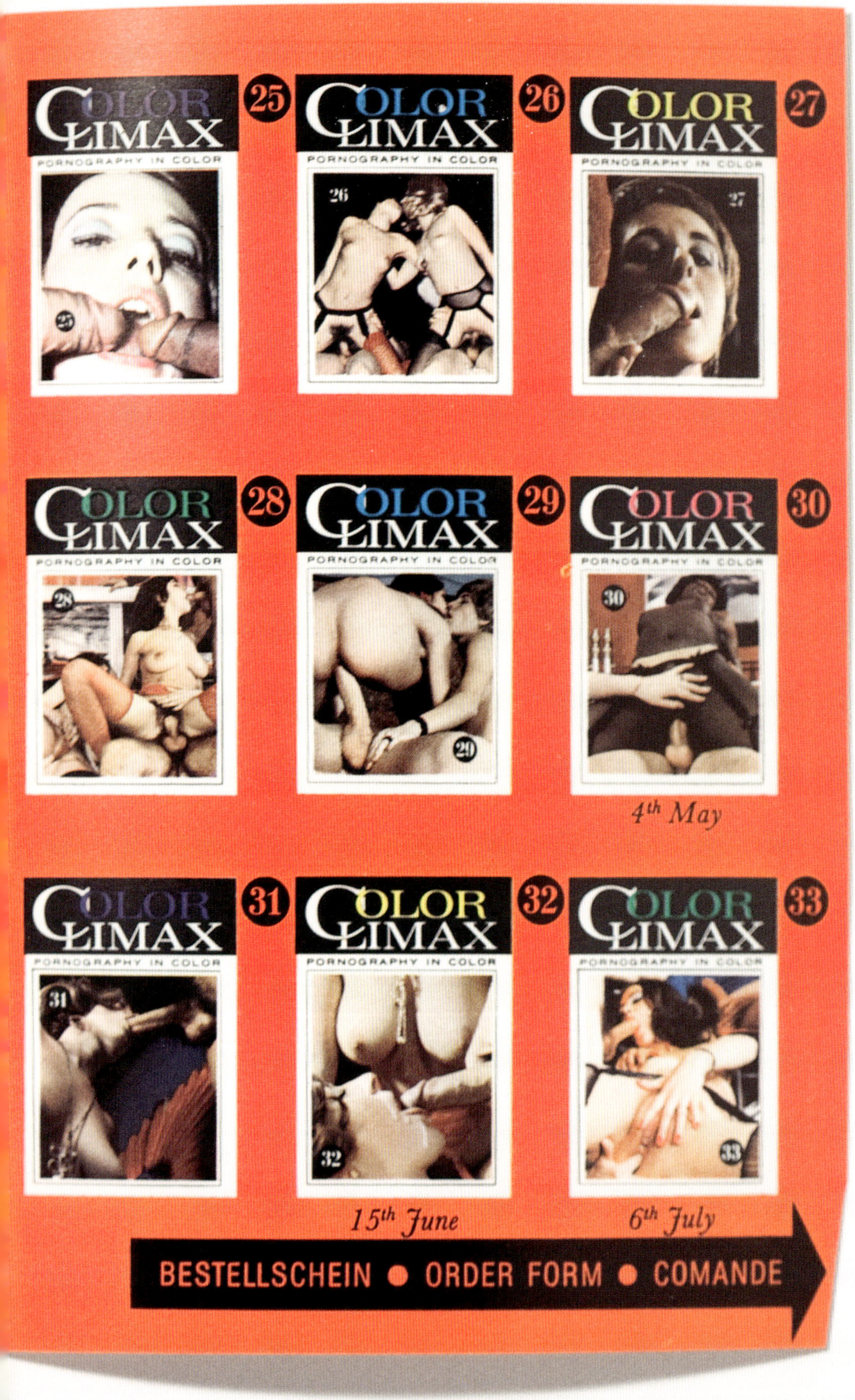
COLOR CLIMAX
25
PORNOGRAPHY IN COLOR
COLOR CLIMAX
26
PORNOGRAPHY IN COLOR
COLOR CLIMAX
27
PORNOGRAPHY IN COLOR
COLOR CLIMAX
28
PORNOGRAPHY IN COLOR
COLOR CLIMAX
29
PORNOGRAPHY IN COLOR
COLOR CLIMAX
30
PORNOGRAPHY IN COLOR
4th May
COLOR CLIMAX
31
PORNOGRAPHY IN COLOR
COLOR CLIMAX
32
PORNOGRAPHY IN COLOR
COLOR CLIMAX
33
PORNOGRAPHY IN COLOR
15th June
6th July
BESTELLSCHEIN • ORDER FORM • COMANDE

fashionable gossip column scandals, and no living it large in the Copenhagen nightlife. So the brothers were more than a little inconvenienced when the press revealed that they had been clients of Mogens Glistrup, the controversial Danish politician and tax evader. They elected to immediately settle their score with the Danish Tax and Customs Administration. Through the 80s, the Danish porn industry came under increasing pressure from German and Dutch producers. Rodox moved parts of its production to England. But the jig was up – for Denmark, anyway.

Rodox exists to this day, albeit only as a shadow of its former glories. Revenue comes from selling old movies, as part of the retro wave that is currently sweeping the business. Jens Theander passed in 2008, while Peter Theander is living abroad.

At the height of the Danish porn party, they were the kings of the business.

Efterspil

af Morten Thing

Allerede i perioden mellem tekstpornoens frigivelse i 1967 og billedpornoens frigivelse i 1969 var der mange der så et lukrativt marked, og som forsøgte at positionere sig. De følgende år viste pornoen sig ikke blot som et lukrativt marked, det offentlige rum blev gennemtrængt af de nye "stærke" billeder. Pornobillederne var stærke i den forstand, at de tiltrak sig opmærksomhed i en grad som meget få andre billedtyper kan konkurrere med.

I det offentlige rum var det naturligvis i første række selve pornovaren, man så: pornoblade i mange forskellige tykkelser og udførelser lå alle steder og kunne ses af alle. Også når kioskerne og bladhandlerne var lukket, kunne man få porno, nemlig i automater. Også pornofilm slog igennem med en voldsom visuel kraft. Man kunne købe film i smalfilmsformat og uden lyd. Men ret hurtigt blev der vist pornofilm i biograferne med lyd på. Flere steder gik filmen nærmest døgnet rundt. Til gengæld forsvandt pornobogen stort set fra markedet, billederne viste sin overlegenhed som pornovare. Flere steder blev blade og film suppleret af seksuelle hjælperedskaber som dildoer, penisattrapper, penisringe mm. Flere steder i København, bl.a. på Strøget, kom der sex-butikker, som handlede med hele sortimentet af pornovarer. Og butikker med små rum, hvor man kunne se en pornofilm alene, dukkede op.

Også som performance viste pornoen sine potentialer, i form af live-shows, hvor par havde samleje på en scene, så alle kunne følge med. Eller shows, hvor det mandlige publikum blev involveret af kvindelige performere, som så på samlebånd onanerede dem på scenen. Til performance kan man også regne sexmesserne, hvor der dels blev solgt alle typer pornovarer, men hvor der også var optræden og live-shows.

Blandt de trykte pornovarer ændrede genrerne sig. Nudistblade og modelstudiebladene forsvandt til fordel for blade, som viste situationer mellem to eller flere personer; tokanter, trekanter og gruppesex. Og som noget nyt kom der blade som fx Week-end Sex, som fortalte seksuelle historier i en blanding af billeder og tekst. Fortællingerne var som regel meget fokuseret på selve samlejet, så for- og efterspil kun lige blev antydet.

Relativt hurtigt kom der en række juridiske præciseringer af den nye frihed. Det gjaldt børnesex. Da fotos af sex mellem voksne og børn under 15 afbilder en kriminel handling, var billederne også ulovlige. Også dyresex og liveshows med offentlig adgang blev hurtigt begrænset. Politivedtægterne præciserede, at man ikke måtte have anstødelige billeder til offentlig beskuelse. Det betød, at man ikke måtte vise samleje osv. på steder, hvor folk kunne komme til at se det uden at ville det. Pornoblade skulle anbringes, så børn ikke havde adgang til dem osv.

Selvom København havde en kraftig turistmagnetisme som frihedens eller pornoens hovedstad, så indfandt der sig hurtigt en vis træthed over for den enorme eksponering af offentlig sex. Det betød formentlig også en afmatning af det danske marked. Til gengæld begyndte de danske pornoproducenter at eksportere, i begyndelsen med rigtig god afsætning. Men efterhånden var der udenlandske producenter af svensk, hollandsk, amerikansk og siden tysk oprindelse, som gerne ville have fat i hver sin luns af det nye marked.

Pornoen satte sit aftryk på mange andre billedtyper. Ser man på modebilleder er det tydeligt, at pornoens billedtyper spredes denne vej. Pornobilleder er ofte karakteriseret ved, at modellen med sin øjenkontakt med beskueren skal give ham eller hende lov til at se. Det direkte og det frække blik. Gamle reklamer for bh'er fx viser tit modeller, som er fotograferet i en uvant situation, men ser ud som om den er helt naturlig. I de nyere reklamer ser modellen tit direkte på beskueren og med et blik, som tillader beskuelse, eller måske med et frækt glimt i øjet.

Også i almindelige biograffilm og i litteraturen har frigivelse af pornoen i 1967/69 sat sig sine spor. Det er nu muligt at have det som hedder "explicit sexual" indslag i film, som produceres for det almindelige filmmarked. Som da Lars von Trier i Idioterne fra 1998 indsatte en kort sekvens, som i nærbilleder viste et samleje. I Antichrist fra 2009 spillede de seksuelle billedmuligheder en helt afgørende rolle. I skønlitteraturen er det blevet ret almindeligt at lade seksuelle fantasier eller seksuelle beskrivelser glide ind i fortællingen.

Da internettet bredte sig fra 1990 til at dække stort set hele kloden skabte det helt nye muligheder for den pornoindustri, som i 80'erne havde ladt Pornodanmark tilbage som en pusling blandt kæmper. Meget hurtigt blev der designet steder på nettet, hvor man kunne købe adgang til pornobilleder og pornofilm. Man kunne enten købe adgang til direkte visning eller til download. Sex og porn blev to af de engelske ord, som gav flest hits i søgninger.

Nettet blev også medium for privatorganiserede steder for fx erotiske fortællinger. Her kunne folk anonymt lægge deres fortællinger ud, så andre kunne læse dem. Også udvekslinger af private pornooptagelser blev organiseret, men som oftest i lukkede kredsløb.

Efter 20 år med netporno-salg skete en ændring. Der opstod steder, som viste gratis porno mod at brugerne også så på reklamer for steder, som stadig solgte porno på nettet. Nettets globale form gjorde porno til en global vare.

Da Poul Henningsen i slutningen af 1920'erne forsvarede Josephine Bakers nøgendans, talte han om "Pornografiens pædagogiske værdi". Han så frigivelsen af seksuelle udtryksformer som et oplysningsprojekt. Sex skulle ikke være mørkelagt, men skulle ud i det klare lys og skabe mulighed for en større naturlighed. Og da justitsminister Knud Thestrup, som kom fra den helt anden ende af det politiske spektrum end PH, ophævede pornoparagraffen, gav han udtryk for håbet om en smukkere porno. Man kan ikke sige, at udviklingen har indfriet deres ønsker. Men mindre kan måske også gøre det. Én af de danske politikere, som betød meget for frigivelsen i 1967/69 var den radikale Else Merete Ross og hun gjorde det ud fra den betragtning, at staten ikke skal blande sig i, hvordan mennesker forvalter deres seksualitet, så længe den ikke krænker andres liv og person. Dermed er markedet stort set overladt til sig selv.

Der er mange som i de forløbne mere end fyrre år har ønsket sig forbuddet eller censuren tilbage. Historien om den danske pornolovgivnings historie viser, at domstolene er en dårlig instans til at dømme i den slags sager. De kommer hele tiden til at halse efter den kulturelle udvikling. Else Merete Ross' pragmatiske synspunkt har haft meget større opbakning af historien end Poul Henningsens og Knud Thestrups.

Afterplay

by Morten Thing

Already in the short time between the legalization of text porn in 1967 and the legalization of picture porn in 1969, many identified a lucrative market and tried to position themselves in it. In the following years, porn proved not only to be a lucrative market – its new "explicit" images also pervaded public space. Porn images were explicit in the sense that they attracted attention to degrees that very few other types of imagery were able to match.

In the public sphere, the first thing you saw was obviously the porn product itself: porn magazines in all shapes and sizes abounded and were on display for all to see. Even when the kiosks and newsstands were closed, you could still get porn – viz. in the vending machines. Porn movies also broke through with ferocious visual force. They were available as cine films without sound. But soon movie theatres were showing porn movies with sound. Some theatres virtually around the clock. In turn, the porn book more or less disappeared from the market, with pictures proving the superior porn product. Many vendors supplemented magazines and films with sexual aids like dildos, cock rings etc. Around Copenhagen, also on the high street Strøget, sex shops that offered the full range of porn products appeared. As did shops with small viewing rooms where you could watch porn movies in private.

Porn also showed its performance potential in the shape of live shows where couples had intercourse on the stage for all to see. Or in shows where female performers engaged male audience members and masturbated them by turns onstage. As performance you could even class the sex fairs, which offered all sorts of porn merchandise but also featured performances and live shows.

The genres of printed porn changed. Nudist magazines and model study magazines were replaced by magazines which depicted situations involving two or more people; twosomes, threesomes and orgies. New to the scene were magazines like Week-end Sex, which told sexual stories through a combination of words and pictures. These stories usually focused on the act of intercourse itself, and merely hinted at the existence of foreplay and afterplay. Relatively quickly, this new freedom was subject to judicial clarification. This pertained to paedophilia. Since photos of sexual relations between adults and children below the age of 15 depicted a criminal act, they were deemed illegal. Bestiality was also quickly limited, as were live shows with public access. Police regulations specified that it was illegal to have offensive pictures on public display. This meant that you could not show intercourse in places where members of the public could be inadvertently exposed to them. Porn magazines had to be placed where children had no access to them etc.

Even if Copenhagen exerted a strong tourist pull as the capital of freedom or porn, the profligate displays of sex in public soon fostered a certain ennui. This probably also led to a recession in the Danish porn market. But then the Danish porn makers started to export their goods – and at first very successfully so. By and by, though, foreign porn makers in Sweden, the Netherlands, USA and finally Germany wanted each their corner of this new market to themselves.

Porn left its mark on many other types of pictures. Looking at fashion photography, it is clear that it was influenced by porn imagery. Porn pictures are often characterized by models whose eye contact with the beholder constitutes an implicit permission to look back. The unabashed and dirty gaze. Old bra adverts, for example, often showed models in unusual situations that were made to look completely natural. In newer adverts, the model will often look directly at the beholder in a way that permits looking back, or maybe with a provocative twinkle.

The legalization of porn in 1967/69 also left its mark on mainstream movies and literature. It is now possible for mainstream movies to contain explicitly sexual scenes. An example would be Lars von Trier's inclusion of a short scene that showed close-ups of intercourse in his 1998 movie The Idiots. And in his Antichrist from 2009, the ability to show sexual imagery played a crucial role. In literature, it has become fairly common to slip sexual fantasies or descriptions of a sexual nature into the story.

From 1990, when the Internet spread to cover the entire globe, new possibilities arose for the porn industry that in the 80s had left porn Denmark behind as a gnome among giants. Very quickly sites were designed where you could buy access to porn pictures and porn movies. You could either buy immediate access or downloads. Sex and porn became two of the English searches that generated most hits.

The Internet also became home to private sites with for example erotic tales. Here, people could upload their stories for others to read. Trading of private amateur porn was also organized, but mainly in closed circles.

After 20 years of Internet porn, something changed. Sites appeared that showed free porn if users were willing to accept advertising from sites that still sold porn online. The global nature of the Internet made porn a global commodity.

When Poul Henningsen defended Josephine Baker's nude dancing in the late 20s, he spoke of the "educational merits of pornography". He saw the legalization of sexual expression as an enlightenment project. Sex shouldn't be hidden away but be exposed in order to make it more natural. And when Attorney General Knud Thestrup – who came from the opposite end of the political spectrum to Henningsen – revoked the porn clause, he spoke of his hope for more aesthetic porn. Things have hardly played out the way they wanted them to. But perhaps we can do with less. Else Merete Ross was one of the Danish politicians who contributed most significantly to the 1967/69 legalizations – and she did so based on the conviction that the State should not interfere with its citizens' sexuality, as long as that sexuality does not cause harm to others. Thus, the market is left pretty much to itself.

Over the course of the last more than 40 years, many have wanted bans and censorship re-established. The story of Danish porn legislation shows that the courts are not particularly fit to judge these cases. The courts are forever trying to catch up with societal developments. History shows that the pragmatic views of Else Merete Ross have found far greater support than those of Poul Henningsen and Knud Thestrup.

210/1

210/5

210/27

210/45

Tak til / *Thank you*

Anders Curious Arentoft
Andreas Trier Mørk
Andrew Danemann
Betina Sinnet Fornitz / galleri Eros
Bruno Svinborg / KB
Ditte Charite
Erik Nørgaard
Frederik Strand / Politihistorisk Museum
Jeppe Sørensen
Jim Morton
John T. Lauridsen
Kai Bo Rasmussen
Kasper Reggelsen
Klara.K bogbinder
Klaus Nielsen / Bymuseet
Leif Thingved
Mads Jensen
Mette Winge
Michael Fornitz
Nicolas Barbano
Nikolaj Ifversen
Nils Markvardsen
Nils Vest
Ole Ege
Ole Winther
Peter Eriksen
René Løkkegaard Jepsen
Søren GS DR
Ulla Sauerberg
Zia

F11
NSU

Ide, redaktør og fotoarbejde / *Concept, editing & idea*
Jon Nordstrøm

Forfatterne / *Authors*
Jon Nordstrøm, Morten Thing,
Ole Lindboe, Jack Stevenson,
Torben Andersen, Søren E. Jensen

Oversættelse / *Translation*
Morten Hjelm

Korrektur / *Proof-reading*
Søren Kristensen GS

Billedbehandling / *Imaging*
Jon Nordstrøm, Jeppe Sørensen

Grafisk design / *Graphic design*
Designbolaget

Trykkeri / *Printing*
Livonia Print

Papir / *Paper*
Arctic Silk & Munken Lynx Rough

Oplag / *Number of copies*
6.000

ISBN 978-87-993150-3-1

PORNO

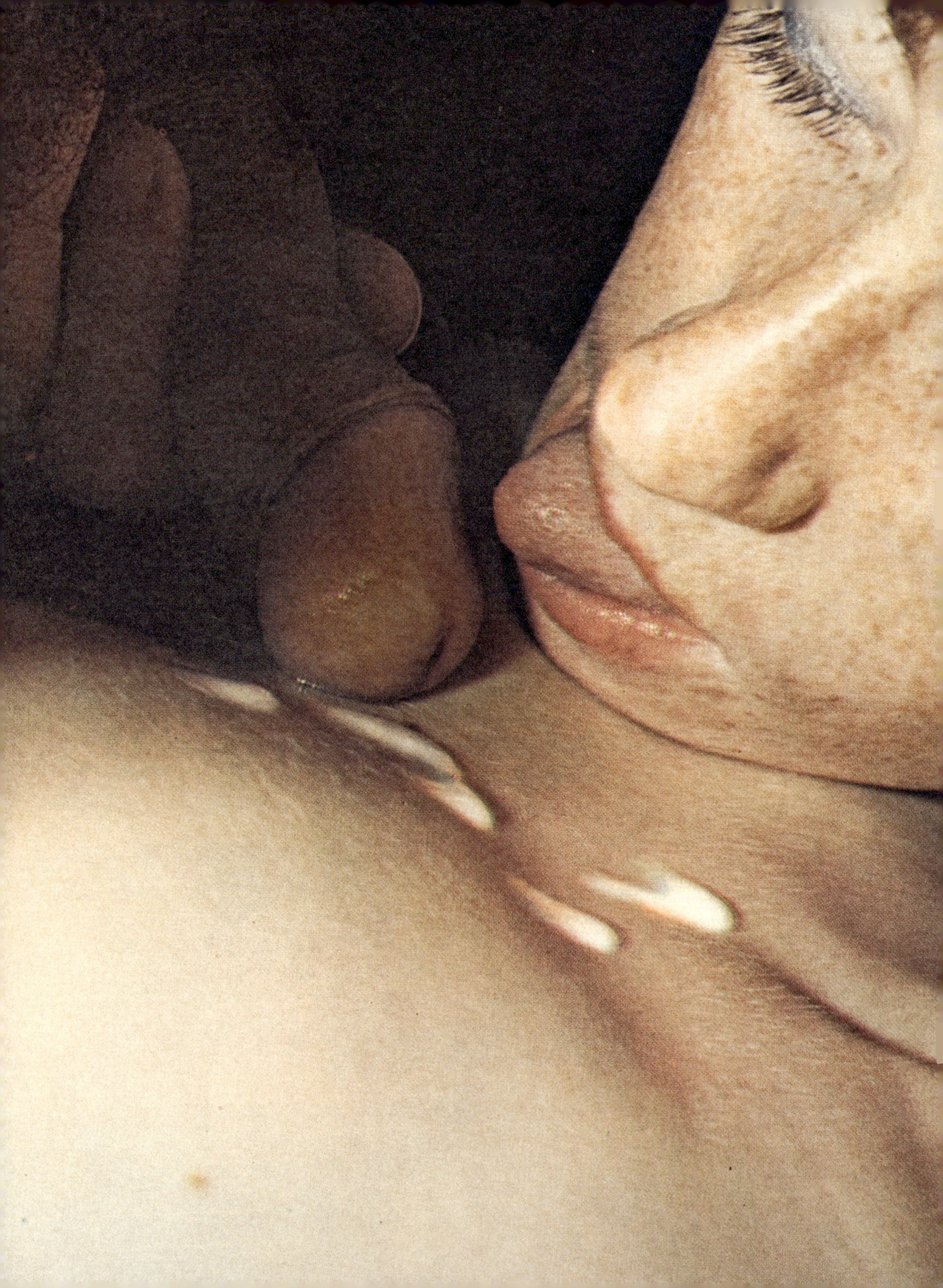